監督成瀬巳喜男

全作品と生涯

千葉伸夫

森話社

［装幀図版］カバー・映画「めし」スナップ（写真協力：公益財団法人川喜多記念映画文化財団）
扉・成瀬巳喜男監督（写真協力：世田谷区立世田谷文学館）

監督成瀬巳喜男――全作品と生涯　目次

プロローグ

二〇一七年一〇月、スウェーデン・アカデミーは、「かれの小説は、偉大な感情の力をもって、我々の世界とのつながりの感覚が、不確かなものでしかないという、底知れない奈落を明らかにした」などの理由から、ノーベル文学賞を日系イギリス人、カズオ・イシグロに授与すると発表した（「毎日新聞」二〇一七年一〇月六日）。

カズオ・イシグロは、一九五四年長崎で生まれ、五歳のとき、海洋学者の父がイギリス政府に招聘され渡英、以降イギリスに滞在、ケント大学、イースト・アングリア大学院に入学、作家を志し、一九八二年、最初の長編『遠い山なみの光』で王立協会文学賞を受賞、一九八三年にイギリス国籍を取得。一九八六年『浮世の画家』（ウィットブレッド賞）、一九八九年『日の名残り』（ブッカー賞）、以降『わたしたちが孤児だったころ』（二〇〇〇年）、『わたしを離さないで』（二〇〇五年）、『忘れられた巨人』（二〇一五年）を発表、ノーベル文学賞受賞となった。

この受賞報道のなかで「日本を題材とする作品には、幼いころ過ごした長崎の情景や小津安二郎、成瀬巳喜男ら五〇年代の日本映画から作り上げた独特の日本像が反映されているといわれる」（前記）とコメントがある。

イシグロへの影響が日本の小説ではなく、映画だったことが新鮮。私は、二〇〇三年に『小津安二郎と20世紀』を出しており、本書を執筆中だったから、成瀬が入っていたことに、驚いた。

すでに、二〇世紀の末、大書『20世紀の歴史』を著したイギリスの史家エリック・ボムズボームは、芸術の章をもうけて、映画について、こう特記した。

「ヨーロッパ以外の世界に住む想像力豊かな才能あふれる人々は、そのほとんどが自分たちの伝統の枠内に囚われることもなければ、単純な西洋かぶれでもなかった。こうした人々が抱えていた重要な課題は、自国の人々が今まさに経験している現実を発掘し、そのヴェールを取り払い、表現することだったろう。リアリズムが、かれらの運動だった。

ある意味で、この願いが東と西の芸術を結び付けた。というのも、どんどん明らかになっていったように、二十世紀は普通の人々の世紀であり、普通の人々のために創られた芸術が優位に立つ世紀であったからだ。そして、二つの関連する方法により、平凡な市民の世界がかつてないほど明らかにされ、記録可能なものになった。ルポルタージュと映画だ」

ボムズボームのように、二〇世紀の映画の位置をとらえると、小津と成瀬は、たしかに浮かび上がる。

小津が家族の、成瀬が女性の、二〇世紀での厳しい位置とアイデンティティの危機を描いたからだ。ボムズボームの説いた「ルポルタージュ」に小説も含ませると、さらに成瀬の概観を、的確にとらえる指摘になる。

成瀬は、人物、時間、空間、行動をできるだけ絞って、散文的に表現することに徹した監督だった。

たしかに、成瀬によって「平凡な市民の世界がかつてないほど明らかにされ」た。

そして「静かに消えていきたい」と語り、成瀬は逝った。

成瀬の二〇世紀における六四年の生涯を、年代記形式によって全作品とともに追跡しよう。

1

ルーツ、そして映画界へ

《二〇世紀へ》

「押切新婚記」（松竹　一九三〇）

長い間、人類は、話し言葉と文字と絵画が、コミュニケーションあるいは表現を独占していた。

一九世紀のはじめ、のちに映像と呼ばれるものは、何ひとつ存在しなかった。

一八二〇年代に写真が、一八八五年に写真から映画が発明された。写真と映画ともに、フランスが発祥の地となった。

二〇〇四年夏、その地を、私は訪ねた。

写真を発明したニセフォール・ニエプスの住居は、フランス中部の小都市シャロン・シュル・ソーヌ郊外の農村にある。その建物は、写真の発明の家として、当時の器物が収集され、展示されている。案内所が別に入口に設けられ、ガイドが案内してくれた。陽光を浴びた夏の農村といった趣の地で、ニエプス夫妻の墓も近くにあり、歴史的建造物の感がただよう。

そこから一〇〇キロほど南下すると、リヨンに着く。

リヨンは、古都の感の漂うフランス中部の大都市。ソーヌ川を橋の上から眺めて、やをら、ヴィデオ撮影をしようと、ポシェットを開けた途端、五〇ユーロ紙幣が、ひらひらと三枚飛び出し、「あっ!」という間もなく、川面に散った。フランス人が駆けつけてくれたが、なすすべがない、風と共に散りぬ。夏空の下、ソーヌ川に漂う紙幣を、「ユーロ紙幣と心中するわけにいかない、パスポートでなくてよかった」と、強がりと本音とともに、漂う紙幣を私はビデオカメラに収めた。

このリヨンで、写真発明から七〇年後、写真商リュミエール一家の父とふたりの息子が、トーマス・エジソンの発明した覗き箱で見る動く映像から、投射(シネマトグラフ)によって見る映像に転換した。映画の発明がここになった。

リヨンの市内で、博物館、屋外映写場を備えた、広い庭園つきの堂々としたリュミエールのモニュメントを見学できる。

一九世紀は、映像のはじまった世紀として、またテレビと呼ばれることになる新しいメディアを想像しつつ、幕を閉じた。映像とは、科学の作用によって、対象を別の媒体に定着したもの、そのメディアの総称のこと。

二〇世紀に入ると、映画は、動く対象を新しい科学によって再現する希望のメディアとなった。その最初の一〇年、映画は世界の風景、トピックス、再現されたニュースなどから劇映画へと移行しつつあり、興行として成立することを明らかにした。

発明に先駆けたフランスとアメリカが、映画の展開にも先行した。

一九〇五年から、アメリカでニッケルオデオンと名乗った、庶民向けの安価な入場料の映画館が登場、活況を呼び起こし、映画館による映画興行の永続性をデモンストレーションしていく。ニッケルオデオン現象は、アメリカのみならず、世界へと広まった。

この一九〇五年（明治三八）こそ、成瀬巳喜男が生まれた年に当たる。

ひるがえって、一五九〇年（天正一八）、徳川家康が江戸に入府したとき、四谷は原野で、戸数四戸だったという説があるという。

一六〇三年（慶長八）、五街道がもうけられ、半蔵門を起点に、甲州街道ができた。

江戸城に近いこの地は、譜代家臣の屋敷地となった。重臣内藤清成の屋敷跡が現在の新宿御苑、内藤新宿は物資の集散地となった。永井信濃守が住んだ一帯は信濃町となる一六三六年（寛永一三）、江戸城拡大が一段落して、城内と通用口に見附が設けられた。四谷見附である。寺社・町屋がふえ、城下町の体裁をととのえていった。

徳川御三家の尾張藩、その市ケ谷上屋敷と四谷門に面した一帯に、三代将軍家光が狩猟にきた蓮池があった。寛永年間に埋め立てられ、四谷坂町となった。南高北低にちなんだ町名といわれ、江戸から現代まで町名の変わらないところ。

成瀬家の祖先と思われる成瀬姓の武士たちは、『江戸城下武家屋敷名鑑』によると、市ケ谷に多く住んでいた。尾張藩士だったのだろうか。四谷坂町はその市ケ谷の隣町。

降って、幕末近い一八二五年（文政八）、四代鶴屋南北は、「東海道四谷怪談」を書いた。主人公は浪人民谷伊右衛門。その妻、岩との愛憎がもつれて、凄惨な幕末の地獄絵図となる。暗い情念は、職人の子で、歌舞伎戯作者として下積みの長かったといわれる南北に、成瀬の心理的なルーツを見たい気もする。

一八六四年（元治元）の「江戸切絵地図」には、四谷坂町に成瀬姓の住人の名は載っていない。

一八六七年（慶応三）、江戸幕府瓦解の年、成瀬の父、利三は、生まれた。

「私の親父は職人なんです。刺繍をやっていて、一代の職人で、武家出です。明治の瓦解からどうにもならないので、けっきょく職人になった」（成瀬巳喜男・筈見恒夫対談）

瓦解の後、明治新政府によって、大名・武家屋敷は接収され、新政府の諸々の機関が置かれた。尾張藩邸は士官学校となって、坂町も武家から市家となって、にぎわった。

成瀬の父・利三は、のちに、きなを妻として、長男は鉦太郎、長女・三代、次男・巳喜男の一家をつくった。「刺繡」の仕事とは、縫箔《ぬいはく》業といい、小袖などに色とりどりの刺繡を施す業である。

一八七八年（明治一一）、四谷区が誕生し、坂町は四谷区に属した。

一八八五年（明治一八）、日本鉄道の赤羽―品川線が開通し、新宿駅が誕生した。

一八九六年（明治二九）、フランスとアメリカから日本にはじめて映画があいついで輸入された。最初に上映されたのは、京都の染色業・稲畑勝太郎が、勉強のため赴いたリヨンで、リュミエールから買ったシネマトグラフである。

その翌年の一八九七年（明治三〇）早々、日本で、はじめて映画は公開された。

この年、横山源之助は、『日本の下層社会』を刊行、成瀬家の稼業となった縫箔業にふれて、東京府下に一〇〇戸以上あり、縫箔業をふくむ職人は、「居職人は昔日は自ら作りて自らこれを売り捌けるのは多かりしが、今日は純然たる労働者の階級に下がりて」「旧来より存する職人社会は、年々生活は窮迫を致し、その組織は解体」と、労働の価値が下がりつつある、と記している。

一九〇五年（明治三八）八月に、日露戦争が終わり、ポーツマスで講和会議がはじまった月だった。この二〇日の日曜日、成瀬巳喜男は生まれた。孫文が日本で中国革命同盟会を組織した日だった。

「私は巳の年の巳の月の巳の時に生まれたので、巳を喜ぶ男とつけられたのです」（成瀬巳喜男・筈見恒夫対談）

成瀬巳喜男は、四谷坂町に、二一年間、住まった。

四谷坂町は、中央線が東京駅を出て、四谷に入る前の右手、濠を埋めた外濠公園を挟んで、甲州街道を越えた一帯である。

坂町から四谷三丁目、信濃町、青山、このあたりが成瀬の故郷になるだろう。巳喜男少年が遊びに通ったのは、中央線の信濃町駅から外苑通りを横切った一帯。明治時代は青山練兵場、今は絵画館から国立競技場、神宮球場のあるところ。

一九〇八年（明治四一）、成瀬が三歳のとき、東京に映画館が一挙に三一館登場して、映画興行が本格化した。映画街の中心地となる浅草に、電気館が定員二二〇〇人で新装開館した。ニッケルオデオン現象は日本に及んできた。「今や全市民は活動写真に酔うが如き有様となっている」（「朝日新聞」一九〇八年八月二四日）と新聞は伝えた。

ニッケルオデオン化によって、一九一〇年（明治四三）、吉沢商店、横田商会、M・パテー、福宝堂の四社が映画製作と興行に名乗りを上げ、一九一二年（明治四五）には、四社で弁士付きの演劇のコピーともいうべき映画製作が本格化、四〇〇本余りを製作するに至った。

すでに、京都の横田商会から、尾上松之助がデビューしており（一九〇九年）、早くも子供たちのアイドルとなった。

成瀬の映画体験はここからだったと回想している。

「松之助が初めてです。小学校に入る前です。四谷館……それから第四福宝館で見たのです。洋画を見だしたのは十五、六になってからだったんです」（成瀬巳喜男・筈見恒夫対談）

日本映画の草創期から、成瀬は劇映画を見ていたことになる。

四社は過剰生産に気が付き、一九一二年（大正元）合併して日本活動写真株式会社（日活）が、日本最初のメジャー企業として成立した。

成瀬と同じように、草創期の日本映画を見て、映画に進路をとった人が、一九八九年生まれの溝口健二になる。

成瀬、幼年時代に、さかのぼろう。

「バッタを追いかけて遊んだ原っぱが今の明治神宮外苑である。青山の原と呼ばれていたそのころ、あそこへは、スミス、ナイルス、スチソンなどという外国の飛行士が次々と来て、宙返りを見せた。貧しい子供のわたしなど囲いの外から見ていたのだが、金を払って飛行機の宙返りを見にいった時代である。遠い昔のことと思わないわけにはいかない」（「読売新聞」一九五三年一一月二四日）

戦後、新東宝で成瀬の助監督についた石井輝男は、成瀬が少年時代のことをよく語っていた、と話す。

「いや、先生は、自分の作品がどうとかこうとかって話はね、まったくおっしゃらないですね。それで、話していることはね、少年時代のころね、あのね、ぼくはって……。『よく子供のころね、工事現場でドッシンドッシンって穴掘ってるとおもしろいからね、二時間ぐらい立って見ていたよ』なんておっしゃってたんですよ」（『石井輝男　映画魂』）

私は一九六四年の東京オリンピックの年に上京、新宿御苑前に自宅がある、大学の友人と仲良くなった。その後半世紀、ここから新宿や四谷一帯に出没、成瀬の故郷を瞥見することになった。

二〇世紀前半に成瀬がバッタを追いかけていた広場で、二〇世紀後半、私は野球ボールを追いかけ、酒を飲み、成瀬スタッフが成瀬を追悼する酒場があると聞いて、「成瀬の評伝映画を作ろう！」と気炎を上げた。

少年時代の挫折

［一九一〇年代（明治から大正へ）］

一九一〇年代前半（明治末〜大正前半）は、成瀬の小学生時代。

社会的視野が広まるとされる一〇歳ころについて、成瀬は思い出を語っている。

「十歳前後のころだったろうか、わたしはよく遠くまで遊び歩いたが、ある日、新宿の表通りにあった遊廓の前を通りかかり、のれんのさがった入口をおフロ屋さんにしては少し変だと思いながらのぞいていると中から若い女の人に呼ばれてお菓子をもらったことがあった。家に帰って話したかどうかは覚えていない。この遊廓は、後に裏の方へ移ったが、電車通りのその建物の何軒かが商店に改築されて、戦災で焼けるまで残っていた」（「読売新聞」一九五三年一一月二四日）

叙景描写が抒情を呼ぶ風合いの成瀬の映画描写を思わせる語りだ。

みたされない女性たちの人生を描いた成瀬にとって、忘れられないエピソードなのかもしれない。

一九一〇年代に、劇映画興行は、グローバルなエンターテインメントとなり、製作規模を拡大していく。スターや監督など製作スタッフを確立し、国別に特色を発揮しはじめ、ジャンルを形成した。

フランス、イタリア、ドイツなどヨーロッパの中心的国家と、アメリカがこのリーダーになるかと思われた。ところが、第一次世界大戦にこれらのヨーロッパ諸国は突入、戦争の中心となった。映画製作は頓挫して、途中から参戦したアメリカが大戦をきっかけとして、映画市場を一挙に制圧、以降二〇世紀を主導していくことになった。

それとともに、映画は長編化し、演劇的なひとつの場面を写して、映画のひとつのシーンとする初期映画から、ひとつひとつの場面、ショット本位へと表現方法を革新、映画ならではの独自のスタイルを整えていった。

劇映画は国際市場を形成し、国際的フォーマットの形成へと展開した。そのスタイルは、各国に対応を迫ることになった。

日本も例外として存続できなくなり、これに対応する動きがあらわれた。

一九一七年（大正六）、日本を代表するふたりの小説家が、台頭する映画に対して、まったく逆の映画論を発表した。

ひとりは、永井荷風（一八七九生）、当時三八歳。小説『腕くらべ』のなかで、こう映画について、語らせている。

「今の世の中は活動でなくつちや承知出来ないのだからね。」
「義太夫も落語も総じて寄席はもうすたりでさ。」
「寄席ばかりじやない。近頃は芝居も同じ事ですよ。考へて見るとそれも無理はないのさ、今の見物は芸を見ようとか聞かうとか云ふのぢやない。唯何でもいいんだ。値段が安くて手取り早く一つ処でいろんな物が見たり聞いたりしたいと云うんだから、これァ活動にかぎりまさ。」

（『私家版　腕くらべ』）

文明論からとらえて、人類が二〇世紀に欲したメディアとしての映画の存在理由が、ここにあった。それは大げさな物言いではないはず。二〇世紀後半には、テレビが映画と入れ替わることになる。

もうひとりは当時新進作家の谷崎潤一郎（一八八六生）、当時三一歳。

「活動写真の現在と将来」というエッセイをあらわして、「活動写真は真の芸術として、例えば演劇、絵画などと並称せらるる芸術として将来発達する望みがあるかと言えば、予は勿論あると答えたい」（「活動写真の現在と将来」）と展望し、早くも日本映画の独自性の将来から、海外進出の可能性を述べ、日本映画の演劇からの脱却を力説、製作に参画していく（千葉『映画と谷崎』）。

永井荷風と谷崎潤一郎は、七歳しかちがわない。映画に対して、荷風が嫌悪、純一郎が参画と、まったく対蹠的な反応をした。そのちがいはどこから来るものか。ルーツのちがいといったものを、考えさせられるところだ。

当時の映画界は、谷崎の主張を〈純映画劇〉と呼んでおり、日本映画変革のときを迎えた。

一九一八（大正七）年から一九一九（大正八）年に、日活の田中栄三、天活の帰山教正《かえりやまのりまさ》、枝正義郎《えだまさよしろう》が実製作し、演劇のコピー形式からの脱却、国際的フォーマットへの対応を図っていく。

映画は、新しいエンターティンメントへと成長、また新しい芸術として脚光を浴びた。当時の新進の演劇人、画家、小説家が、映画の魅力と前途を論じた。

この間、成瀬は四谷の小学校を卒えるにあたって、進路を決めなければいけないときがきた。これが、成瀬の少年時代のもっとも痛切なできごとになった。

成瀬は二度結婚した。最初の妻の千葉早智子は、こう語っている。

「お母さんが針仕事をしながら育てたわけだから、成瀬さんは学校の成績がよくて、上の学校へ行きたかったけど、〔それができずに〕その時、ポロポロ泣いたという話を私に話してくれました」（村川英編『成瀬巳喜男演出術』）

再婚した相手、岩淵恒子は、さらに別のことを付け加えている

「小学校を卒業する時、担任の先生が師範学校に進んだらどうかっておっしゃったそうですが、家庭の都合で、専門学校の工手学校というんですか、そこへ入ったら、（後略）」（前記）

家計が耐えられず、中学進学─師範学校のコースを断念したことになる。成瀬は、こと志とちがった選択を迫られて、深い挫折を体験した。

成瀬は日中戦争下に、「はたらく一家」（一九三九）を作ったが、そのルーツは、一二歳にして朽ちたという体験にあったのかもしれない。

では、成瀬と同世代の少年・少女たちは、大きくなったら何になろうとしていたのだろうか。

一九一九年（大正八）七月、社会学者の権田保之助は、当時の小学生の進路について、東京の工場地帯・月島（成瀬の好んだ地）で、大規模な社会調査をした。このなかで「将来なにになりたいか」と、進路希望調査をした。その当時の少年・少女の進路からその後の歴史が見えてくる雄弁な資料となる（次頁表）。

月島の小学校の上級生はこう答えた。

権田保之助は、商業の地・神田と比較して、月島の特色を述べていた。

「工業を目的とするものが月島に多く、商業を目標とするものが神田に多いことは、土地の職業の

男児	370人	女児	289人
軍人	148	偉い人	60
商人	56	商人	35
職工	42	裁縫師匠	33
職人	24	結髪	24
未定	22	教師	24
工場主	15	女中	24
偉い人	15	仕立屋	18
小僧	10	裁縫稽古	13
技師	9	未定	10
船乗	5	不詳	9
不詳	5	電話交換手	7
学者	4	看護婦	6
給仕	4	遊芸師匠	5
雑	4	お嫁さん	4
漁師	2	学者	3
会社員	2	金持ち	2
金持	2	雑	3
教師	1	お母さん	2
医師	0	女工	1
官吏	0	工場主	1
発明家	0	産婆	1
		女医	1
		奥さん	1
		給仕	1
		芸者	1

権田保之助「月島調査」

関係上正に然るべきことである。漫然と豪い人とならんと欲するものが月島殊に労働者の児女に多いことは注意すべき点である。男児に於いて俸給生活者、知識階級を希望するものが神田の方に多いことも当然のことであると思わるゝ。奉公に行くことを望むものが神田には甚だ少なくして月島殊に労働者の児女に多いことも亦注目に値する。女児にて良妻賢母を望むものが、神田に多くして月島に於いては甚だ少なきことも彼等の生活の一面を言い表わせるものではあるまいか。又女髪結仕立屋等の如き比較的卑近にして自由を有するらしく思はるゝ職業を望むものが、月島特に労働者の児女に多いことも面白き現象である」（「月島調査」）

権田の分析は、まっとうといえばそうだが、実に遠慮深い。男子のじつに四割を占めた「軍人」と女子の二割強の「偉い人」が、「労働者児女の理想調査表」のエートスだろう。

ひとことで言うと、帝国日本のロマンティシズム、あるいは四民平等の日本における社会的上昇願望である。「身を立て、名をあげ」の教育政策の効果かもしれない。

男子の「軍人」は社会制度のなかにあり、いわば国家公務員。

女子は「偉い人」として、実体がなかったことがわかる。

男子の方に職種が少ないように見えるのは、「軍人」に収斂されているからだろう。

女子の方は、「偉い人」につづいて、自立志向が強い職種に見える。そこに、結婚ではなく、自己実現を見ていいものかどうか、判断のむずかしさがある。

ともあれ、成瀬とおなじ世代、日露戦争直後に生まれた少年・少女の希望職種から、二〇世紀前半の日本が透視される調査にちがいない。

二〇世紀中盤、太平洋戦争まで視界を広げると、歴史的視界ははっきりする。

一九四四年、アメリカの映画監督フランク・キャプラはオランダ生まれのドキメンタリー監督ヨリス・イヴェンスと共同で、第二次大戦の末期、日本についてのドキュメンタリー映画「汝の敵　日本を知れ」(Know Your Enemy: Japan)を発表した。

その結論は、資源のない日本は、軍人になりたい「天皇への忠誠を教化された男子を資源としている」と、シニックなナレーションで締めている。平和主義、国際主義が広まった一九一九年にして、この数字であれば、戦争が勃発してからの数字は、おして知るべしということだろう。

成瀬が描くことになる人物の群像は、まぎれもなく、この同時代の少年・少女の成長していく姿となった。社会学でコーホートといわれる「同じ時期に人生における重大な出来事を体験した人々の集合」(『社会心理学用語辞典』南博文執筆)の意味。

成瀬は、二〇世紀冒頭に生まれた世代を、同時代に劇映画のなかで、ドキュメントとして追走した監督ということになるのかもしれない。

一九一八年(大正七)、少年・巳喜男は、四谷から市電で築地へ登校しはじめた。

「僕は山の手生まれなんです。ところが山の手には繁華なところがなかった。新宿でさえ夜店の程度で遊びに行くには浅草上野という具合で下町が多かったんです。このようにして、まあ東京の周辺をうろうろしていたことになるんですね。大川端の辺なんか、とくに好きでした。日本髪の女が鉄のカンの橋を渡りポンポン蒸気が走る情景、僕の失われてゆく東京への愛情はこんな風景的なものから来ているんですよ」(「丸」一九五三年一一月号)

「大川端」とは、隅田川河口の一帯。

ここに成瀬が小学校を卒えて進学した、西本願寺裏の工手学校(当時、小田原町四丁目。工学院大学の前身)があった。隣は立教中学だった。

工手学校での勉強は、成瀬の映画に影響を与えた。設計図が読めたことである。

中古智《ちゅうこさとし》は、戦後、成瀬の映画のセットを担当することになり、細密な下町の家と街とを作り上げて、セットそれ自体が名人芸となり、成瀬のリアリズム作品の美学に多大の貢献をはたした。

その中古が、成瀬について語っている。

「成瀬さんという方は、とにかくセットの設計図がとてもよく読める人でした。その点では彼ほどの人はいなかったですな。成瀬さんが図面を読めたのは、彼が工手学校で学んだからだという説を思いおこさせます。これは間違いないようですね。人物の出入りとか、キャメラの位置なんかが、図を見ただけでさっとわかっちゃうんです」(『成瀬巳喜男の設計』)

セットの立体的造形は、日活の美術・装置のリーダーだった建築家出身の亀原嘉明が日本の先駆けであり、日活時代に田中栄三監督と組んで、「京屋襟店」(一九二二)という日活向島最大の傑作という作品を残した。この助監督こそ、溝口健二だった。

亀原の弟子たちが、のちに東宝に入って、東宝の美術・装置の基をつくり、成瀬と出会うことになる。

成瀬作品の撮影を担当した玉井正夫は、ローキートーン(暗い画調)、ソフトフォーカス(焦点をややぼかし、はっきりさせない、くすんだ画調)の画面構成で、成瀬のリアリズム映像美学に貢献したが、ロケーション・ハンティングの思い出を語っている。

「背景になる場所は、きまって本郷、上野あたりをさ迷った。隅田川のほとり、月島埋立て地、また佃島まで出かけたものである。日本的風景と庶民の匂いがまだ残っている所はくまなく探索した。こうして歩きながら演出の構想が生まれてくるのではなかったか。私らスタッフも漫歩しながら次第にその作品内容に引きづられてしまうのである」(「成瀬さんの思い出」)

街の雰囲気、家並み、当該の家屋、住んでいる人からドラマの演出を構想していく方法である。特に路地の魅力は、成瀬作品特有のイコンになった。家宅と路上の、際《きわ》だからだろう。

ミドルティーンとなった巳喜男は、月島に出ることを好んだ。

成瀬作品をデビュー当時から見、推挽し、のちに「銀座化粧」（一九五一）でシナリオを書いた岸松雄（映画評論家。初期のペンネームは和田山滋）が描いている。

「学校の授業にはさのみ興味がなかった。図書館に入りびたり、好きな文学書をむさぼり読んだ。学校の帰りには、日課のように勝鬨（かちどき）の渡しをわたって月島の埋立地に行った。大きな土管のなかに寝ころんで、暮れなずむ赤い夕日が落ちるまで、図書館から借りた本を読むのがたのしみだった」（「成瀬巳喜男小伝」）

大川と呼ばれた隅田川は、深川から永代橋を過ぎ、左右にわかれ、東京湾へ注ぐ。別れの最後に位置する、三角洲に生じた孤島、佃煮で知られる佃島は、江戸のはじめ、徳川家康が郷里・三河国佃郡の漁民を移住させたことによっている。

明治に入って、月島一号地、新佃島、月島の二号地、三号地が埋め立てによってできた。当初東海岸に別荘があるのみだったが、日露戦争のころから機械工業の工場地となった。

江戸と明治からの歴史が交錯する、いわば歴史の地層が交差している不思議な一画、人工の島だ。二一世紀に、この地を訪れても、この面影はそこはかと残っている。歴史への通路でもある。

巳喜男少年が小説を愛読した当時の小説家は、だれだろう。当時、夏目漱石が没し（一九一六年没）、森鷗外が晩年にあり（一九二二年没）、徳田秋声、永井荷風の自然主義文学が成熟、セクシュアリティと視覚的な文学の旗手・谷崎潤一郎、芥川龍之助、菊池寛の新しい文学がはじまろうとしていた。秋声、荷風、潤一郎なのかもしれない。

のちに、潤一郎の「お国と五平」(映画一九五二)、秋声の「あらくれ」(映画一九五七)を映画化した。荷風の「すみだ川」(原作一九一〇)の世界を思わせる「君と別れて」(一九三三)を作り、進学にゆれ動く思春期の少年の情感を抒情的に、そつそつと描いて、出世作とした。この作品は現存する。

成瀬が工手学校通学時代に、その荷風が築地に住んでいたことを知っていたのかどうか。

荷風は、この隅田川河口に近い銀座裏の西本願寺界隈の一帯に、愛人との逢瀬、くわえて江戸情緒を求めて移り住んだ。四一歳の荷風は、名著『断腸亭日乗』に、下町への移住の理由を高らかに謳い上げる。

「余は日本現代の文化に対して常に激烈なる嫌悪を感ずるの余り、今更の如く支那及び西欧の文物に対して景迎の情禁じかたきを知ることなり。是今日新に感じることにはあらず。外国の優れたる芸術に対すれば必この感慨なきを得ざるなり。然れども日本現代の帝都に居住し、無事に晩年を送り得る所以のものは、唯不真面目なる江戸時代の芸術あるが為のみ」(一九一九年五月一二日)

ところが、両国の川開きが驟雨で中止となって、梅雨が東京の空から去ろうとしていたころには、痛罵へと変わった。

「七月二十日。暑さきびしくなりぬ。屋根上の物干し台に出て涼を取る。一目に見下す路地裏のむさくるしさ、いつもながら日本人の生活、何の秩序もなく懶惰不潔なることを知らしむ。世人は頻りに日本現代の生活の危機に瀕する事を力説すれども、此の如き実況を窺い見れば、市民の生活は依然として何のしだらもなく唯醜陋なるに過ぎず。個人の覚醒せざる事は封建時代のむかしと異なるところなきが如し」

日本の近代化嫌悪からの下町への脱出は幻想だったのだろう。抱いていた下町の現実はイメージとちがいすぎたのだ。

荷風は、翌一九二〇年（大正九）五月、早々と麻布に洋館を建て、移っていった。一方、少年・巳喜男は、長じて「路地裏のむさくるしさ」を自身の映画の美学に高めた、ということになる。

「これは成瀬先生に教わったんですけど、映画っていうのはロケハンで決まるんだってね。そのときは絵で決めるんだから、だから芝居で言えばね、舞台装置であると、先生に教わったことはそれですね」（『石井輝男　映画魂』）

さらに、この環境―背景の重視は、小説の映画化を生んだことにつらなる。

それはフランス文学一九世紀後半の次のような流れをひいていた。

「小説ではフローベルの写実主義、さらに彼につながる作家たちによる自然主義が主流を占める。A・ドーデ、ゴンクール兄弟、モーパッサンらの多彩な名がフランス文学を飾る。自然主義はゾラが科学的粉飾をもって意識的に提唱した文学運動であるが、実質的には写実主義と変わらず、ロマンチシズムの架空性を排して、現実の描写、特に従来描かれることの少なかった社会の底辺の描写に執心した」（『新潮世界文学小辞典』　杉捷夫執筆）

この文学少年は、おびただしい小説や戯曲を映画化していく。

成瀬の世界を広げた作家は林芙美子。林文学は、こうしたフランス文学、その日本での流れにあって、女性作家として大をなした最後の作家かもしれない。

成瀬には文学への関心に加えて、絵心があった。四八歳のとき、趣味とか道楽を聞かれて、こう答えた。

「それが何もないいんです。僕は一切勝負事をやらないし、娯楽にしろないですね。ただ強いて言えば画を描きたいです。それも自分だけの画で人が見たら笑いもんですよ。きっと」（「丸」一九五三年一一月号）

監督は、絵を映画のカメラを通して描く。具体的には、カメラポジションの決定だろう。

「ときどき田中絹代なんかがキャメラマンと結託してね、『あたしの顔はね、ちょつと上目でこっちから七・三できれいに写るのよ、お願いね』なんてやっちゃうんですね。わからないように、それ、やればいいいんですけどね。だいたい成瀬・清水〔宏監督〕っていうのはポジションは全部監督がきめますから、キャメラマンが勝手に決められないいんですよ。それは当然だと思うんですけどね、『実は、先生、絹代ちゃんの顔、顎が二重顎になりますから、ちょっとこういう具合に撮りますけどね、了承してください』なんて言うともう大変なんです。『ああ、そう』って。で、もう怒ったなってわかるんですね。『ハイ、ここ』なんて言うと、もうぜんぜん違う、よく顎のシワが出るなってところなんですね（笑）。その場では言わないいんですけどね、お酒飲んでると『シワなんか出たって関係ない』って、それ以来、そのカメラマンとは、アップするまでいっぺんも酒飲まなかったですね。きびしいんです」（『石井輝男　映画魂』）

絵心のみなもとは、さかのぼると、おそらく父親が家業とした縫箔業にあったのかもしれない。その選ぶ業は、世代と世紀を超えて、受け継がれるものかもしれない。

歴史の地層と文明の展開が錯綜して、一九二〇年代に入った。

映画の世界へ

［一九二〇年代（大正から昭和へ）］

一九二〇年（大正九）、父親の利三が亡くなった。一五歳の巳喜男に大きな、決定的な転機がきた。父の死は、成瀬の人生観を決定したと、成瀬本人が回顧している。

一九五七年、五二歳の秋、荻昌弘（映画評論家）と対談したとき、荻から「成瀬さんが作られた人物には、この淡い期待とそれにつづく幻滅の苦さを感じてしょうがないのです」と問われて、成瀬は、こう応じている。

「ぼくの人間の中に潜在意識的にそういうものがあることは確かでしょうね。ちょっと動けば、すぐ壁にあたるのだという……。小さい頃からの、世の中は裏切るものだという考えが、まだ残っている。十五の時、親をなくして、ぼくは丁度おとなになりかけの頃が一番暗かったのです」（「聞書・成瀬巳喜男論」）

『工手学校人物誌』（茅原健著）によると、「手元にある『卒業生名簿』には、成瀬の名前は見当らない。小説ばかり読んでいるうちに、父が死に、成瀬の行路を急がせて、卒業証書を手にできなかったのかもしれない」とある。

卒業をひかえて、父が亡くなり、断念したのかもしれない。ふたたび背走のときをむかえなければならなかったことになる。巳喜男は自立を求められる、別れ道に来た。

五〇歳のとき、プロデューサーで映画評論家の筈見恒夫に、「まともな会社員にはどうもなれそうもないみたいで……」とふりかえって、映画界に進んだわけを話した。「あまり好きで入ったわけじゃないのです。生活のために入ったということですね」とそっけなく答えた。

「それだけじゃないはず」という筈見の問いにあって、映画の魅力にふれた。

「何か新しい仕事だ、という感じはありましたね」「若い頃だから文学に影響されたり、絵描きになりたいという感じに近いものが映画にあったというような……」（「映画の友」一九五五年五月号）

「文学」と「絵」、これが映画へと誘引したものだった。

「文学」、これが成瀬のアイデンティティ。狭くとらえると、小説の映画化だが、広く見ると、散文の映画化と見ることができる。人物、事柄、描写、語り口（ストーリー・テリング）は、リアリズムをもとにした散文による展開の興趣に高めて、成瀬の世界として開示、ときを経て、大成させていくことになった。

「絵」から映画に進んだ人は、少なくない。

日本映画では、女性映画としては成瀬の先輩にあたる溝口健二がそう。浴衣の図案屋、洋画研究所と、日本画、洋画の双方を学んでいた。溝口のふたつの作風、ロマンティシズムとリアリズムは、ここからはじまっていたのかもしれない。

絵心は、散文による展開とあって、カメラを通してだが、映画に流れ出るところとなった。

「頑固者だった」と弟の巳喜男が見た兄の鋹太郎には、弟の進路に異存はなかった。

「兄も若いからこれも自分でやっているだけに、どこに行って何をやってもいいということだっ

た」（前記）

六年後、母も亡くなって、一家は解体、それぞれが自立していく。

「父も母も四谷坂町の坂上の小さな家で死んだ。父は私が十五歳、母は二十一歳の時だった。母の死んだ翌年、わたしは四谷を離れて下宿生活を始めたのだが、十年近く経ってからだろうか、昔なつかしく、住んでいたあたりを歩いてみたときには、もうその家は取り壊されて新しい家が建っていた」（「読売新聞」一九五三年一一月二四日）

おりにふれて、望郷の念が湧くのだろう。

私は、二〇世紀末、この四谷坂町を訪ねた。もはや、成瀬がどこに住んでいたか、手がかりすら見いだささせなかった。

こうした環境のなか、希望を閉ざされた少年期を過ごしていた巳喜男少年は、映画界に投じた。

一九二〇年代は、大戦後に各国が映画製作を再開し、アメリカ中心の製作に挑戦したディケイド、一〇年となる。

とくに、日本映画は企業化と表現スタイルの変革が急激に拡大、驚異的な成長を遂げていく。一九二〇年（大正九）には、映画企業の創設ラッシュ時代を迎えた。

関西の演劇会社で東京に進出していた松竹がトップを切った。二月、映画への進出を発表、松竹キネマ合名社を創立、撮影所敷地、俳優、従業員の募集広告を大々的にした。

ついで大活（大正活動写真、横浜、文芸顧問・谷崎潤一郎）、さらに帝キネ（帝国キネマ演芸、大阪）が創立された。

老舗格の日活も女形をやめて、女優を採用、新劇的内容へと変貌していく。

松竹は、三月に、小山内薫を校長に松竹キネマ俳優学校を開設した。

当初、松竹の撮影所候補地としては静岡の沼津と報じられていたが、東京の蒲田にきまり、撮影所を建設するために、アメリカからチャプマン他を、撮影技師としてヘンリー・小谷を招聘、六月に、蒲田（いまのＪＲ蒲田駅から海側に行って四、五分のところ）に撮影所を開設した。

成瀬少年は、こうした機運のなかで映画界を目指した。新天地にかけるという気概だったのだろう。きっかけはこうだった、と追想している。

「何というか、親戚みたいにしていた人が、その人とも職業は違うのですけれども、偶然撮影所に入りまして、その人の手づるで、遊んでおったら来てみないというので入ったのです。まだ何にも方針のきまらないうちから撮影所に入ってしまったのです、そのころ十六、七ですが……、ただ文学が好きで、毎日小説を読んでいた。そういうものの影響は多少ありましたね」（「映画の友」一九五五年五月号）

松竹は、アメリカから招聘したヘンリー・小谷、田中欽之についで、新派から招いた賀古残夢《かこざんむ》、野村芳亭《ほうてい》と、アメリカ映画製作スタイル派と、日本の新派劇団製作スタイル派のふたつのシステムをとった。

成瀬は小道具係として助監督と橋渡しをしているうち、一九二〇年暮れに入社した助監督の池田義信の知遇を得た。池田は、新派の演出家・賀古残夢とともに新派の本拠地の本郷座から松竹映画へと入った人である。

「池田は脚本のかたわら賀古の助監督をつとめていた。海岸の岩の上で昼めしを食ながらふたりは話した。成瀬の話は詩（ポエジー）についてであった。そんなことを話す人間が撮影所にいるとは知らなかった池田はたいへんびっくりするとともに、それいらい年令差も忘れて親交を結ぶようになった」（岸松雄「成瀬巳喜男小伝」）

文学青年に成長した成瀬の面目のうかがえるエピソード。

池田は成瀬より一二歳上、翌年「生《な》さぬ仲」で早くも監督としてデビューしている。このとき、成瀬は池田の小道具係となった、と岸松雄は記している。

一九二一年（大正一〇）に、日本の映画界は、映画女優の人気が高まり、純映画劇の企業化にはずみがついた。

四月に松竹は、松竹キネマ株式会社として新たに出発すると、池田も、九月に入社した栗島すみ子主演で、ヒット作を連打していき、松竹蒲田の新派の花形監督となった。

池田の作風について、「どっちかというと、舞台的な面がかなりある。オーソドックスであって、その通りに間違いない映画をこしらえていたけれども、それはあまりに間違いなさ過ぎて、時に刺激が、弱まることがあった」（『日本映画伝』）と、関東大震災後、松竹蒲田撮影所長となった城戸《きど》四郎は評している。

城戸の評した「舞台的な面」は別とすると、淡白なところは成瀬にもあり、成瀬への影響を残した、と見ていい。とくに「刺激が、弱まる」マイナス面として。

池田の特色でもっとも重要なことは、女性を中心とした映画監督だったことにちがいない。

ここに成瀬の監督としてのレールが敷かれたといっていい。

一九二二年（大正一一）に、日本映画はようやく純映画劇へと変貌しつつあり、アクション映画に時代劇というジャンルも生まれて、躍進への助走に入った。

一九二三年（大正一二）、成瀬は、池田義信の助監督となった。

池田監督の「船頭小唄」は、第一次大戦後の恐慌、そこから醸し出された閉塞的な歴史心理に見合って、大ヒットする。映画館に「おぉれは　かぁわらぁの　かぁーれぇすすき」の大合唱が沸き起こったと衣笠貞之助監督が語っている。ヒロインは栗島すみ子、嫋々としたイメージの彼女は、草創期のスター女優となった。

成瀬は、この作品で、主人公（岩田祐吉、栗島）を冷やかす漁師役で、助監督の清水宏とともに出演している、と岸松雄は書いている。

その池田と栗島は秘密裏に結婚した。

栗島は、若き日の成瀬の思い出を語っている。

「監督にしても小津さんだとか、うちの助手だったけれども成瀬巳喜男って若くていましたよ。研究的なのが。帰れって言っても帰らないのよ。名残り惜しくってセットに残っているのよ。それで、あそこのいくつ目の何とかがどうとかだったから、明日はそこをもう一度やったほうがいいんじゃないかとかいうような、愛情というか執着がありましたね」（栗島すみ子・岡田嘉子・夏川静枝『女優事始め』）

教師の道をあきらめざるをえなかった成瀬と、教師に端からなる気がなかった小津、ふたりは、すぐ友達になった（千葉『小津安二郎と20世紀』）。ふたりとも次男だったことが幸いしたと言ったらいいのだろうか。

二一世紀の少子化時代になって、私は大学の映像教育（製作・歴史）を担当して、「映画監督は次男以下が多いから、二一世紀に男の監督は出なくなる恐れがある」とギャグのように話すと、「私もそう思う」と授業の後、心配げに話しに来た女子学生がいて、ちょっと絶句した。だから、女性監督が輩出しているのかもしれない。

小津安二郎は、一九〇三年（明治三六）、東京市深川区に生まれた。成瀬のふたつ年上である。築地から永代橋を渡って左側に行くと、仙台堀があった。その河岸に生家の食料問屋があり、その次男だった。小学四年のとき、父親の故郷・三重県松阪に移り、中学を卒業。入社まで日本映画をほとんど見なかったという外国映画の熱心なファンだった。意図的にかもしれないが、二年にわたって大学受験に失敗。紀伊山地に入った宮前で一年、代用教師をつとめた。一九二三年（大正一二）に東京にもどって、八月、念願の映画監督の道をめざし、松竹蒲田撮影所に入った。

小津の出生、幼少年から青年時代の地を、やはり訪ねたが、成瀬とは雰囲気がちがっていた。ここからふたりの作風を感じ取るのも一手。

小津の住んだ松阪の恒鼻《つねはな》も、東京の深川も、都市部の町はずれにあり、成瀬は甲州街道筋の奥にある。その地を訪れると、このふたりの作風のちがいが明瞭にあることがわかる。

端的に言うと、小津は大都市に入る人の物語であり、成瀬は大都市から出る、出たい人の物語かもしれない。小津の深川、松阪・恒鼻に寂寥感を、成瀬の四谷坂町に閉塞感を感じるのは、予断か。

一九二三年九月一日、関東大震災が発生した。

このとき、一八歳になっていた成瀬の動静について、「池田監督の本郷元町の家は全焼した。翌二日、余燼立ちのぼる焼跡に写真機を借りかたがた見舞いにあらわれた成瀬は池田の顔を見ると、『やっぱり焼けましたね』と、いかにもあたりまえのことのように言った」（岸松雄「成瀬巳喜男小伝」）と伝えている。

震災を契機に日本映画は変貌しはじめた。松竹は、松竹蒲田の臨時所長に城戸四郎を起用し、陣頭指揮をとらせた。

城戸は、一八九四年（明治二七）東京に生まれ、東京帝国大学を卒業後、松竹の大谷竹次郎の養子となり、松竹に平取締役として入社。

関東大震災後、所長の野村芳亭をはじめ撮影所のスタッフが大挙京都に移っているあいだに、臨時の所長に就任した。この機に松竹キネマ研究所出身の二七歳の新進監督・島津保次郎を抜擢、松竹蒲田の方針の革新に乗りだした。

「今までの映画は舞台から来た映画化が多い。それではいけないから、少なくともわれわれの身近なところからいろいろの材料を出して、いわゆるリアルな題材を撮ろうじゃないか」（城戸四郎『日本映画伝』）

城戸の片腕となった島津は、一八九七年（明治三〇）生まれ、東京・日本橋の商家の息子で、成瀬より八つ年上。小山内薫の松竹キネマ研究所から映画界入りした、生粋の映画人。松竹蒲田撮影所の現代劇のリーダーとなり、小市民映画の生みの親になった。

この城戸と島津の決断から、新しい都市住民を母体とした蒲田の市民映画を創出、一九一二年に創立された老舗の日活（震災を機に撮影所を隅田川河畔の向島から京都へ全面移転）を猛追していく。「二十世紀は普通の人々の世紀であり、普通の人々のために創られた芸術が優位に立つ」（ボブズボーム『20世紀の歴史』）時代のはじまりだった。

映画企業は、文明の展開とともに生まれ、文明の交代とともに消えていく。

一九二四年（大正一三）、松竹は一月には蒲田撮影所を復興、七月に城戸が撮影所長についた。この年、日本映画の製作本数は急増、公開巻数は外国映画を超え、一九二〇年代後半にかけて、圧倒していく。

一九二五年（大正一四）、治安維持法と男子普通選挙法が成立した年に成瀬は二〇歳となり、徴兵検査をうけた。そのコメントは、強烈。

「私は徴兵の時に、胸に気をつけろといわれた。第二乙ですか……それに実はまだ医者にかかったことはない」（「映画の友」一九五五年五月号）

この回想は敗戦から一〇年目のもの、成瀬流の「ざまあ、みやがれ」というニュアンスが濃い。瓦解した士族の二代目と見ると、その感は深い。

ちなみに、小津は、日中戦争、太平洋戦争と二度、七年にわたって召集されが、成瀬は従軍することがなかった。

一九二六年（大正一五）、大正最後の年、日本映画界は製作本数が五〇〇本を超えて、外国映画（ほとんどがアメリカ映画）を圧倒、サイレント映画の黄金時代に入った。日本映画、驚異の躍進だった。

監督昇進のチャンスが来る、と思うのも当然だろう。しかし、事はそうは進まなかった。のちに成瀬と知り合うことになり、数々の仕事をともにする藤本真澄（プロデューサー）は、このころのエピソードを成瀬から聞いている。

「何年たっても監督になれる見込みがないので下宿をたたんで大宮機関庫に鉄道技手をしていた鉦太郎という兄の所へ引き揚げようと撮影所を出て蒲田駅へ来たとき偶然、五所平之助と会った。蒲田をやめる考えだと五所に言うと、短気をたしなめられ、松竹を去ることを思いとどまり、五所組の客分のような形で助監督をつづけた。『あのとき蒲田駅で五所さんと会っていなかったら監督にはなっていなかっただろう』と、よく述懐していた」（尾崎秀樹編『プロデューサー人生』）

城戸四郎は、草創期の二派のうち、新派を廃止していき、島津保次郎や牛原虚彦《きよひこ》の純映画劇クルーを、当然、重用した。このクルーが採用した撮影・編集スタイルはアメリカ映画のスタイル。撮影、したがって編集を、シーン本位からショット本位へと転換した。

島津は、ショット本位のスタイルの本尊、有能な後継者を輩出させた。

五所はその最初の人。一九〇二年（明治三五）、東京に生まれた。慶応義塾商工を卒業後、一九二三年（大正一二）、松竹蒲田撮影所に入社した。入社年は成瀬より後である。助手を経て、一九二五年に監督に昇格、一九二七年（昭和二）の「恥しい夢」と「からくり娘」で認められた。一九二八年早々公開した「村の花嫁」は、岡田嘉子主演の現代劇、きめ細かな演出は高く評価された。

「人間社会に起る身近な出来事を通して、その中に人間の真実というものを直視する」「人生をあたたかく希望を持った明るさで見ようとする」（『日本映画伝』）と、城戸は五所を見ており、まさに城戸好み。島津につぐ城戸イズムの模範的な実践者になった。

城戸のこの五所評は成瀬にも通用するが、後ろの段の「希望を持った明るさ」が微妙、のちに城戸と成瀬の確執の根は、ここに萌していたのかもしれない。

成瀬がいつ五所の「客分」助監督になったのか、正確にはわからない。五所の、女性を主人公に据えることと、柔らかな風合い、叙情的な作風には惹かれるものがあったはず。

成瀬は、「演出の上だけど五所さんからいろいろ見習いましたね」と回想、五所のショット主体の演出（撮影・編集）について、エピソードを語っている。

「監督の場合、日本では封切に間に合わすためにB班は非常におおいですね。むかしぼくが助手のころ、五所さんが一シーン撮らしてくれたことがあるのです。ところが、ぼくは十カットくらいで撮ったのですが、これが使われたときには十五カットくらいになっているのです。カット・バックされたりして……。もちろんサイレント時代ですがね。結局五所さんのテンポとぼくの撮り方のテンポというものがあわないんですね」（五所平之助・成瀬巳喜男ほか「演技のはなし」）

「十五カット」を、島津の弟子の豊田四郎監督は、「島津の十五段返し」と呼んだ。

「十五段返し」とは、ある場面の演出を一五のショット（画面）に分析して、撮影、編集するということ。それだけ細かいということだ。

映画の製作プロセスは、シーン（一場面）本位のシナリオの段階から、ショット（一画面）本位のコンティニュイティ（コンテ。文字または絵による撮影台本）に進む。

ひとつの場面、シーンをどうショットで表現するか、ここに、映画の独自性が生まれ、また監督、カメラマンの個性があらわれる。

成瀬も、「十五段返し」のショット演出について、こう語っている。

「台詞では迫力があるがいざとなると動きがない。そこで場所を変える。また座らせないで外の話をしたり、座っている間に他の場面を挟んでまた戻すという手などが考えられるんです。だからシナリオのうち場面や変化をよく考えなければなりません。台詞だけに陥りやすいんですから」(「丸」一九五三年一一月号)

囲碁の指し手と同様、ほぼ無限の可能性にみちているということであり、だから、個性があらわれる。「十五段返し」は、成瀬の得意の演出方法に成熟していく。

他方、溝口健二は、「女性映画」に先行した演劇をもとにする日活にルーツを持ち、一シーンをひとつの画面で撮影するロングテイクの名手として、名を成していく。

五所と成瀬の演技指導とカメラのちがいについては、サイレント時代末期の一九三四年(昭和九)、当人同士が語り合っていた。

塚本　五所さんの演技指導の方針は?

五所　僕のやり方は、暗示を与えて演って貰って、僕が納得行かなければ、その人の演る一番いいものを選ぶことにしています。

塚本　ロング、バスト、アップの演技は相異しますか。

成瀬　私は同じにやって居ます。はっきり踊らすことが必要な時には、アップに持って行きます。

五所　私は違うね。

成瀬　然し、僕なんか恐らくロングの芝居が下手だから、僕の作品には余りロングがないでしょう?

（「五所・成瀬ほか「演技のはなし」」。塚本はのちの藤本真澄）

この座談がなされた一九三四年（昭和九）は、サイレント末期、成瀬が新進監督として脚光を浴びていた時期にあたる。成瀬の「アップ」が決め手という発言は、心理主体の演出法によって、自分の世界が確立したというひそかな自負心のあらわれと見ることができるかもしれない。

のちに成瀬は、素人の撮影したフィルムを見ても、その撮影した人物の性格がわかると述べている。成瀬がロングショットが苦手ということに、成瀬の弱点が感じられないわけではない。ロングショットは、歴史と場所の特定化を示唆している。歴史的変化、大きく見れば、文明の交代期に、成瀬にスランプが訪れるが、その深層の背景かもしれない。

一九二六年（大正一五・昭和元）、大正から昭和へと改元された。

その大正時代について、回想する。

「要するに、僕は中途半端な大正時代に育ったんだから」（「丸」一九五三年一一月号）

なにが「中途半端」だったかは、あきらかにしなかった。成瀬の話法ともいっていいもの。大正という時代のモダニゼーションへの成瀬の判断がここにあったのかもしれない。自由化、民主化、都市化を背景にした文明の交代と国際化が「中途半端」という意味であり、それが、成瀬の青春時代になり、また以降の自身の作風に作用している、と見ていることがうかがえる。

一九二七年（昭和二）、金融恐慌が起きた年、映画界では、劇映画の過半数を占めた時代劇に新人俳優が続々とあらわれた。時代劇の純映画劇化の、あらわれだった。

この年、小津は時代劇で、監督として早々とデビューした。成瀬を驚かせたにちがいない。

一九二八年（昭和三）、最初の普通選挙が男子のみ実施された。

映画界は量産体制となり、スター俳優や監督のプロダクション設立が盛んになった。これも、成瀬に刺激を与えたはず。師事する監督の五所は、「村の花嫁」によって名をあげた。成瀬も、監督昇進のときが近いと感じたはず。

入社から監督へと昇進するまでの松竹の当時の監督たちのリストをあげてみよう（次頁表）。

創立からの生え抜きがリーダー監督、一九二三年ごろの入社組が抜擢されていたことがわかる。

成瀬の心境は、「もう、いいかい」。

一九二九年（昭和四）、世界恐慌が起こった年、映画界はトーキーの登場を迎えた。

成瀬は入所して一〇年目、二四歳となり、現代でいうと、高校から大学、大学院と、蒲田撮影所で過ごしたことになる。

どうすれば城戸に抜擢されるのか、監督への道を進めるか。

「あの頃の城戸さんのやり方というのは、まず本〔脚本〕を書けということですからね。その本がパスすれば、自分が採り上げられるか、とにかくそれで成績が上がって行く訳です」（「映画の友」一九五五年五月号）

城戸もそれを認めている。シナリオが進級試験だった。

	監督の配置	生年	入社年	デビュー作品（年度）
第一部	牛原虚彦	一八九七	一九二〇	「山暮るる」（二一）
	佐々木恒次郎（啓祐）	一九〇一	一九二〇	「深窓の美女」（二七）
	野村員彦（浩将）	一九〇三	一九二四	「鉄拳制裁」（三〇）
第二部	池田義信	一八九二	一九二〇	「生さぬ仲」（二一）
	重宗務	一九〇三	一九二三	「郊外の家」（二五）
第三部	野村芳亭	一八八〇	一九二〇	「夕刊売」（二一）
第四部	島津保次郎	一八九七	一九二〇	「山谷堀」（二三）
	五所平之助	一九〇二	一九二三	「南島の春」（二五）
	豊田四郎	一九〇六	一九二四	「彩られる唇」（二九）
	西尾佳雄	一九〇四	一九二三	「スポーツ精神」（三〇）
第五部	清水宏	一九〇三	一九二二	「峠の彼方」（二四）
	小津安二郎	一九〇三	一九二三	「懺悔の刃」（二七）

「僕の記憶の範囲に生きている成瀬は、しじゅうシナリオを書いて僕の所へ持ってきていたことだ。（中略）自分で書いたシナリオが、いつ映画になるのか、ならないのか、そういうことに頓着なく、後から後からこういうものを書いたから見てくださいと新しいシナリオを持って来る。（中略）それだけ当人の意欲も強かったし、一生懸命だったのだろう。やはりいい監督になるには、いいシナリオ

が書けなくてはならない。ということにもなるのだ」(『日本映画伝』)

「頓着」がなかったわけではない、焦っていた。「まぁだだよ」の撮影所長への疑心暗鬼があったにちがいない。野村浩将、豊田四郎の昇進は、年齢、助監督経歴とも成瀬とほとんど変わらない。

小津はさらに早い。入社から四年目の一九二七年、「懺悔の刃」で監督デビューした。二四歳の、早い監督昇進だった。小津はくわえて、都市に生きる新しい世代、生活の心理を的確に追い、「大学は出たけれど」(一九二九)で、たちまち頭角をあらわした。

「人間社会に起る身近な出来事を通して、その中に人間の真実というものを直視すること」(『日本映画伝』)という城戸イズムによる、若い世代の新進監督の登場にほかならない。激動する市民社会のクライシスをとらえた、いわばヌーヴェル・ヴァーグ(新しい波)だ。

この年四月に、吉村公三郎は松竹蒲田撮影所に入所、島津保次郎のサード助監督になった。島津組と五所組の助監督は同室、そこで成瀬は吉村の同室の先輩になったわけである。

ある日、吉村は、成瀬に蒲田駅前の珍々軒に誘われた。ビールを飲んで、鉄道沿いの並木道、蒲田のスタッフが名付けた〈囁《ささや》きの小径〉を歩き、一八歳の吉村に成瀬は囁いた、と吉村は追想している。


「君、自分に才能があると思うかい」

「わかりません」

「このあいだオヤジ〈島津保次郎〉のやった『美人は黒い』は君の脚本だったが、率直に言ってあまり面白いものじゃない」

「ハイ」

「自分にたいして才能が無いと思ったら、今のうちにカツドウヤをやめたほうがよい。今なら年も若い。ほかに職業をみつけるのも簡単だ」

「ハイ、よく考えてみます」

「よく考えたほうがいいよ。あんなにオヤジに怒鳴られて走り回っていても、将来監督になれなかったらシャッポだからね」

「監督になれないこともあるんですか」

「あるさ。ぼくを見たまえ。監督助手をやってもう八年にもなる。豊田君も、西尾君も、きょう発表になった野村君、みんなぼくより後輩だ。運もあるんだけれど、ダメなものはダメだね。ぼくは映画をやめようと思うんだ」

（吉村公三郎『キネマの時代』）


後輩たちがつぎつぎに昇進していた。辞めるべきか、残るべきか。それを後輩にぼやく。後年、「ヤルセナキオ」とあだ名をつけられ、やる瀬なく、泣く男と揶揄された成瀬巳喜男のキャラクターが顔をのぞかせている。映画人のギャグは、辛辣で、的をとらえている。

一九二九年の暮れ、成瀬は所長の城戸四郎から呼び出された。城戸は、いきなり「映画を撮れ！」と、脚本を見せて言った。城戸自身の書いた短編のドタバタ喜劇だった。写真の長さから撮影日数まで、決まっていた。二本立ての添え物（成瀬巳喜男「自作を語る」）。

助監督仲間の吉村は、スタッフルームでその薄い原稿の束を見た。

「ほとんどが科白字幕ばかり」(前記)。台詞だけのドタバタ喜劇はめずらしいが、城戸が新人監督に日常生活の演出修業をさせるジャンルだった。日常生活を演出できれば、応用は広い。

喜劇は、その人物の性格、動作の、通常な仕方との若干のズレを見極める才能から生まれてくる。喜劇演出は、状況、アクション、表情と演技の、シーリアスさとオーディナリー(本質と一般)とのギャップ(差異)を生かすことにあり、そこをためされる。

二〇世紀末から二一世紀のはじめ、私は、大学で映画・映像の授業を担当して、製作セクションに、この喜劇制作をトップにすえる城戸に倣って、私がコンティニュイティを書いて、実践してみた。学生は、笑いが止まらないたぐいで、うれしそうに取り組むし、結果も上々だった。かくて、城戸システムに感心した。

デビュー作は、師匠の五所平之助が城戸の原案をシナリオになおしてくれて、その日のうちにキャストを決め、翌日ロケハン、その翌日撮影を開始した。三六時間ぶっつづけで撮り上げた、という(前記)。

「よく覚えています。昼ロケ、夜セットという具合でね。上がったとたん寝込んじゃって、五所さんが編集してくれた」(前記)

蒲田撮影所の筆頭監督格の島津保次郎に見てもらった。島津はあっさり「つまらないね、僕なら三カットでとるよ」(成瀬「映画ファン」一九五一年一二月号)と語ったという。自信満々のこの人らしい。

島津と成瀬のふたりの性格のちがいについて、成瀬は、筈見恒夫との対談で、こう語っている(「映画の友」一九九五年五月号)。

成瀬の方は、「私だって自分の写真が近くで上映されていると、その間ぢゅう落着かない。封切からしばらくの間は外出しないことにしている。なにかいやです。自分の写真を、これも自慢にはならないけれども、映画館で全部見たというのは、恐らく一、二本しかないですよ」と。

島津の方は、筈見が「逆の例で、本当かどうか、浅草で岸松雄が写真を見ていたら、後ろでもって手を叩く。だれだと思ったら、島津親父（保次郎）がいた。そういうことが島津親父はたいへん好きだった。これも悪いことじゃないと思う。そういう考え方というか、ありかたもあると思うね」と。

映画監督のふたつのタイプ、一方は、自作に惚れこむ監督、他方は、自作を徹底して避ける監督。

成瀬は、後者。かなり恥ずかしがり屋の江戸っ子、寡黙で人見知りをする監督なのである。

「人と話しているのは、私は口下手なんで嫌いですが、一人で歩くのは好きでして、暇があるとぶらぶら一人で歩いているのですよ。顔を知られたりすることが大嫌いですからね、なるべく知られないような所をごそごそ歩いているのが好きなんです」（前記）

なにもそこまでする必要はないと思う。逆に、怪しまれるのではないか。

だが、実はこうしたシャイな性格は、写真家に多いという。私も写真専門学校で授業してみて、実感するところがあった。

「それだけはゆるしてください」と学生が言う。

「ゆるさない。やってみろ。いずれ、プレゼンテーションが必要になる」と私。

尻を押して、やらせる。と、できるじゃないか！「おもしろいよ」とフォロー。

成瀬のデビュー作は、昭和恐慌が激しくなった一九三〇年（昭和五）の一月一五日に封切られた。

世界では、映画製作国が第一次世界大戦から復興し、劣勢に立たされたアメリカ映画、とくにワーナーブラザーズ社がトーキーに挑戦、これが起死回生となって、一九二〇年代末からアメリカ映画は音声（音楽・音響と発声）の入った映画製作に雪崩れていく。お楽しみは、ここからだ、と。

成瀬の監督デビューは、一九三〇年に入ってからとなった。苦節一〇年、鬱屈の果て、文学少年は、念願の映画監督としてデビューした。

2 女性映画の旗手、隘路

《一九三〇年代》

「蝕める春」（松竹　一九三二）

一九三〇年代になると、一九二九年の世界恐慌が世界に波及、各国で独自の国策をとらせることになる。慢性的な不況に悩んでいた日本は、アメリカとの貿易に期待していたものの、方途を失い、満州事変以降、満州を事実上植民地化し、一九三七年に全面戦争に突入。ドイツではヒトラーが第三帝国を樹立、一九三九年にポーランドに侵攻、第二次世界大戦を誘発していく。

アメリカは映画産業の不振から、トーキーに着手、一九三〇年代に入ると、急激にトーキー化へ移行して、映画上映システムの一大変革を呼んだ。

日本のトーキー化は、一九三〇年代中盤まで遅れた。

このなかにあって成瀬は、映画監督最初の一〇年間、前半は松竹でサイレント映画を、後半はPCL（のちの東宝）でトーキーを監督していくことになった。

一九三〇年の監督デビューの時期について、成瀬はこう追想している。

「当時は、社会的にも暗い失業時代だった。性格もあるんでしょうけど、この若い時の〝暗さ〟と几帳面に写真をあげる習慣だけは、残ってしまいました」（荻昌弘「聞書・成瀬巳喜男論」）

「〝暗さ〟と几帳面に写真をあげる」ことを、性格とは言わず、「習慣」と表現するところが成瀬らしく、ふわっとアバウトな、決めつけないとらえ方。

一九二〇年代を、映画製作の面から、ふりかえっておきたい。

一九二〇年代末までに、映画が企業となると、映画製作システムはほぼ完成した。これをシンプルにあらわせば、次のようになる。

このシステムはまた、「映画監督に著作権はない」かどうかについての、長く論じられる問題をふ

1 企画とマスタープラン

［製作者］ おもに撮影所長が、いくつかのプロジェクトを指導・指揮を執る。それぞれの作品に、担当のプロデューサーを指名

2 編成から制作へ

［スタッフ］ 主要スタッフは、シナリオ作家、監督、カメラマン、美術家、俳優

［キャスト］ 主要俳優をはじめ、配役を決めること。キャスティング

［シナリオ作成］ 原作がある場合は脚色、ない場合は脚本、オリジナルと呼ぶ

［コンティニュイティ］ シナリオをもとに、撮影用台本を作る。監督、助監督、製作者（その指名したコンティニュイティ・ライター）が担当

［監督］ 監督は、狭義には演技指導のみ、広義には製作の全プロセス指導

［装置・美術］ セット、ロケの決定、大小道具の選定、セット制作

［カメラマン］ 全画面（ショット）の画調、画面サイズ構成、照明構成

［俳優］ 本読み、リハーサル、監督の演技指導、実際のセットやロケによって撮影時に変動がある

3 撮影

［全体のスケジュール］ 撮影所長と担当プロデューサーの管理

［一日のスケジュール］ 担当プロデューサーの管理

4 撮影終了

［編集］ シーン（場面）、画面（一ショット）、合格ショットの数値をつなぐ。監督立ち合い、編集者単独など、任意、随時変更がある

［会話、音響・音楽付加］ 一九三〇年代から、トーキー化にともなって、任意につけられる。方法に同時録音とアフター・レコーディングがある

5 公開へ

公開日が指定されている場合がほとんどであり、製作期間は限定される

［試写とキャンペーン］ 任意

［公開、観客へ］ 製作から公開までのサイクルは、この結果・評価をもとに、次作へと向かう

くんでいる。極端に言うと、製作者、撮影所長が、全システムを徹底して管理、実行する。

アメリカのシステムは、これだった。シナリオから、コンティニュイティまで、つまりマスタープランを作り、スタッフ、キャストに徹底させるスタイルとなる。監督は、この場合、演技指導に特化される。

日本の場合は、監督がシナリオを書き、あるいはコンティニュイティを監督自身か、助監督が書き、監督が参考にする。

いずれにしても、このプロセスは、いわば、Plan-Do-See（計画・実行・評価）であり、プロジェクトになる。See の作品評価、興行結果が、次作を導くことになる。

「観客が映画を作る」は、このプロセスの一面をいっている。

監督にとって、おそらく、最大の問題は、どこまで製作に関与するか、できるか、また各パート、関与する人とのコミュニケーションだろう。製作のプロセスは、どのパート間でも、衝突が当然予想される。そこに映画の共同作業の〈妙味〉あるいは〈むずかしさ〉がある。

前頁の公開・観客の項は、映画の興行という性格上、重要であり、どうそれに対応するか、それもまた監督の性格や力量による。

このシステムの下、成瀬も製作することになる。そのルーツを背に負って。

遅咲きの監督デビュー

［一九三〇年（昭和五）／二五歳］

昭和恐慌が激化したこの年、映画界は、前年にはじまった左翼的傾向の〈傾向映画〉が浸透し、二月に鈴木重吉監督の「何が彼女をそうさせたか」（帝キネ）がヒットすると、いわば燎原の火のように広まっていった。

日活を中心とした傾向映画に対して、松竹は、「我々の身近なところからいろいろの材料を出して、いわゆるリアルな題材を撮ろう」とする城戸イズムで対抗する。

松竹撮影所のシナリオ部門のリーダー野田高梧《こうご》は、城戸イズムを、小津作品を例にこう要約した。「平凡人の日常生活の間の小さな出来事をピックアップして、それに適当にアレンジする事に依って、そこに一つの劇的な空気を醸し出そうとする」（「キネマ旬報」一九三〇年七月一日号）

成瀬のデビュー作「チャンバラ夫婦」は、その撮影所長・城戸四郎が赤穂春雄の名でシナリオを書いた。

自社宣伝の類の三三分の短編。短編とは、興行上、長編映画と併映する作品、長さに切りはないが、一、二巻、一〇分から二〇分程度。

ここから、城戸が新人監督の力量を試す短編製作の期間に入った。

当時の成瀬作品は残っていないから、批評と成瀬の回顧で、ナヴィゲートしていきたい。

チャンバラ夫婦

脚本・赤穂春雄　撮影・杉本正二郎

松竹蒲田　一九三〇年一月一五日　二巻　No.1

「短篇型喜劇としては中位に属すべきもの。可もなく不可もない。叙述的に滞りなく、一定のテンポを有する処、新進監督者の労をねぎらってよい。吉谷久雄と吉川満子の珍妙な夫婦、たゞそれだけの喜劇ではあるが。興行価値—添用物喜劇」（岡村章「キネマ旬報」一九三〇年二月一日号）という簡単な批評が残されている。

三年後、岸松雄（映画評論家）はこの「可もなく不可もない」評価に対して、「僕はこの映画を見て、がっかりした。そして成瀬巳喜男という監督は一生涯かかっても碌な作品一つ作れない屑だと思った」（「キネマ旬報」一九三三年九月一日号）と、デビュー作を回想、酷評している。

監督・五所平之助は、北関東地方の農村に材をとってこまやかな人情を描いた映画を作り、名声を博していた。

成瀬の二作目「純情」は、ある村の、高尾光子、小藤田正一の姉と弟を主人公に、姉の友人が帰郷し、姉を東京へ連れていくことによって起きた、弟の淋しい思いをとりあげた。〈水郷もの〉を、成瀬が、さらに年齢をさげてやわらかく作り上げたおもむき。

「教育映画の部類に属す可きものである。ただこのテンポのダルは採りたくない。こうした修身教科書は、簡潔な構成を以て纏め上げなければならない。高尾光子、小藤田正一の姉弟が慣れた演技を以て、この一篇を救っている。ロケーションも利いている。興行価値—添物。あるいは教育映画用」（岡村章「キネマ旬報」一九三〇年三月一一日号）と、ロケ地選定はいいし、演技指導もいいが、ゆっくりしたテンポが指摘された。

この遅いとされたテンポが、成瀬を苦しめることになる。

「割に受けが良かったんですよ。今の自分に近いものがあったのじゃないか、という気がします」（「自作を語る」）と、二三年後に回想している。抒情性、リリシズムを認められたと、感じたからかもしれない。

次に撮った「押切新婚記」は、チーム・コメディのジャンル。職場がおなじ、吉谷久雄、毛利輝夫は友達同士。松葉みどり、青山万里子の扮した工場の娘との恋の勘ちがいを描いた。

ところが、この作品はいわゆるオクラ（倉庫に入れたまま公開を見送ること）にされ、公開は第四作「愛は力だ」とおなじ八月にのばされる。

その次の「不景気時代」で、ふたたび短編でチャンスを与えられた。

失業中の斎藤達雄の扮した父と、青木富夫の一児との交流を描いて、父親が犬泥棒に精を出し、子どもに腑甲斐ないといさめられる話。

「新進監督者が、快く送り出した短篇喜劇型の一篇である。斎藤達雄と子役の青木富夫が主役で活

純情

脚本・水島あやめ　撮影・杉本正二郎
松竹蒲田　一九三〇年二月一四日　五巻　No.2

不景気時代

原案・成瀬巳喜男　脚色・柳井隆雄　撮影・杉本正二郎
松竹蒲田　一九三〇年五月二日　三巻　No.3

躍する。原作上に於いて、この子役の扱いには一寸、同感を持ちかねるが、ただ観ている分には他愛もなく面白いものである。興行価値—添物用喜劇」（岡村章「キネマ旬報」一九三〇年五月二一日号）との評。

この話は、のちの小津の「出来ごころ」（一九三三）に似ている。このため、「小津の一六ミリ（小型）」とみなされて、成瀬のオリジナリティ探求がはじまった。

「それは私の二、三作目の作品かな、とにかく撮ると小津さんに似ていると城戸さんに叱られてばかりいる。自分じゃ真似しているわけじゃないのですけれど、これはなんとかそういうものを変えなければならないと思いましてね、変えるとなるとどういうところに行ったらいいかということなんです。五所さんと小津さんの中間に行ったら、それほど似ているといわれないですむのじゃないか、そんなことですね」（「映画の友」一九五五年五月号）

撮影所長・城戸の方針と、シナリオのスタッフが限られているから、似ていることは生じる。それはしかたがない。

しかし、城戸の警告には、別の意味、つまり「城戸は元来明朗な性格だから、どことなく陰気で暗い感じのする成瀬をあまり好かなかった」と岸松雄は「成瀬巳喜男小伝」で指摘している。

「暗さ」とは成瀬の言う通り、その生い立ち、当時の歴史心理にルーツがあったのだろう。だが、松竹にあっては、城戸の好むところではなかった。

城戸の警告は、こたえたと、成瀬は述懐している。

「出発して三、四本目に失敗して、ぼくは蒲田で格下げされたのですね。その時、これは他人の脚本でやるのがいけないのではないか、自分のものは自分でだすいがいない、とぼくの脚本で作ってみたんです。自分では一応うまくできたとおもった。ところが、ほかのひとは一斉に、ヒドい、暗い、という。つまり、出てくる人物も調子も全部ぼく自身なんですね。以降、ぼくは自分だけを出すと暗くなるんで、池田（忠雄）君に喜劇味を含ませてもらったり、現実的な逃げ道を考えついたのですが……」（「自作を語る」）

シーリアスな題材を、甘く見せる糖衣主義という言葉があり、当時日活で「女性映画」の旗手となった溝口健二の言葉だが、成瀬は、コメディを糖衣にした、という。

ところが、自分でシナリオを書いて、暗さからの脱出をはかってみたものの、逆に暗さがはっきりたちあらわれた、とされた。実はその「暗さ」こそ成瀬の持ち味。だが、城戸の好むところでない。撮影所、製作プロセスに見るように、撮影所長と新人監督の最初の衝突だろう。

第四作「愛は力だ」は、ブルジョワ息子に扮した結城一郎と、カフェの女給の龍田静枝の恋に、川崎弘子の子爵の娘がからむ一編。

「何時ものおきまりで、彼と彼女は生彩のない喜劇風タッチで描かれているのである。そしてこれをしも辛うじてミルに堪えせしめたのは関時男のギャグあるのみ、結城一郎の富豪の息子及龍田静枝

愛は力だ

脚本・柳井隆雄　撮影・杉本正二郎
松竹蒲田　一九三〇年八月二九日　六巻　No.4

押切新婚記

原案・成瀬巳喜男　脚色・池田忠雄　撮影・杉本正二郎
松竹蒲田　一九三〇年八月二九日　四巻　№5

のカフェーの女が無気力な主演をしているはかない作品」（友田純一郎「キネマ旬報」一九三〇年九月一一日号）と、成瀬の糖衣主義は、不評。通じなかったことになる。

「これもオクラになった。もう一度遊べと言われました。抒情的なものやドタバタなら成功するが、まともなメロドラマは駄目だったのですねえ」（「自作を語る」）

劇的展開を前面に出したメロドラマは不向き、デビュー早々、早くも自分の作風をどうすればいいのか、自作のアイデンティティの確立を探ることになる。

心境映画へ

［一九三一年（昭和六）／二六歳］

一九三一年、国内の疲弊と合わせるように、九月、日本軍は満州事変を起こした。

映画界では、日活を中心とした傾向映画が国家検閲によるカットで大きく後退し、トーキーの躍進がクローズアップされる。

二月、アメリカのトーキー映画「モロッコ」は会話を文字字幕（スーパー・インポーズ）で初公開、外国映画のトーキーを、その字幕で見るかどうか、案じられていたが、日本にあっては抵抗感なく、字幕でトーキーが通用することをハッキリさせた。

この年に、日本で公開されたアメリカ映画は早くも、トーキーがサイレントより多くなった。日本映画も八月に、松竹が土橋式トーキーで、成瀬の師匠・五所平之助の作品「マダムと女房」を公開した。

日常生活の音とジャズをふんだんに用いて、モダニズムとペシミズムを微妙に交錯させ、コメディのなかに、モダニズムへの憧れという当時の日本人の心理をもうかがわせ、国産トーキー最初の本格的劇映画として好評をもって迎えられ、歴史的名作になった。

成瀬の監督二年目の第六作は、池田忠雄をシナリオに再起用した「ねぇ興奮しちゃいやよ」。

興奮すると卒倒する船乗り（横尾泥海男と吉川英蘭）のコンビが、束の間の上陸、そこで女給（原純子）を、スリ（関時男）から助けて、バーに乗り込んだことから騒動が起こる展開。

批評は、「横尾泥海男、古川英蘭二人組の水夫のエロ行脚、サミー・コーヘンとラッド・マクナマラの意気であろう。適役ではあるが、活躍する舞台が狭くてコーヘン、マクナマラの如くはいかない。しかし関時男を加えて珍優三人芸、ナンセンス映画になくてはならぬ至芸である」（友田純一郎「キネマ旬報」一九三二年二月二一日）と、ギャグの方が評価されて、悪くなかった。

ねぇ興奮しちゃいやよ

脚本・池田忠雄　撮影・杉本正二郎
松竹蒲田　一九三二年二月七日　三巻　No.6

このあと、成瀬は、方向を模索する。

「ここまで来て、将来どういうものを撮るべきかと、自分でも考えはじめました。大きな作品は当分撮らしてくれそうもない、とすれば残るは喜劇だが、ドタバタが自分に向いているとは思えない。しかし当時僕たちが撮る写真はギャグが入ってないと叱られるのですよ。そこで、ふつうの調子で押していける作品で、中に適当にギャグをさしはさむことを考えました」（「自作を語る」）

ギャグから、シーリアスへ、当時の言葉でいうと、〈ナンセンス映画〉から、ギャグの入った〈小市民映画〉への展開、〈心境映画〉といわれたジャンルになる。

その第一作が「二階の悲鳴」。夫婦（吉谷久雄、若葉信子）と子（藤松正太郎）の親子三人の所帯、その夫婦喧嘩のモトは二階の居候（山口勇）。ところが、夫の失業と居候の就職で立場が逆転する顚末。

つづく「腰弁頑張れ」は、今日現存する成瀬のもっとも初期の作品。

「腰弁」とは腰に弁当を下げて通うという意味で、サラリーマンのこと。

ここで、成瀬の意図通り、ギャグと心境・心理的リアリズムを合わせる狙いが浮上してきた。子供を使ったギャグと、ホワイト・カラーの切実な生活苦、暗澹とした市民の生活の心理が濃い。おなじ八月に公開された小津の「東京の合唱」と、いずれも都市の若い夫婦、いわゆる核家族の日常生活をコメディ・タッチで描いているが、そのちがいは鮮明。

小津作品のスマートさ、モダンボーイの岡田時彦と垢ぬけた八雲美恵子の若夫婦の明朗さに対して、成瀬作品は、笑えないギャグ、みじめな生活、リアルなペシミズム（厭世主義）が深刻で重い。

小津、成瀬の作風のちがいが、ここではっきりあらわれた。

だが、この成瀬流心境映画は、にわかに批評家の注目の的になった。
「この映画は彼のモニュメンタルな作品として、永久に記念さるべきもの」「いたましき小市民の生活記録の中に、われわれは笑えない喜劇をみ、小市民の骨の髄まで摑んだ成瀬巳喜男の全容を感じた」「素朴にして、しかも純真なる製作態度」（杉本俊一「成瀬巳喜男論」「映画評論」一九三二年七月号）
いわば、個性を持った作家の映画として認められはじめた。
「わたしがまだ松竹の蒲田撮影所にいて短編の喜劇ばかり撮っていたとき、たしか『腰弁がんば（ママ）

二階の悲鳴

脚本・成瀬巳喜男　撮影・三浦光男
松竹蒲田　一九三一年五月二九日　三巻　No.7

腰弁頑張れ

脚本・成瀬巳喜男　撮影・三浦光男
松竹蒲田　一九三一年八月八日　四四分　No.8

＊

岡部（山口勇）は保険の外交員。生活に疲れた感のする妻（浪花友子）と利発な息子・進（加藤精一）の三人家族。穴の開いた靴を新聞紙で隠して、仕事に精を出すのも、生活と息子あればこそ。おりしも玩具の飛行機をねだられた。裕福な戸田家を訪ね、鉢あわせた別の勧誘員と、戸田家の子供たちを相手にウマになって、精一杯ご機嫌をとる。原っぱで遊んでいた進は、帰宅途中、電車にはねられたが、岡部夫婦の必死の看病によって助かった。

れ』が、旬報の批評で認められのを、記憶している。そのころ、批評の載る映画雑誌などほかになかったので、旬報はなかばコワイみたいな存在だったが、一度ほめられると、またほめられたいという気持ちになるものでそれがわたくしには大きなはげみになった」（成瀬巳喜男「キネマ旬報」一九五八年七月上旬号）

素直な反応といえるだろう。成瀬は批評や批評家を尊重する監督だ。

また、現存作品と同時代の作品批評を見ても、かなり正確に作品評が書かれていることがわかり、濃度はあるものの、当時の批評は後世に資している。

次の「浮気は汽車に乗って」では、夫婦（山口勇、浪花友子）と一児（葉山正雄）の一家が、夏の避暑と生活費を浮かすため、妻の実家に行ったものの、途中知り合った一家に見栄を張ったことから、とんだ避暑になっていく。

「一人の生活的に無力なインテリを風刺的に描いている点でちょっとおもしろいもの」（飯田心美「キネマ旬報」一九三一年九月一一日）

評価の風向きがすこし変わってきた。

一〇作目の「髭《ひげ》の力」は、父（宮島健一）と子（突貫小僧）の話。立派な髭の父は、就職口を探したが、社長の髭に断然、差をつけているため、就職できない。髭をどうすべきか、父と子は悩む。

「腰弁頑張れ」（松竹　1931）

「成瀬巳喜男は『腰弁頑張れ』に劣らぬ手腕をば此処に於いて示す。こうした心境的ナンセンス映画は、彼によってますます前途を明るくしはじめた。これは忘れえぬ功績であろう」(和田山滋「キネマ旬報」一九三一年一一月一日号)

監督の「屑《くず》」から反転した。成瀬の目算通り、心理的小市民映画への転換が成功していく。つづく「隣の屋根の下」では、サラリーマン(小倉繁)が、浮気の算段、同僚を巻き込んだが、妻に発覚。妻は家を出て隣に引っ越し、二階を同僚に貸したことで、立場は逆転。三つ巴のスッタモンダが展開される。

浮気は汽車に乗って

脚本・成瀬巳喜男　撮影・三浦光男

松竹蒲田　一九三一年八月一五日　三巻　No.9

髭の力

脚本・成瀬巳喜男　撮影・猪飼助太郎

松竹蒲田　一九三一年一〇月一六日　三巻　No.10

隣の屋根の下

脚本・木村義勇　撮影・猪飼助太郎

松竹蒲田　一九三一年一一月二八日　四巻　No.11

和田山滋（岸松雄）評は「夫婦喧嘩は犬も食わない」（「キネマ旬報」一九三二年一月一日号）と成瀬のスラップスティック（どたばた喜劇）返りをいさめている。

前門の城戸四郎、後門の批評家にはさまれた成瀬は、再転換する。Plan-Do-See、あるいは多芸を試みて一芸に達する。これが、成瀬巳喜男の監督生涯を決めることになった。

女性映画へ

［一九三二年（昭和七）／二七歳］

満州事変の勃発によって、軍事を扱った映画の製作が盛んになるなか、チャプリンが来日、空前のブームをもたらした。

監督三年目の成瀬は、恋人募集中のサラリーマン（大山健二）が、アパートの隣の部屋の巨漢、おかめのタイピスト（兵頭静枝）に言い寄られて、タジタジとなる喜劇「女は袂《たもと》を御用心」でスタートする。この作品でも、コメディから、心理映画への転換をすべきと批評された。

さらに、〈田園もの〉の「青空に泣く」では、伯父さん夫婦の家で育てられている姉弟（高尾光子と菅原英雄）の姉が東京へ働きに出る日が来て、別れ別れになる。二作目「純情」の系譜であり、作品を洗練させていく過程に入った。

つづいて「偉くなれ」は、「腰弁頑張れ」の系譜。人気者の子役・突貫小僧を生かし、サラリーマン一家（小倉繁、浪花友子、突貫小僧）の給料日前の日曜日、友達夫婦や課長が来て、追い払うのに奮戦する話を、子供たちにからめて描いた作品。

「ナンセンス映画の中、心境的なものは、この映画などを見ていると、一通りの完成の域に達して了ったことがわかる。そしてこのことは確かに成瀬巳喜男の一つの大きな貢献だということが出来た。（中略）この次の作品に於いては心境物ナンセンス映画の別な世界を開拓してくれなければならない」（和田山滋「キネマ旬報」一九三二年五月一日号）

はたせるかな、ジャンル修業の果て、新しい領域へのチャンスが回ってきた。城戸所長から三時間近い長編の監督をまかされることになった。

映画の時間、長さは重要。話の展開（プロット）は複雑になり、ペースは一定していなければなら

女は袂を御用心

脚本・成瀬巳喜男　撮影・猪飼助太郎
松竹蒲田　一九三二年一月二九日　三巻
No.12

青空に泣く

脚本・水島あやめ　撮影・猪飼助太郎
松竹蒲田　一九三二年三月一〇日　五巻
No.13

偉くなれ

脚本・成瀬巳喜男　撮影・猪飼助太郎
松竹蒲田　一九三二年四月一五日　四巻
No.14

「偉くなれ」（松竹　1932）

ず、監督の力量が問われる。

「最初に喜劇を撮らせてもらえる。つぎに、まともな調子の中に喜劇的なものをはさみこむ。泣かせ、笑わせる術ですね。ここまでで一応その勉強も済んだというので、この原作を撮らしてくれたのでしょう」（「自作を語る」）

それが菊池寛原作の「蝕《むしば》める春」。松竹蒲田得意の女性向けメロドラマ。若水絹子、逢初夢子、水久保澄子の蒲田の新人女優が三姉妹。長編と新人の演技指導の実践的な試験だった。トーキーではないが、音楽はつくサウンド・バージョン。

注目された俳優指導はよく、三時間近い長編にもかかわらず、高い評価を得ることになった。

詩人で映画評論家の北川冬彦は、「一篇の抒情詩」「新鮮味のみちあふれていること、それでいて監督手法はぢっくりと落ちついていること、ソヴェート映画からうけたろうと思われる明快なモンタージュ。それからいろいろのい、映画からの消化された勉強の成果が見えていること等で、これが最初の大作であるとすれば、成瀬巳喜男が第一流の監督となるのもそう遠いことではないだろう」（「キネマ旬報」一九三二年六月一一日号）と、高く評価されることになった。

二七歳で、抒情性（リリシズム）、新鮮さ（ノベルティ）、リズム（展開）の持ち味が注目される、次世代の有力な監督にあげられるところまできた。

「割に好評だったんです……」(「自作を語る」)と自信がつき、女性の主人公化がはっきりしてきた。「蝕める春」は、初の「キネマ旬報」ベストテン入りをした。

成瀬の感想がある。

「ところで、そのころ、旬報でほめられる作品に限って、興行成績があまりよくないので、会社は喜ばぬという傾向があった。しかし旬報で認められるということには、それ以上の張り合いがあったものである」(「キネマ旬報」一九五八年七月上旬号)

これは監督にとってたしかにむずかしい。

映画製作マップの、最後のステージ、作品と観客を、どう読むかが問われる。批評家向けか、観客向けか、はたまた両方か。どう読み、どう展開するか、製作者と監督の個性ということになるのかもしれない。その深浅を問われるところだろう。

女性映画の決定打となった作品は、つづく「チョコレートガール」。

キャンディ・ストアのウエイトレス(水久保澄子)の淡い恋を都会の雰囲気のなかにやわらかく描いて、作品も好評だった。いわば戦前のファーストフード店。そこに働く、若い女の子たちの世界を

蝕める春

原作・菊池寛　脚色・小田喬　撮影・猪飼助太郎
松竹蒲田　一九三二年五月二七日　一四巻　サウンド　No.15　ベストテン六位(「キネマ旬報」。以下同)

チョコレートガール

脚本・氷見隆二　撮影・猪飼助太郎
松竹蒲田　一九三二年八月二六日　六巻　No.16

生き生きと描ければ、期待も大きくなる。

「僕のそれまでのもの、つまり、メロドラマ、ドタバタ、抒情的なもの、の合体だったのですね。明菓〔明治製菓〕の売店に出ている少女労働者達の生活、淡いラブ・ロマンスがあって、……ここまでの中で一番好きな作品です」（「自作を語る」）

ついに、「女性映画」の監督としてアイデンティティをつかんだ。

さらに、大人の女性のメロドラマで、新派の芝居で有名な作品、育ての母と生みの母の〈母もの〉、柳川春葉原作「生さぬ仲」を監督する。

岡田嘉子、筑波雪子と、大スター、若いスターをつかうところまで認められてきた。評価も合格。

「成瀬巳喜男は、正統派映画芸術家としての才幹を、ここで充分に発揮して、こうした文芸映画を作らしても、彼の先輩の塁を摩しつつある観を抱かしめている」（和田山滋「キネマ旬報」一九三三年一月一一日号）

もっとも、成瀬自身は、〈母もの〉にまったく意味を感じていなかったようだ。古いものは新しく演出しても、生き返らないという教訓を得た（「自作を語る」）と言っている。

松竹の新派系特作のクオリティがしのばれるものの、現存する作品に照らして振り返ると、岡田嘉子のヒロインに精彩がなく、成瀬の回想の方が的確。

監督三年目で、若い女性たちを主人公にした「蝕める春」「チョコレートガール」、それを中年女性に移した「生さぬ仲」と、「女性映画」によって、期待される監督に浮上してきた。

成瀬は、「女性映画」の監督となるのは、のちに「作家の体質」だと言い切った。ただし、素直には理由を言わない。

「女を主人公にするのは、昔からの映画のしきたりなので」「べつに原因があるわけじゃないけれど、サイレント時代から女を中心に描いてきたことは確かなんで、これは作家の体質ですね」「どうも動的な、おれはなんでもやるというような男はすくないですねぇ」（「丸」一九五三年八月号）

女性の主人公化は、成瀬が師事した監督、松竹の新派の系譜を受け継いだ池田義信、現代劇のリーダーとなった五所平之助の系列。

さらに、成瀬その人が「動的な、おれはなんでもやる」タイプの男性ではなく、女も男も、成瀬にあっては相関のかたち、自身の性格、人生に見合ったもの。それが成瀬の言う「作家の体質」にちがいない。少年時代の「絶望」、青年時代の「下積み」が、女性たちの人生に仮託され、実体化、ここ

生さぬ仲

原作・柳川春葉　脚色・野田高梧　助監督・松井稔　撮影・猪飼助太郎　美術・浜田辰雄　主題歌・佐藤惣之助（詞）、佐々紅華（曲）「涙の珠」淡谷のり子（唄）、「母の唄」関種子（唄）
松竹蒲田　一九三二年一二月一六日　一一九分　No.17

「生さぬ仲」（松竹　1932）

に結実したのだろう。

　一世代前の溝口健二、つづく松竹の五所平之助のあとを追う有力な「女性映画」監督の登場となった。

　溝口はすでに、日本を代表する女性映画の監督になっていた。ここで成瀬の先達であり、先行した溝口健二の一生を展望しておこう。


　溝口健二は、東京の湯島に生まれ、浅草で育ち、美術修業や新聞社勤務を経て、一九二〇年（大正九）、向島にあった日活撮影所に入社した。

　当時日活は新派と呼ばれた芝居を、演劇に根ざした舞台や演技、俳優で撮影しており、一九二三年（大正一二）、「愛に甦る日」で監督に昇進、現代劇や探偵劇など新たなジャンルの創出に参画し、一九二四年から女性を主人公とした作品で頭角をあらわした。関東大地震後に撮影所が関西に移転すると、「紙人形春の囁き」（一九二六）などの下町もので評価を高めた。

　一九二九年（昭和四）の世界恐慌後、傾向映画の「都会交響楽」（一九二九）や、トーキーで「藤原義江のふるさと」（一九三〇）を撮るなど新しさを追求、左翼思想やモダニズムといった時代の潮流を、自分のなかでどうまとめるかに悩み、模索する。

日本の軍国主義化が進むと、「滝の白糸」（一九三三）で情緒的な明治ものをつくり、一九三四年、映画プロデューサー永田雅一が設立した独立プロダクション、第一映画に入って、トーキーによる現代劇「浪華悲歌《エレジー》」（一九三六）と「祇園の姉妹《きょうだい》」（同）によって、徹底した風土のリアリズムに挑戦、逆境にくじけない新しいヒロイン像を創出して、山田五十鈴《いすず》の出世作とした。

日中戦争の勃発した一九三七年から第二次大戦にかけて、伝記映画や歴史映画の製作に腐心。松竹に移って、「残菊物語」（一九三九）で独自の世界を見せ、戦時下の芸道ものというジャンルを発展させた。だが、「元禄忠臣蔵」（一九四一―四二）のような武士道ものでは、不成功に終わった。

敗戦後のGHQ指導下では、男に従属する女性の苦難を描き、戦後の観客に広く支持されたものの、作品は停滞した。これに続く「お遊《ゆう》さま」などの文芸作品も低迷した。

しかし、一九五二年以降は、「西鶴一代女」（一九五二）、「雨月物語」（一九五三）、「山椒大夫」（一九五四）がヴェネチア国際映画祭で連続受賞、海外での評価も一気に高まった。

これらの作品では、宮川一夫カメラマンによる白黒のグラデーションを生かしたローキートーン（暗い画調）と、静謐で憂愁をたたえた映像美、一場面でひとつの挿話を描くワンシーン・ワンショット（長回し）の手法、環境から人物像を作り出すスタニスラフスキー・システムによる演技指導、リアリズムによる立体的なセットを駆使し、歴史のなかで翻弄された女性を描いた。

「楊貴妃」（一九五五）や「新・平家物語」（同）ではカラー映画に挑戦、少年時代を過ごした浅草周辺を舞台にした「赤線地帯」（一九五六）が遺作になった。

溝口の方法は、演劇の実写としてスタートした日本映画の伝統を踏まえ、それを革新して独自のリアリズムを打ち立てた。女性の歴史的ヴィジョンと映画美学の創出には、ヨーロッパ映画もこうした出発をしたから、フランスのゴダール監督が溝口を絶賛することには、歴史的意味がある。二〇世紀の映画の歴史的試練を経て到達した見事な偉業にちがいない（『日本大百科全書（ニッポニカ）』電子版、千葉執筆より）。

女性映画で先行した溝口が、日活の演劇映画を受けついで、歴史を背負って登場、ロマンティシズムとリアリズム、さらに社会的視野を導入、日本の歴史とジェンダー（男女の文化的・社会的あり方）論へと深化していくのに対して、成瀬は、五所平之助、豊田四郎とおなじように、二〇世紀を同時代として、リアルタイムのなかで、歴史の展開に揺さぶられながら、孤立する現代の女性像をとらえていくことになる。

現代女性映画の旗手

［一九三三年（昭和八）／二八歳］

一九三三年、成瀬は自信を持って映画監督の道をあゆみはじめた。

世界恐慌後の国際的なブロック経済化のなか、日本の満州進出は国際世論の反発を引き出し、国際連盟脱退へと展開、ドイツではヒトラーが首相に就任した年にあたる。

映画界では、小津安二郎監督のサイレント作品に高い評価がつづいていた。

成瀬は、女性を主人公にして一段と特質を発揮、注目されていく。

まず、蒲田近辺のアパートに住んでいる若い芸者を主人公に、オリジナル・シナリオを書いた。

新人として期待の高かった水久保澄子を若い芸者にし、郊外の新開地にロケーション、家宅〈転じて火宅〉、つまり悩み深い家と、悩みを抱えさすらう路上のドラマを描く。
〈火宅〉とは「〈煩悩《ぼんのう》が盛んで、不安なことを火災にかかった家宅にたとえていう〉現生」、〈路上〉は「みちのうえ。途中」（『広辞苑』）の意味。
岸松雄は、こうした女たちの取材源は、蒲田撮影所のそばの「珍々軒」だったと見ていた。「珍々軒には毎日のように入りびたっていた。そこは撮影所裏のドブにそった洋食屋とも支那そば屋ともつかぬ、いかにも新開地らしいカフェで、成瀬は月給のほとんどをこのうちでつかった。いろんな過去を持つ女給がいつも二、三人いて、それがよく変わった。安カフェやインチキ・バーの女給を描くのに成瀬が長じているのは珍々軒での体験がモノをいっている」（『成瀬巳喜男小伝』）
水久保は、このとき一七歳、松竹歌劇部出身、すでに成瀬の「蝕める春」「チョコレートガール」

君と別れて

脚本・成瀬巳喜男　撮影・猪飼助太郎
松竹蒲田　一九三三年四月一日　九二分　No.18　ベストテン四位

＊

若いおとなしい芸者の照菊（水久保澄子）がある日、姉さん格の芸者・菊枝（吉川満子）の息子・義雄（磯野秋雄）をさそって、海辺の実家に行く。家では妹が芸者に売られようとしていた。照菊は父とあらそい、母をなぐさめる。その帰途、義雄はグレようとする自分のおこないを直すと言うのだった。照菊は住み替えのため、アパートを去っていった。

「君と別れて」（松竹　1933）

で初々しさ、健気さを発揮して評価をあげ、「君と別れて」では三度目の主演。

「君と別れて」は公開当時から絶賛された。

北川冬彦は、「この『君と別れて』ほど最近新鮮さを持って僕に迫った作品は、小津安二郎の作品を措いて他にはない。それほどの新鮮さを持っているのである」（「キネマ旬報」一九三三年四月一日号）と高評価した。

とくに、ふたりあるいは三人の人物に焦点を合わせて、その相互の心理をじっと見つめていく演出が傑出している、と評価した。とともに、うらさびしい新開地の風景が心情の点綴に有効にはたらいていることをあげた。

若い女と男の、環境と心理の輻輳、透視といったところかもしれない。

とくに、家（火）宅と路上の生活、海辺の実家に行くシークェンスがみごとに一九三〇年代の道行のドラマになっている。善意の人々の自分自身ではどうにもならない生活、人生のありようが点描され、日記スタイルの淡々とした描写であざやかにとらえられる。

この道行、もとは能や浄瑠璃や歌舞伎の芸能にみなもとがあり、成瀬作品では現代の道行、そのやるせなさ、不安、詩情がにじみ出て、みたされない人生を、さりげなく的確に描いている。リアリズムとリリシズムが揺曳する成瀬独特の世界が、今日見ても鮮烈。

フランスのジョルジュ・サドゥールは、『世界映画史』『世界映画全史』の大書を持つ、世界的映画史家だが、その『世界映画作品事典』（一九九〇）で、成瀬の二作品をあげ、その一作を「君と別れて」とし、「シンプルで、きれいな、まっすぐ描いた、やさしさと魅力ある」作品と讃えている。フランス的な、またサドゥール的な選出だ。

成瀬のサイレント映画の傑作・代表作にちがいない。成瀬評価のキーワード「琴線に触れる」（「心の奥に秘められた、感動し共鳴する微妙な心理」『広辞苑』）監督ということになる。

「君と別れて」についで、東京湾に注ぐ河口の橋の上ではじまり、運河でおわる「夜ごとの夢」を作った。これも成瀬と池田のオリジナル・シナリオ。

主演の栗島すみ子は一九〇二年生まれ、このとき三一歳。日本映画草創期の女優であり、初期の松竹女優陣を担った。楚々とした所作は、舞台劇から映画に入って際立ち、「日本のリリアン・ギッシュ」（アメリカ映画サイレント時代の少女スター、楚々とした風貌で一世を風靡した）と称されたほど。成瀬が師事した池田義信と結婚していた。

「夜ごとの夢」は、小津の「その夜の妻」（一九三〇）と同じようなドラマ。子供の治療費を迫られた父親が強盗をする、そのいきさつを、成瀬は妻の側から描く。

小津、成瀬の二作品とも現存しており、作風はまさに好対照。

「その夜の妻」は、場所・時間とも、強盗のくだりを除くと洋風のアパート一室の一晩の出来事に限定され、刑事と妻と夫との駆け引きが後半を占めている。

「夜ごとの夢」では、酒場で働きながら一児とひっそり暮らす女のもとに、逃げた夫が姿をあらわ

夜ごとの夢

脚本・成瀬巳喜男、池田忠雄　撮影・猪飼助太郎　美術・濱田辰雄　主題歌・久保田宵二（詞）、古賀正夫（曲）
松竹蒲田　一九三三年六月八日　九二分　No.19　ベストテン三位

＊

おみつ（栗島すみ子）は、夫の水原（斎藤達雄）に逃げられて、一児・文坊（小島照子）と生活、家計を港町の酒場の女給でまかなっていた。船員や職工相手。船長（坂本武）に身を売ろうとした日、夫がおちぶれて帰宅。夫を憎み、ののしったが、文坊がかすがい、三人で生活を立てなおすことになる。夫は足を棒にして仕事を探しまわったものの、成果はない。そんなおり、文坊が怪我をする。おみつは途方に暮れ、酒場で船長にまとわれ、身を売ろうとしたが、夫がいましめた。思案のあげく、夫は夜、ある会社の金庫泥棒に入り、追われて、自分がいないほうが家族のためになると投身自殺をした。それを知ったおみつは、文坊だけは生きてと、泣きくずれた。


す。女はこの夫を迎え入れるかどうか思案。許された夫は仕事を探しまわるものの、なかなか見つからない。ふたりの行為、その動機づけといった、心理描写が入念に展開される。

ひとことで言うと、小津はアメリカの監督、エルンスト・ルビッチ流のソフィスティケート、成瀬は半狂乱の、孤立した妻の心理への集中度がつよく、テーマを求心的に際だたせた、いわば庶民のリアリズムとでもいうべきもの。

ここまで作風が離れると、「小津の一六ミリ」と成瀬を呼ぶ理由は、もうない。

成瀬は、「夜ごとの夢」を「まだまだ自由がきくという程じゃなかったが、それほど頭ごなしに叱られずには済むようになった頃ですね」（『自作を語る』）と回想しており、自信のほどがうかがえる。成瀬の気に病む「遅さ」は、サイレント映画だから、回転をあげると、最適なスピードに変換できる。私は、それを実際編集機で実験してみて、実感した。

小津も自作の遅さを意識していたが、国民性、観客の映画体験、作品内容、監督の感性が統合されて出てくる、スピードと見ればいい。

栗島すみ子は、高音の発声がトーキー向きではなく、松竹のトーキー化とともに、小津安二郎の「淑女は何を忘れたか」（一九三七）、豊田四郎の「泣き虫小僧」（一九三八）をもって引退。さらにその後、大戦を経て、一度だけ成瀬の「流れる」（一九五六）に出演した。

「夜ごとの夢」（松竹　1933）

私は一九八〇年に刊行された『日本映画俳優全集　女優編』で、栗島のおばの「葛城文子」の項を執筆する際に、栗島に電話取材をして、歴史的女優の声に接した。応対が、親切、丁寧、てきぱきと、仏壇に行って確かめる几帳面さがわすれられない。

成瀬は、この年、さらに「僕の丸髷《まるまげ》」を演出した。

「僕の丸髷」は、藤井貢扮する若く気立ての素直な就職活動中の青年と、水久保澄子の扮した故郷から出てきた幼馴染との、コメディ調の青春映画。

「成瀬巳喜男は、僕が成瀬の作品は完成しているといったと

僕の丸髷

脚本・斎藤良輔　撮影・猪飼助太郎

松竹蒲田　一九三三年九月二一日　八巻　No.20

双眸

原作・久米正雄　脚色・柳井隆雄　撮影・猪飼助太郎

松竹蒲田　一九三三年一二月七日　八巻　No.21

いって、腹を立てていたから、こんどから成瀬の作品は小綺麗に纏りすぎている。構成は、人物や事件や小道具がすべて求心的な小ささを以て纏められている。そこが長所であり、そこが短所なのだ」（「キネマ旬報」一九三三年一〇月二一日号）と岸松雄は、小ぶりな成果だと、評した。

中編映画、あるいは二本立てのB級監督からの決別のときが来たということだろう。

次の「双眸《そうぼう》」は久米正雄の原作。田中絹代、逢初夢子で映画化した作品。スター女優を起用するところまで認められた。

成瀬は、松竹蒲田の草創期の監督・野村芳亭スタイルの革新と、クロースアップによる展開を意図した、と回想している。メロドラマをクロースアップによる心理的表現で展開する手法。同時代の批評で否定されたものの、一度はやってみたいと思っていたにちがいない。

岸は、このころから成瀬との交友がはじまったという。

「私が、成瀬と初めて口をきくようになったのは『僕の丸髷』のあと、場所は銀座一丁目のおでんや『とりべ』、紹介したのは藤本真澄だった。そのころ藤本はまだ慶応映研の幹事で、塚本靖の筆名で私の編集していた『映画往来』誌に烈烈たる成瀬巳喜男論を書いたりしていた。（中略）その夜から私と成瀬とは十年の知己のごとくつきあうようになった」（「成瀬巳喜男小伝」）

交友に意味があったと、成瀬もこう回想している。

「蒲田時代のわたくしは、やはり蒲田に住んでいて毎日撮影所との間を往復するだけで、めったに東京へも出てこなかったものである。そういうわたくしを、当時旬報社の批評家であった岸松雄君が連れだして、他の批評家にも紹介してくれてそれから旬報社へも顔出しするようになった」（「キネマ旬報」一九五八年七月上旬号）

小津安二郎、山中貞雄、清水宏、瀧澤英輔らの監督、批評家の筈見恒夫がメンバー。孤立の青春時代から、ようやく脱した。

この時代を、成瀬より五歳下の、当時映画青年だった黒澤明が回想している。

「僕らが映画青年時代、時代劇は山中貞雄、現代劇では成瀬巳喜男といわれたが、山中さんの『丹下左膳』（百万両の壺　一九三五年）などというものは、今も忘れられない」（「芸術新潮」一九五七年一月号〔『大系黒澤明』第二巻所収〕）

おりから、トーキー化に遅れた日本で、トーキーへの期待は高まっていた。

歴史的に見ると、日本の映画企業は、映画メディアの変革期に誕生している。一九一〇年代、短編劇映画の創成期に日活が、一九二〇年代の長編劇映画の創成期に松竹が、そして一九三〇年代のトーキー創成時代にＰＣＬが創立した。

ＰＣＬ（写真化学研究所）は、トーキー研究機関として発足、日活に自社の機械採用を期待していたが、一九三三年になって、日活がアメリカのウエスタン・エレクトリック（ＷＥ）社製を採用。ＰＣＬは宙に浮いた機器を生かすために、急遽八月、自社の第一作「ほろよひ人生」（木村荘十二《そとじ》監督）を公開、自社製作・配給に乗り出した（ＰＣＬは七年後に東宝となる）。

そのころ、ＰＣＬの総帥・森岩雄は、才能ある若い監督と見ていた成瀬巳喜男に白羽の矢をたてた。そして、松竹で冷飯を食わされていると内心思っていた成瀬は、ＰＣＬへと動いていく。「その年の大晦日の晩だった。私と小津安二郎とは、銀座裏のバー『ルパン』で飲んでいた」と岸が書き出している。

十二時近く小津が「巳喜ちゃんを呼びたいなア」と言い出し、きっと珍々軒にいる違いないと電話をすると案の定いて、一時間ほどたって成瀬はやって来た。

この年「君と別れて」「夜ごとの夢」の二大傑作を世に問う新人監督のトップに立つ成瀬をこれまたベスト・テン第一位の「出来ごころ」を作った小津が口をきわめてほめたたえ、

「巳喜ちゃんよ、お互いに来年は頑張ろうや」

と、いくたびも、いくたびも乾杯した。

そばで私は小津に対して内心うしろめたさを感じていた。というのは、その十日ほど前あたりから私はＰ・Ｃ・Ｌの首脳部にたのまれ、極秘裡に成瀬の引抜き工作に乗り出し、成瀬を口説いてかなり手ごたえのあったところだったから。

（「成瀬巳喜男小伝」）

この年のベストワンは、小津の「出来ごころ」、二位が溝口の「滝の白糸」、三位が成瀬の「夜ごとの夢」、四位が衣笠貞之助の「二つ灯籠」と成瀬の「君と別れて」。溝口と小津の堅塁に迫った年だった。

デビューから四年足らず、ついに溝口、小津と並んだ。自信を持ったにちがいない。

さらば、松竹、サイレント映画　［一九三四年（昭和九）／二九歳］

室戸台風があり、東北や西日本に大凶作があった年、成瀬に転機がきた。

この年、日本公開のヨーロッパ映画もトーキーがサイレントを上回ることになる。

春、北村小松の連載小説の映画化「限りなき舗道」で新人女優・忍節子を起用するのに、成瀬は担ぎ出された。はじめは小津が監督することになっていたが、小津には別の約束があり、成瀬にお鉢がまわった。成瀬は、「こいつを撮れば、あとは好きなものを作らしてやる」（「自作を語る」）と言われて取り組んだ。

限りなき舗道

原作・北村小松　脚色・池田実三　撮影・猪飼助太郎　美術・周襄

松竹蒲田　一九三四年四月二六日　一三三分　№22

「限りなき舗道」（松竹　1934）

「限りなき舗道」は、玉の輿に乗った女性のみたされない生活を描いた作品。自動車、銀座、映画撮影所を使った風俗があたらしく、それが持ち味だが、日守新一の芸達者さが楽しめるほかは、忍節子、香取千代子の女優、山内光の男優にまったく魅力がなく、中身が薄い。

成瀬作品には、ときにこうした面があり、特に新人俳優の場合が多い。これは成瀬の演出スタイルによる。シナリオにモティヴェーションが持てず、新人俳優の素質を即座に見極めて、演技を提供するからだろう。

約束の「好きなもの」とは、林芙美子の小説を、トーキーで撮ることだったのだろう。ついで、林芙美子の「転落する女」のシナリオ執筆にかかった。

「林芙美子の短篇でカフェの女給の話、僕好みのものなんです。死んだ池田実三と箱根にこもって、それを脚本にした。全然、思い通りのことをしましたね」（「自作を語る」）

林芙美子は、成瀬よりふたつ年上。徳島から行商に来ていた宮田麻太郎と、鹿児島で温泉宿を営む林キクの間に生まれた。三人で出奔するも、宮田は去り、芙美子は母と帰郷。母は再婚して、母と養父とでふたたび行商に出、九州各地を転々としてから、三人は尾道に定住する。ここで芙美子は親に内緒で受験、女学校に入り、アルバイトをしながら卒業する。私生児として生まれた林は、辛酸を舐め、文学への強い欲求を育んでいった。一九二三年（大正一二）上京し、多くの職を重ね、関東大震災で帰郷。二四年、再び上京、作品を発表しはじめ、ついに一九三〇年（昭和五）に「放浪記」によってベストセラー作家として脚光を浴びた。

下積みの境遇、不遇の少女期、文学志望と、同世代の成瀬にとって、親近感を抱かせたことは容易に推察できる。成瀬巳喜男の芸術的同士で、姉のような存在かもしれない。林芙美子を発見したのは成瀬の烱眼にちがいない。

トーキーにともなう映画のリアリズム化、ダイアローグのウエイトが増し、一九三四年五月に公開したフランス映画、ジュリアン・デュヴィヴィエ監督の「にんじん」の興行的な成功は、トーキーによる、小説を原作とした文芸映画の台頭を日本でも引き出していく。

そして六月、城戸四郎によると、ＰＣＬの森岩雄から「成瀬がほしい」と、あいさつがあった。

城戸は、「カチンと来た」という。

「ＰＣＬの森岩雄から正式に頼んで来たので、こっちも快く承諾したのだが、今じつと考えてみると、やはり僕の若気の至りだつた。当時の成瀬は成瀬成りに、僕の方に不満もあり、撮影所の空気の中に上がつかえていて伸び切れないものがあつたかもしれない。けれども、いきなりＰＣＬの森岩雄から、こつちの方に成瀬さんをくださいと云つてきたのである。僕の方は、成瀬に不満があるならあるで云えばいい。何も云わずに、いきなりＰＣＬと話をつけて、表門から云わせて来たので、僕も若いからカチンと来たらしい。だから僕は、逆に腹をじつと押さえて、『どうぞ』ということになつた。未練らしいものを見せまいとした。われ乍ら気障でお恥ずかしい話だ。向うじや、城戸が敵を愛してやれということで、度量を見せたのだ、と思つたかも知れないが、僕も実を云えばそこまでの度量はなかつたのだ」(『日本映画伝』)

我の強い、坊っちゃんらしい真率さをあらわす総帥・城戸四郎の性格を物語っている。成瀬をここまで育てたのは松竹であり、自分だとは表立って言わないまでも、その意識は強く働いている。

しかし、成瀬の語るいきさつは、城戸とはまったくちがう。

「ともかく、城戸さんは一本作ってから、といって許さないのです。月九十五円で生活にも困っているでしょう、城戸さんとも会って話したのですが、困るなら俺の処へ貰いに来いという具合なのです」(「自作を語る」)

専門職のトレードをめぐる先駆的な話になってくる。

松竹では給料が助監督の四五円から九五円になったものの、監督補としてあいかわらず助監督と監督の中間のようなあつかい。監督はひとりずつ部屋で給料をもらっているのに、成瀬は事務の一般窓口で支給される冷飯組、屈辱だった。

成瀬は、松竹とPCLの対応が格段にちがっていた、と語っている。

「松竹とPCLとの印象ですか?　そう、松竹は撮らしてやる、PCLは撮ってください、そのちがいはあったのじゃないかしら」(前記)

「松竹では正式の監督の称号はもらえず、辞める時まで監督補だったんです。PCLに入って給料が三倍になり三百円もらいました」(「丸」一九五三年一一月号)

おそらく、誰でもこのトレード話に乗るだろう。成瀬以降、続々とPCLへの入社が続くことになる。

「とにかく、……ＰＣＬに換わるその時になつちやつたので、それで私としては撮つてから行きたかつたのですが、城戸さんは〔林芙美子の原作は〕やらせないわけだ。よそに行くとわかつているし、その当時、林芙美子のものなんかやらせなかつたでしょう」（「映画の友」一九五五年五月号）

たしかに、「その当時、林芙美子のものなんかやらせなかつたでしょう」と回想するように、林の描く女のドラマ、女の一生は、きれいごとではない。

成瀬は、松竹と城戸のもとでの林芙美子の映画化をあきらめた。

この年の松竹のトーキーの代表作は、現代劇のベテラン島津保次郎監督による「隣の八重ちゃん」。小市民映画のトーキーによるホームドラマのプロットタイプ（原型）かもしれない。日常会話の妙味、俳優、ことに若い女優の自然な演技を際立たせ、島津は若手女優の伯楽とみなされていく。

結局、成瀬は、ＰＣＬ＝東宝移籍後も、林の原作は戦前は一度も映画化できなかった。一九二五年に成立した、内務省による国家映画検閲が、阻止したといえないこともない。

その夏、二九歳の成瀬は、一六歳で入所した松竹蒲田撮影所を去った。当時、惜別の言葉を語っている。

「サイレント時代、僕のそれは、ひどく弱々しい感じのものだったり、暗いものだったりなので、蒲田ではそうした傾向から離れるようにと、いつもいはれていました。僕も、自分の線の弱さは気にしていましたし、それに一つは修業にと、どんなものでもやってみるつもりだったのです」（「キネマ旬報」一九三四年九月二一日号）

サイレント映画、松竹、城戸四郎と決別し、新天地にかけた。

秋、成瀬はトーキー論を著し、「サイレント映画の描法が今日一応の完成を示した事は事実で、タイトル使用法に、場面転換に、省略に、移動撮影に、等々、さらに心理描写に、音の画面表現に、効果的な技巧が常識としても数多く使用されるようになった」と述べ、「トオキイに於いて、それらの技巧がどれだけ変化してくるだろうか」と検討、こう展開する。

「サイレントに於いて、複雑な描写を要する個所もトオキイに於いて無技巧に簡単に表現できるような場合も多いと思う。だが、その場合、俳優の発声演技の巧拙が効果に大きな差をもたらすことはあきらかであるが、トオキイ俳優がサイレントの俳優よりもむずかしいことはただちに想像のつくことと思う。セリフに性格なり感情を持たせる、これだけでも、口を開ければタイトルになってしまうサイレントの場合と大きな違いがあるのではないか。

セリフを表情動作の代用として、色々な方法で他の画面と組み合わせることも出来、舞台に於ける独白の形も、トオキイに於いては更に自由に効果的に、使えると思う。

心理描写に、雰囲気描写に、感情の強調に、きりはなされたセリフや音が役だつことはサイレントの場合のモンタージュの色々な形式と同じであろう。

動きの分析―流動美―テンポ。カメラ・ポジションなど、サイレントの場合と同じくトオキイにとっても大事であると思う」(「トオキイのことなど」)

サイレントからトーキーへ移行すると、映画表現にパラダイムシフト(構成軸の変動)が起き、台詞と音響・音楽による表現が強まり、台詞、ダイアローグ(対話)による、俳優の役割の増大から、心理描写、雰囲気描写、感情の強調の追究にウエイトが移る、と見ている。

映画製作マップに戻ると、シナリオと俳優、成瀬の場合とくに女優の出来いかんとなり、これは成瀬のその後の監督人生を見ると、正確な指標になった。

ところで、本書の執筆中、映画の専門チャンネルを見ていたら、クリント・イーストウッド（一九三〇—）が監督として語っていた。二〇世紀末から二一世紀にかけて男のアイデンティティを追跡、シーリアスな映画でアメリカ屈指の監督になった。イーストウッドは、トーキー以降生まれ、俳優から監督となったが、「映画はシナリオと俳優で九割きまる、あとの一割を監督が失敗する」と一笑、相好を崩した。

俳優の起用、キャスティングと、台詞、シナリオの成否が映画の出来を決定する、ということになる。

PCL移籍第一作

［一九三五年（昭和一〇）／三〇歳］

イタリアがエチオピアに侵攻、日本では天皇機関説が問題視され、軍部への力の移行があらわになってきた。

この年、日本映画もようやくトーキーがサイレントを上回る勢いとなった。

満を持していた成瀬は、一挙に五本のトーキー作品を公開した。

PCLでのトーキー第一作は、川端康成（一八九九生）原作の「乙女ごころ三人姉妹」。

川端は伊豆での長い逗留と執筆活動を経て、一転して浅草に転じ、多くの小説を発表しており、PCL文芸部の佐々木能理男ほかが、成瀬のトーキー第一作に決めていた。すでに、川端原作の「伊豆の踊子」（一九三三）は、五所平之助監督、田中絹代主演で、松竹が映画化しており、師匠に対抗するかたちとなった。

成瀬の脚色は、サイレント時代の代表作「君と別れて」や「夜ごとの夢」にあらわれていた、火宅と路上のドラマのトーキー版。

春三月、PCL映画製作所の№10作品として公開した。

「第一回トーキーでしょう、リアルな感じでやってみようじゃないか」（「自作を語る」）と、トーキーによるドキュメンタリー・タッチの意気込みだったとしている。

登場人物のAがBをナレーションで紹介、BがCをと、順繰りに紹介していく手法。

俳優陣に、滝沢修、細川千賀子の新劇俳優を起用して、若い映画俳優とバランスをとった。

音響では、隅田川のポンポン蒸気から上野発の蒸気機関車の発車と盛りだくさん。音楽の紙恭輔は、レヴュー、流しの串本節や新内、レコードの歌謡曲、その他BGMを入れて、こちらも盛りだくさん。

批評は、多面的な課題を取り上げて、賛同を呼ばなかった。二一世紀に見ると、たしかにそのことを痛感させられる。

風景を多用した浅草シンフォニーの構成だが、浅草モダニズムではないし、ドラマも「リアルな感じ」とはいえず、ナレーションは劇的盛り上がりを妨げ、音響は効果音特集のようになり、音楽もあらずもがなの感、出身を異にする女優たちのエロキューションが一定せず、カッティングは不慣れ。

総じて、ドキュメンタリー調の浅草シンフォニーが足りない。いわば実験的結果となったものの、それが逆に文化人の関心を呼んだ。

物理学者でエッセイストの寺田寅彦は、メロドラマとしては不出来と断わって、人生を自然に同化させ、自然描写によって人生を象徴するという「俳諧映画」のイメージを読み取り、「前途有望なこの映画監督にぜひひと通りの俳諧修業をすすめたいような気がしている」と期待して次のように語る。「この映画を一種の純粋な情調映画と見なし『俳諧的映画』の方向への第一歩の試みとして評価す

乙女ごころ三人姉妹

原作・川端康成　脚色・成瀬巳喜男　撮影・鈴木博　美術・久保一雄　音楽・紙恭輔　録音・杉井幸一　編集・岩下広一

PCL　一九三五年三月一日　七五分　№23

＊

お染（堤真佐子）は母（林千歳）のもと、浅草六区の酒場を流す芸人。酔客は嫌がり、女給たちも邪魔者扱い。稼ぎはままならない。妹の千枝子（梅園龍子）はレビューガール。深川の料理屋の若旦那・青山（大川平八郎）が恋人。若い流しの養女たち（松本千里、三条正子）は家業に四苦八苦。母にいたぶられる養女たちをかばう染だった。姉のお連（細川千賀子）は、大学生の小杉（滝沢修）と家出。ある日、松屋の屋上で姉に再会。姉は小杉が失業、喀血し、帰郷の算段と聞く。お連は浅草に戻ったが、母に頼めず、悪い仲間に頼った。その仲間、知らずに青山を脅す。お染、青山を助けようと、間に入って刺された。お連が小杉と上野を発つときで、傷を負ったまま駆けつけると、青山と千枝子も後を追い、お連と小杉の出発を見送って、お染は「これでよかった」と倒れた。

るとすれば相当に見どころのある映画だと思われる。観音の境内や第六区の路地や松屋の屋上や隅田河畔のプロムナードや一銭蒸汽の甲板やそうした背景の前に数人の浅草娘を点出して淡くはかない夢のような情調をただよわせようという意図だとすれば、ある程度までは成功しているようである」（「渋柿」一九三五年六月）

寺田は、路上描写から、抒情、リリシズムを成瀬の特質と見て、成長を待つという。

原作者の川端は、成瀬と対談し、「成瀬巳喜男監督との一問一答」（「読売新聞」一九三五年一〇月六・八・九日）を発表した。

川端は当時「雪国」を書き出しており、「上越国境の山々を、私は今越後側から眺めている」と作品そのものはまだリアリズム作品として漠然としていると見て、自作小説の映画そのものよりも、リアリズム映画の行く手を、俎上にあげた。

「西洋映画を日本映画に思い比べて、私が最も痛切に感じるのは、わが国人の生活万端の貧しさ暗さである。われらの悲しげに縮こまつて生きてゐるには、全く情けなくなる。青年子女が西洋映画を末梢的に模倣するも、もつともと思われる。すべて日本人の肉体や生活は映画的では無いとも云へ、事実画面を薄弱ならしめてゐる。製作費の多寡のみのゆゑではない。時代物はまだしも歌舞伎じみた様式で飾りも出来るが、現代生活は映画監督の芸術欲を絶えず絞め細めるだろう」

二一世紀、「乙女ごころ三人姉妹」を見ると、真っ先に感じられることは、日本一の歓楽街といわれた浅草の風景から湧き起こる「貧困」にちがいない。日本映画をとりかこむ環境に、日本の「生活万端の貧しさ暗さ」があり、現代劇はそこから逃れられないと川端は見ている。

映画の描写は、小説以上にそのありさまを直接描きだすことにあるとし、「言葉による文学よりも、直接ものの形を、肉体や生活の様式を素材ともし、また表現ともする映画の監督は、われらの貧しさを、いかに感じ、いかに補ひ、また進んでいかに日本特有の美をそこに創らんとするかを、私は問うた」と言う。

日本と日本人は、素材として映画に堪えないということ。

成瀬は、川端にこう答えた。

「乙女ごころ三人姉妹」(PCL　1935)

「しかし成瀬氏にしてみれば、自らなる日常の覚悟であつて、子供騙しの簡単な返答は出来ず、要するに私のやうな悲観説に傾かぬのは当然であつた。例へば、日本の映画俳優は西洋のそれにさほど劣らぬとの説だつた。私がいささか驚いて反問すると、相当の程度に演じ得ると、自信ありげだつた。この成瀬氏の云ひ分に、私は感服した。いはんや監督に於いてをやといふ、言葉の意味もあつたであらう」

川端は、「尚私はいはば『職業の秘密』、即ち実態を写して、影像、仮像となる映画の技術と監督の個性との関係に就いて質問したが、ここに余白を失つた。ただ成瀬氏の答への一言、全くの素人とも言うべき、処女撮影に際しても、一木一草を写せば、そこにもう個性が出る」と記している。

寡黙といわれつづける成瀬にしては、高揚した自信に満ちた返答である。たしかに、「監督の個性」は、疑いもなく「出る」のだから。

逆に成瀬は、川端にこう語ったという。

「映画中の若い男は、たいてい生活の根なし草である。意志も思想も失つてゐる。しかし、このたあいのなさは、近頃変つて来たと、成瀬氏は力説した。最近は甚だしく迷つてゐる。従つて動いて来た。変つて来た。これが成瀬氏の考への中心であり、最も話したいところであるらしかつた」

さらに成瀬は川端にこう言ったという。

「私〔川端〕の短篇の映画原作としての物足りなさは、作を貫く大きい生活の感動の乏しさである。私一個ではない。今日の文学の殆ど全体への不満である。映画が原作や脚本に窮乏しているのも、根本はこの点にある。大きい主題の生命が強く流れてをれば、高級であらうと、難解であらうと、今日の見物はついて来ると、成瀬氏も云つた」

川端は、能動的な作家ではなく、いわば存在の孤立感、その「生命観」を美学とする作家だから、成瀬にこう言われて、返答に窮したにちがいない。

文字によるロマンティシズム文学と、映像によるリアリズム映画のトーキー以降の課題が提示された。川端が提示した問題からは、一九三〇年代の帝国のロマンティシズムと、現実の日本のリアリズムという歴史の行く道に、文学も映画も、入っていくそのゲートにいるとの意識が見て取れないこともない。映画への社会的熱気を、川端と成瀬の問答にうかがうことができる。

当時、映画青年だった黒澤明は、その時代の熱気を、のちに「かつてはあった。成瀬さんの昔の

『妻よ薔薇……』（一九三五年）の時代にはそういう雰囲気があった。サイレント末期からトーキーにかけての時代には何かそういう雰囲気が……」（「映画評論」一九五八年二月号〔『大系黒澤明』第二巻所収〕）と追想している。

トーキーによって、映画が芸術表現の最前線に躍り出てきた、と見なされたからだろう。黒澤をはじめとした一九一〇年世代は、この熱気のなかから台頭するときを迎えることになる。川端の悲観主義に対して、成瀬の覇気は、トーキー映画が、さらに社会的・歴史的視野を拡大するだろうという展望への熱気にちがいない。

成瀬にとっては、情熱の対象はもうひとつ「女優」にあり、トーキー第二作の「女優と詩人」に出演した千葉早智子（本名・鶴子）に、おそらくあった。

「女優と詩人」は、田中絹代主演の「マダムと女房」をリメイクしたおもむきのコメディ、千葉は田中が演じた若い妻の役。

主演の千葉は、このとき二四歳。一九一一年、広島に生まれて、子供の頃から琴を学び、宮城道雄に師事、一九三一年から翌年にかけて、アメリカで公演している。この間、高等女学校を卒業。帰国後、映画女優の道へ進み、ＰＣＬ第一作の「ほろよひ人生」に主演、社の看板女優として脚光をあび

女優と詩人

原作・中野実　脚色・永見隆二　撮影・鈴木博　美術・久保一雄　音楽・伊藤昇

ＰＣＬ　一九三五年三月二一日　八巻　№24

た。

当時のことを、新劇の築地座から二二歳でＰＣＬ入りした佐伯秀男は、晩年に回想している。

「成瀬さんて優しい人だったんですよ。だから、ごちゃごちゃ言われることってなかったんですよ」

「怖かったですよ。なんて言うの大人しいから。逆に言えば怖かった」

「そう、聞けば教えてくれましたよ。でも、目立たない人だった。撮る時も大人しい人だった。おっかない人かと思ってたんですよ。そしたら千葉早智子が彼女だって聞いたからね。この頃はまだ結婚してないと思う」（佐伯秀男『映画俳優佐伯秀男』）

成瀬作品に出た俳優が一様に説く成瀬評だ。俳優の持っているものを役柄に引き出す、俳優が持っていなければ、何も出てこない、という演技指導だからだろう。

成瀬は、「自作を語る」で千葉には触れず、「当時トーキーの初期でしょう、仕事の能率が上がらないのですよ。一日数カットしか進まない。それを最も早く能率的にとってみようと考えましてね。一日四十カットくらい撮りましたよ。作品の出来栄えよりその内幕的な関心で作ったといっていい。ええ、能率が悪いというのは、当時録音が全く特別扱いだったからです」と、トーキー撮影の習得についてだけ語っている。

成瀬は、春から夏にかけて、主演にふたたび千葉を起用、中野実の戯曲「二人妻」から「妻よ薔薇のやうに」を監督した。

場所と人物を東京と信州の二点に絞った、火宅と路上のトーキー作品。ふたりの妻は、みたされない思いでそれぞれの人生を生きている。

トーキーになれてきた成瀬が、状況の劇的起伏よりも心理の起伏に重きをおいた。その演出スタイルが明確にされた作品。

心理劇として見ると、軸になる夫の心理、離婚しない妻の心理がはっきりせず、「妻よ薔薇のやうに」という題名も、ポイントを外れた感をあたえないでもない。

逆に、はっきり自分の意見を言い、快活に動く娘は、成瀬作品でははじめてかもしれない。アクションと台詞が明確、これまでの下町と、そこで暮らす娘たちに比較するとモダニティが鮮烈。

千葉によって、成瀬が川端康成に説いた「動いて来た。変つて来た」(「成瀬巳喜男監督との一問一

妻よ薔薇のやうに

原作・中野実　脚色・成瀬巳喜男　撮影・鈴木博　美術・久保一雄　音楽・伊藤昇　録音・杉井幸一　編集・岩下広一
PCL　一九三五年八月一五日　七四分　No.25　ベストテン一位

＊

初老の父（丸山定夫）はいつのころからか金発掘に打ち込み、妻子（伊藤智子、千葉早智子）を東京に残して、家を出た。残された妻は歌人。その娘は、仲人を頼まれた母親のため、父親を信州に訪ねる。そこではじめて父の別宅の様子を知った。信州の妻（英百合子）は髪結いを、一女（堀越節子）は裁縫をして家計をなりたたせていた。父の金探しはなんの成果もあげていない様子。娘は父の心境を聞き、納得しないでもなかった。しぶる父を連れ帰ったものの、その心は信州にあり、仲人をすませると、そそくさと帰るという父の帰郷をみとめるのだった。母も彼の心が離れていて引き止められない。娘は「母さんの負けだわ」とつぶやいた。

「妻よ薔薇のやうに」（PCL　1935）

答」）ということがあらわれた。

原作者の中野や、同作を舞台で上演した新派の俳優から、トーキー映画のリアリズムの表現力に新鮮さを感じたと賛辞を贈られ、トーキーの立体感、自然さが脚光を浴びた。

映画批評家の評価もよく、一九三五年の「キネマ旬報」ベストテンで、「生れてはみたけれど」（一九三二）、「出来ごころ」（一九三三）、「浮草物語」（一九三四）と三年連続、サイレント映画でトップだった小津安二郎を抜いて、デビュー六年目にしてついにナンバーワンに選出された。

成瀬は「あまり好きな写真とは言えなかった、むしろ『乙女ごころ』の方が好きですね。やっぱり中流生活より場末の方が、僕に、合うんですねえ」と回想している。

だが、ＰＣＬは、東京東部のダウンタウンより、山の手や、東京西部の新都市住民、若い観客層をターゲットにしており、いずれここに踏み込まなければならなかった。

二一世紀に世界の映画監督を総覧した『501映画監督』では、成瀬を「リアリスティックしばしば感傷的なメロドラマ・メーカー。強い女性が主役。心の機微をすくいあげる性格描写」と特色を紹介、「妻よ薔薇のやうに」について、「この作品は初めてアメリカで劇場公開された日本映画」（エリカ・

シーリン執筆）と、歴史的意味にふれている。

成瀬は、ここから、千葉早智子を前面に立てた女性映画、その火宅と路上のドラマで、ジャンルの多様化をはかっていく。

次の「サーカス五人組」は、路上と火宅の喜劇化。旅まわりのジンタの五人組、団員がストライキをしたため困ったサーカス団長とその娘たちの中編。成瀬流の、トーキーによるコメディ・リリーフ。

「『女優と詩人』と似たようなものです。一本置きに力が落ちてますな。別に気を許すわけじゃないんですが、大きいのを一本撮って次の大作を準備するでしょう。その中休み的な作品なのですね」（「自作を語る」）

批評もそう指摘していた。その通り、コメディ調と人情話とどっちつかずの、力の入らない作品。コメディが、サイレント時代のアクションのスラップスティックから、トーキー時代には状況がおかしさを生むシチュエーションのコメディへと変わることに、対応しそこなった感。

アクションとシチュエーションを交錯させた歴史的成功作品は、チャプリンの「モダン・タイムス」（一九三七）かもしれない（千葉『チャプリンが日本を走った』）。

成瀬は、この年の五作目、千葉早智子主演の「噂の娘」で、はじめてトーキーをオリジナル・シナ

サーカス五人組

原案・古川緑波　脚色・永見隆二、伊馬鵜平　撮影・鈴木博　音楽・紙恭輔

ＰＣＬ　一九三五年一〇月一日　六五分　№26

噂の娘

原作・脚本・成瀬巳喜男　撮影・鈴木博　美術・山崎醇之輔　音楽・伊藤昇
ＰＣＬ　一九三五年一二月二一日　七巻　№27

リオで映画化した。このときの助監督は山本薩夫。

山本は一九一〇年生まれ、成瀬の五歳年下、左翼運動を経て、早稲田大学を中退、松竹に入社して成瀬の助監督となった。成瀬が去り、左翼的映画は松竹では無理と判断、成瀬のあとを追うかたちで、ＰＣＬに入った。

スタッフの間から、ロケで撮影中、成瀬と千葉早智子の仲のよさを見せつけられて、示しがつかないから忠告してほしい、という要望があったと回想する。「あまりうるさく言うから、仕方なく私は成瀬さんの部屋まで」出向くことになった。

「こういう噂があるから気をつけて下さい」、と申し出た。

「私はいいんですが、スタッフのなかにはヤキモチを焼く人もいますから、あまり目立たないようにしていただきたいのですが……」

「冗談じゃないよ。何でもないんだよ、そんなことは」

成瀬さんは、笑いながら否定して、

「しかし、それはそれでわかった」

と言ってくれたので、私は
「失礼しました」

と頭を下げてその場を引き下がった。

ところが、後日、山本は、思いがけない場所でふたりと出会った。

早朝、池尻のバス停、滅多に車など来ないころで撮影所へ行くバスを待っていた。

私は、見るともなしにその車を見ていたのだが、近づいて来た車のなかに成瀬さんの顔が見えたので、思わず
「あっ」

と声が出ていた。成瀬さんのほうも気がついて、車は急ブレーキをかけて止まった。成瀬さんは窓を開けて、

「撮影所へ行くの？」

「そうです」

「早いね、ま、乗れよ」

乗り込んでいくと、なかに千葉さんがいる。二人は朝帰りだったのだろう。それに気がついて、こっちのほうがバツがわるくなったが、その気持ちをおし殺すようにして、私は撮影所まで同乗していった。

「噂の娘」（PCL　1935）

（山本薩夫『私の映画人生』）


こういう場合、乗ったほうがつらいのか、乗られたほうがつらいのか。

千葉主演の「噂の娘」は、東京・烏森（新橋）の酒屋を舞台に、ふたりの娘を対比させた現代劇。姉妹は千葉と梅園龍子。

妹を妾の子とした設定、父親が酒に水を入れて売る行為などのあくどさ、野外でのダイアローグの多さを指摘されて不評。ルーツを異にした俳優の特色が出せず、烏森という場所に同時代の世知辛い社会的雰囲気をあらわそうとしたことと、台詞に関心を集めた程度で終わった。

成瀬の回想は、姉役の千葉早智子には触れず、妹役の当時二〇歳の梅園龍子に「踊り子」出身と少し触れたのみ。梅園にもうひとつ下町娘の哀感を出せなかったということだろう。

千葉早智子と恋愛

［一九三六年（昭和一一）／三一歳］

二・二六事件が起きた一九三六年は、川端康成が日本映画のリアリズム化を予想したように、溝口健二監督の「祇園の姉妹」「浪華悲歌」や、小津安二郎監督の「一人息子」など、トーキー・リアリズム作品が登場した年になった。

溝口は京都、大阪を舞台に女性の社会的地位を追究、小津は東京下町を舞台に地方から入った男の核家族の新生活の姿を提示、ともに風土のリアリズム、台詞・会話の妙味から、心を描き出す構成に独自性を発揮した。

成瀬はまず、劇作家・真山青果《まやませいか》の「桃中軒雲右衛門」で芸人のバックステージものに挑戦する。名人気質の雲右衛門とその妻の火宅のいきさつを、晩年の旅先の夫婦の出会いにしぼって、異色作とした。

月形龍之介の雲右衛門、細川千賀子の妻、芸者の千葉早智子と、ルーツの異なる俳優によるものの、アンサンブルはいい。ただ、七三分という短さのため、劇的テンションが高まらず、雲右衛門の晩年を一場で描ききれない。

筈見恒夫は「おそろしく融通が利いて、要領のいい職人と、それから、もう一人は、片意地で、ひねくれた、云い更へれば、偽悪ぶった芸術家とが、成瀬巳喜男の内部に同居しているんじゃないかと僕はいつも思っている。成瀬巳喜男のたどった過去が、斯ういう性格を作り上げてしまったのであろう」「矛盾と自己憧憬の陰に、成瀬巳喜男の分身が蠢いてゐる」(「新潮」一九三六年六月号)と、月形の雲右衛門に成瀬の人となりの一面を突いている。

月形の雲右衛門は、それまでの成瀬作品には出てこなかったキャラクター。成瀬は「真山さんの原作だから、もとはしっかりしてるのです、ただ本にした僕が充分こなせなかった」(「自作を語る」)と

桃中軒雲右衛門

原作・真山青果　脚色・成瀬巳喜男　撮影・鈴木博　美術・北猛夫　音楽・伊藤昇　録音・山口淳

PCL　一九三六年四月二九日　七三分　No.28

「桃中軒雲右衛門」（PCL　1936）

語るのみ。三一歳では無理との意味か。

次は一転して、三宅由岐子の戯曲を創作座が公演、評価を集めた戯曲「春愁記」の映画化「君と行く路」が登場する。鎌倉を舞台とした、兄と深窓の娘の恋愛と破局、「君と行く路」とは、男女の時間をたがえた心中の意味。風俗が山の手風に変わってきた。ＰＣＬの現代性と若者志向のあらわれであり、下町をバックグラウンドとした松竹に対抗したノベルティをかねていた。

エリカ・シーリンの要約した「リアリスティックしばしば感傷的なメロドラマ・メーカー。強い女性が主役」（『501映画監督』）のうち、「感傷的なメロドラマ」に転じ、「弱い女性」へと、後退しはじめた。

千葉早智子を離れると、ここへと後退するのは、成瀬らしいところかもしれない。若手俳優のキャスティングに難があり、山の手風の家族描写に面白みがない。〈女性映画〉とは、〈女優映画〉のこと、それがあらわれた感がする。いわばコインの裏表のようなものであり、どちらに重心を見るか、作る側、見る側の意向が問われるところかもしれない。

次いで、東京・白金に舞台を移した「朝の並木路」で、ふたたび千葉を主演にした。

当時の白金が眺望でき、一群の木造大型アパートが高台に踊る感があり、若い学生、勤め人があふれている街のドラマは新鮮、PCLらしいおもむき。

下町から山の手へと舞台が変わって、テンポがよく、さらに成瀬の千葉への熱っぽい愛情が画面に横溢、監督と女優がLOVE&LOVEだとこういう作品になるのかという一編。山本薩夫のように、見ている方が恥ずかしくなるほど。

成瀬は「この前後、とてもタルンでますねえ」(「自作を語る」)と回想。

千葉は、結婚の噂について、年末のインタビューに応えている。

記者の「君は成瀬君と結婚するって話だが、ほんとうかい」という質問に、千葉は「まあ、どこからそんな話を聞いていらしたの」と、「そう反問して、さッと頬を薔薇色に染めた」という。

成瀬次第の意。

「私は成瀬さんのお仕事や人柄を、ほんとうに尊敬しています。正直に申しますと、尊敬する方と結婚できれば、こんな幸福なことはないと思います。これはどなたでもそうではないでしょうか。で

君と行く路

原作・三宅由岐子　脚色・成瀬巳喜男　撮影・鈴木博　美術・北猛夫　音楽・伊藤昇
PCL　一九三六年九月一日　八巻　№29

朝の並木路

脚本・成瀬巳喜男　撮影・鈴木博　美術・北猛夫　音楽・伊藤昇　録音・山口淳
PCL　一九三六年一一月一日　六〇分　№30

も、わたしがどんなに成瀬さんを尊敬して結婚したいと思っても、成瀬さんが私をどう考えていられるかわからないんですもの。なんとお答えしてよいか、わかりませんわ」（「話」一九三七年一月号）

島津保次郎は、成瀬との対談のおり、成瀬と千葉の恋愛を知っていたうえで、「時に巳喜ちゃんは恋をしているかね」とからかった。

成瀬　恋ですって、仕事の上じゃ、そんなことはありませんね。

島津　仕事の上では不可けないよ。（中略）その代わり、仕事以外では、ありとあらゆる女に惚れている。それでなければ女の人の心も摑めないし、良い映画もつくれない。いや、これは失言々々。良い映画をつくるためなら、どこの会社で働いてもいい。だから巳喜男ちゃんがP・C・Lで良い映画を作っていると聞けば、僕もうれしいんだ。お互いのお交際は以前と一寸も変わっていないつもりだが、ねぇ巳喜ちゃん、そうだろう。

成瀬　………（微苦笑して、答えず）

（「映画之友」一九三五年一一月号）

ふたりの結婚は、もちろん当人同士はよかったものの、千葉の母親が、成瀬を「入り婿」にすることに固執して、延びていたようだ。結局、入り婿の件を受け、結婚となった、といわれる。

島津のことば、「仕事以外では、ありとあらゆる女に惚れている。それでなければ女の人の心も摑めないし、良い映画もつくれない」とは、さすがに映画女優育成の名伯楽と評されただけのことがある、味のある言葉だ。

キャスティングの妙味は、ここにある。

結婚、そして日中戦争

［一九三七年（昭和一二）／三二歳］

一月、成瀬は千葉と結婚した。成瀬三二歳、千葉二六歳。

帝国ホテルでの披露宴について、藤本真澄の知人で随筆家の内田誠が知らせている。

「帝国ホテルで催された成瀬君の結婚披露宴会は小人数であり、むきあった顔はみんなお馴染みのことだから、打ちくつろいで、和気が堂にみちていた。洒落た会話、凝った料理、そうして美しい婦人たち、おまけに卓上には百合の花までにほっていた」

「花婿の先生である池田義信さんが起って挨拶をし、まず成瀬君おめでとう、と祝われた。我々はその低い声のうちにこの師弟の芸術家としての苦しい年月を感ぜずにはいられなかった」

「お客側の栗島すみ子さんも英百合子さんも口数少なく、静かにほほ笑みながら、席上の会話に耳を傾けているだけだった。これ等の婦人のしとやかな挙止は、この披露宴を充分上品なものにした」

「花嫁の千葉早智子さんはひどく慎ましやかだった。ろくにお料理も口にしないとみえて絶えずナイフとフオクが皿の上にのっていた」（内田誠『緑地帯』）

成瀬・千葉夫妻は、ＰＣＬの社宅、成城の新居に住んだ。

披露宴の記を書いた内田は、披露宴から四、五日後、成瀬夫妻と麻雀の卓を囲んだ。

「花婿の成瀬君は、いつものように微笑を含みながら、盃を重ねていたが、思いなしか身をかばいつつ飲んでいるようであった。

その朝までひと晩キャメラの前に立っていたという花嫁の早智子さんも疲れたさまもなく如何にも嬉しそうだった。

我々がこの二人を玄関に送り出した時は、宵の雨が雪になっていた。ふりしきる雪の中で、自動車の硝子窓にうつる花嫁の着物の水あさぎが何かなまめかしかった」（前記）

だれもがうらやむ新郎・新婦の、映画の一シーンにしたいような情景。

成城の新居の隣に、こちらも松竹から入社した高峰秀子が、大森の六畳一間のアパートから移り、その場所と建物に感激していた。

「第二の田園調布といわれた成城。銀杏並木、ヒマラヤ杉、月桂樹、ポプラの緑が豊かな、避暑地の雰囲気があった。成城学園、モダン住宅、そして、東宝撮影所の街だった」

「撮影所から歩いて十分ほどの所に、十坪ほどの庭つきで、六畳二間と八畳の真新しい借家が私たち母子のために用意されていた。小さいながら風呂場もあり、一坪ほどの台所があって、間取りはゆったりとしていて気持ちがよかった」

「緑の生け垣のとなりには、わが家と全く同じ家が並んでいて、そこには成瀬巳喜男監督と当時の東宝スター・千葉早智子夫妻が住んでいた」（『私の渡世日記』）

隣から、千葉早智子の奏でる琴の調べが聞こえてきた。だれもがPCLに入りたがる。

岸松雄は、「そのころ私は映画批評の筆を折り、P・C・L撮影所にはいって、『雪崩』の助監督をつとめたあと、『禍福』（後編）の本直しもした。その関係でしばしば成城の新居にお邪魔にあがったが、成瀬自身は結婚前と少しも変わらないように見えた」として、訪問の思い出を書いている。「千葉早智子は若くて美しく、白い割烹着をつけてまめまめしく働くさまは松竹映画の新婚物を見ている思いがした。彼女が義父吉田晴風にしたがってアメリカへ〔琴の〕演奏旅行した時の八ミリを映写するさいには、伴奏が要るねと成瀬自身レコード係を買って出て、洋楽の甘い曲をかけた。やがて長男出生、隆司と名付けた」（「成瀬巳喜男小伝」）

これも映画のひとつのシークェンスのおもむき。前途洋々、順風満帆の新婚生活だったにちがいない。背走の少年・青春時代に、別れを告げた、だれの目にもそう見えた。

この年の成瀬は、自身の心境とは逆に、現代の女性の結婚、新家庭での不幸を描いている。「女人哀愁」は、入江たか子のPCL入社第一作。

入江たか子は、異色のルーツと、和洋両極の芸風を発揮した早熟の、異色の女優。本名は東坊城秀子、一九一一年生まれ。公卿の出で、長姉は大正天皇の皇后の女官。内田吐夢監督の「生ける人形」（一九二九）のモダンガールが出世作、一転して、泉鏡花原作、溝口健二監督の「滝の白糸」（一九三三）で、白糸に扮して、演技力の頂点に達した。

入江をPCLに招いた森岩雄は、「入江さんは不思議な役者で、監督の良し悪しで演技に大きな違

女人哀愁

脚本・成瀬巳喜男、田中千禾夫　撮影・三浦光雄　美術・戸塚正夫　音楽・江口夜詩
PCL・入江プロ　一九三七年一月二一日　七四分　No.31

「女人哀愁」（PCL・入江プロ　1937）

いを見せた。未熟な監督の作品で入江さんは見るにたえない位に拙い役者に見え、老練な監督の手にかかると、これが入江たか子かと思うほどの才能を見せた」（『私の藝界遍歴』）と評している。

成瀬の場合はどうか。千葉早智子と入江たか子は、同じ年の生まれだ。

「女人哀愁」は、成瀬の松竹時代最後の作「限りなき舗道」を入江にあてはめて、撮り直したような作品。

入江は、二〇代なかば、熟れた、むずかしい年齢の女優になっている。作中でときに見せる疲れ切った風情、さらに独身のときと、結婚してからとの、新しい女と古い女とが、異様に分裂してあらわれて不気味な感すらする。女優そのままの個性を出したいという成瀬の演技指導のあらわれかもしれない。

古い女と新しい女の分裂、落差にすごみとこわさがあり、そこには早くも、戦後入江が化け猫映画（恨みの果てに化け猫に変身する復讐譚の時代劇）で再脚光を浴びる兆しがあらわれているように見えなくもない。

たしかに、森岩雄の言うように「不思議な役者」だ。ただ、市民生活を描いている成瀬にとっては異質。

千葉早智子を得て、充たされた生活を築いた成瀬は、艶のない入江に苦心している。のちに、自身が結婚したため、艶っぽさを描出できなくなったと、成瀬らしい辛辣にして率直な感想をもらしていた。

PCLは、スター俳優の引きぬきに社運をかけており、入江に次いで、霧立のぼるが登場してきた。その名のように、宝塚音楽歌劇学校から映画界入りした、当時一九歳。「雪崩」は入社第一作。この映画で霧立は、新しく見えるけれども、きわめて古いタイプの娘というアンビバレントな役に扮したが、その演技力、ドラマ云々は一切問われず、紗をかけたような画面にして、モノローグで展開する、小説の地の文のような表現手法が注目された。

このため、「雪崩」ならぬ「すだれ」と、中身が薄いとかけて評された。「カメラとアナウンサーさへあれば源氏物語でも大蔵経でも映画になる」(水町青磁「キネマ旬報」一九三七年七月一日号)と。この手法は、成瀬がトーキー論で予告したものだが、当時も二一世紀の今も、映画人は「映画は、ナレーションによる説明でなく、映像で表現しろ!」とする信念から、ナレーション使用を極端に嫌っており、受け付けない。小説なら、地の文でところかまわず、長さを気にせず、いくらでも記述で

雪崩

原作・大仏次郎　構案・村山知義　脚色・成瀬巳喜男　撮影・立花幹也　美術・北猛夫　音楽・飯田信夫

PCL　一九三七年七月一日　五九分　No.32

禍福（前後篇）

原作・菊池寛　脚色・岩崎文隆　撮影・三浦光雄（前）、鈴木博（後）　美術・北猛夫　音楽・仁木他喜雄（前）、伊藤昇（後）
東宝東京　一九三七年一〇月一日（前）、一一月一一日（後）　七八分（前）、七九分（後）　No.33

きる。だが、現在進行形で描写・叙述していく映画、特に劇映画では、わずらわしくなる。このナレーション形式は、二〇世紀中盤に登場するテレビの、ラジオドラマから移行した方法になっていく。

本人も「大仏（次郎）さんのものですね、これも失敗でした」（「自作を語る」）と失敗を認めている。成瀬が女性映画に腐心しているころ、七月七日、北京郊外の蘆溝橋で日本軍の夜間演習の際、ひとりの日本兵が行方不明中に発砲があり、日本軍と中国軍が交戦する事件が起きた。同一一日、現地協定ができ、近衛内閣の日本政府は不拡大方針をとったが、陸軍の強行する派兵策に押し切られ、中国国民党政権も抗日抗戦を発表。同二八日、全面戦争に発展していく。日中戦争の勃発である。

やがて成瀬の親友、小津安二郎と山中貞雄は召集され、大陸へ送られた。召集されなかった成瀬は、あらたな日本と自身の、火宅と路上の世界に入った。

この年、ＰＣＬから東宝映画へと新生（写真化学研究所、ＪＯスタヂオ、東宝映画配給と合併）した際の「特作」として、スターを結集、古い女（入江たか子）から新しい女（竹久千恵子）に乗り換えた男

（高田稔）を描いた長編女性映画「禍福《かふく》」に、起用された。

「これもダメ。どうしてこういうものをやったのですか。……。自分に見当のつかない時は、これと言われるとそのままやってしまうのですね。昔から、頼まれると断れない性格的な弱さがあるのです」（「自作を語る」）と反省しきり。

古い女と新しい女と、どちらを選ぶか、ここに、女性観客だけでなく、男性観客にも、悩みがあったことになる。田中絹代主演、松竹の「愛染かつら」（一九三八）の歴史的ヒットは、ここにあった。日中戦争の勃発に、この二者択一の課題が、観客に潜在してあり、迫られたことによるかもしれない。

一九三九年、アメリカで公開されることになる「風と共に去りぬ」の導入シークェンス、南北戦争（最初の監督ジョージ・キューカーがおそらく担当した部分）の勃発にあって、結婚を急がせた展開である（ギャビン・ランバート『ジョージ・キューカー、映画を語る』）。

「禍福」の批評は、成瀬の回想のように、演出の拙劣さを指摘していた。ただし興行は上々の成果だった。

「禍福」（東宝東京　1937）

芸道映画

［一九三八年（昭和一三）／三三歳］

一九三八年になると、日中戦争は全面衝突に拡大、長期戦が予想された。

一月に、成瀬の「己が罪」にも出た岡田嘉子がソ連に越境、亡命した。

三月に、興行が三時間に制限。

八月に、中国戦線の上官と兵卒の交流を描いた「五人の斥候兵」（日活、田坂具隆《ともたか》監督）がヴェネチア映画祭で入賞する。

九月に、田中絹代、上原謙コンビの「愛染かつら」（松竹、野村浩将監督）が大ヒットをとばした。

九月一七日に、中国の開封で、山中貞雄は徐州作戦での腸炎がもとで死去、二九歳だった。日中戦争で一挙に、火宅と路上が、日本のシンボルへ凝縮してきた。

九月に公開された「鶴八鶴次郎」は、成瀬のこの年の唯一の作品。

第一回直木賞を受賞した川口松太郎の原作。原作はアメリカ映画「ボレロ」（ラベルの「ボレロ」をヒントにしたパラマウントの作品。監督ウェズリー・ラッグレス、主演ジョージ・ラフト、キャロル・ロンバート）の翻案といわれる。

主演は前年東宝に入社した長谷川一夫と、入社したばかりの山田五十鈴。

長谷川（一九〇八生）は、歌舞伎界での修業を経て、一九二七年松竹からデビューし、スターへと昇り詰め、最初のトーキー「忠臣蔵」（衣笠貞之助監督）で、エロキューションの妙味も発揮し、東宝への移籍に際しては刀傷事件まで起きた。

山田（一九一七生）は、新派俳優を父に、一〇歳で清元の名取となる修業を経て、一九三〇年日活

鶴八鶴次郎

製作・森田信義　原作・川口松太郎　脚色・成瀬巳喜男　撮影・伊藤武夫　美術・久保一雄　音楽・飯田信夫　録音・道源勇二

東宝　一九三八年九月二九日　八九分　No.34

＊

明治の末のこと。新内語りの鶴賀鶴次郎（長谷川一夫）と三味線の鶴賀鶴八（山田五十鈴）は評判のコンビ。鶴八の母を師匠に育った鶴次郎と鶴八は兄妹のような仲。仲はいいが、芸のことでは引けをとらない。今日も喧嘩のはて、舞台に出ないというふたりを、番頭の佐平（藤原釜足）が取り持つ。太夫元の竹野（三島雅夫）は、有楽座の名人会のあと、ふたりを温泉へやった。鶴八は、先代からひいきだった向島の料亭の若旦那・松崎（大川平八郎）との結婚の話があると鶴次郎に告げた。鶴次郎は鶴八が好きだと告白、ふたりで寄席をつくってから結婚しようという。鶴八は先代からの遺産といって、寄席を買い取り、鶴賀亭と看板をかかげて、完成にむかっていた。が、鶴次郎はその金の出所が松崎と知って、翻意し、喧嘩となった。鶴八は松崎と結婚、引退してしまう。鶴次郎は荒れ、どさ回りのはて、場末を流れる芸人におちぶれた。番頭の佐平が見兼ねて、鶴八を動かし、有楽座の名人会に、鶴八鶴次郎と出し、鶴次郎は復活した。帝劇にも招かれた。鶴八も離婚してでも舞台復帰を望んだものの、鶴次郎は、芸人の行く手と松崎夫人としての今後とを考えて、鶴八の芸をわざと邪険にし、あきらめさせた。鶴次郎は佐平にその心を打ち明けたものの、どこか淋しく酒を重ねた。

からデビュー。一九三六年、溝口健二監督の「浪華悲歌」「祇園の姉妹」で、台詞にすごみを発揮し脚光を浴びた。このとき弱冠一九歳。

山田は、「あのなかに生きている鶴八、鶴次郎という人間がたいへん自分に近く感じられ、芸道に生きるひたむきな愛情というものもよく理解でき、したがって、しだいにあの役に愛情をもち、打ちこむ気持ちになっていったのです」(『山田五十鈴』)と、演技派への転機になったと記している。

久保一雄のセットが立体的、成瀬の脚色はよどみなく、演出も要点を描く手法に徹して、画面と物語の構成(連続)に落ち着きがある。長谷川・山田のやりとり、エロキューションのアンサンブルがよく、音楽の挿入にも無理がない。

成瀬によるトーキー演出の成熟をうかがわせて、完成度の高い作品となった。森岩雄の唱えた東宝の方針「新派と新劇の中間」、新派の素材を心理的リアリズムで統一していく成果があらわれた。

その森は、「『鶴八鶴次郎』の新内の三味線弾きが一番山田五十鈴の美しいさかりと張りのある芸を見せた傑作だと思っている」(『私の藝界遍歴』)と回想している。時間制限のためか、素材に比較して短かさが難といえば難。あと三〇分、芝居でいう一幕加わると(三幕もの)、堂々としたトーキー・メロドラマになった。

成瀬にとって、千葉早智子の後の現代の女性映画に苦戦していただけに、ひとつのマイルストーンとなった。ただし、映画評論家は成瀬の変身にとまどった。それでいいのか、と。

飯島正は、プログラム作品としては評価しつつも、成瀬ならではの作品を期待すると提言している。清水千代太も「成瀬級の若い作家は生々しい、時代の意識に愬《うった》へるようなものを作って貰いたいよ」（「キネマ旬報」一九三七年一〇月一日号）と、もう一段先を求めている。成瀬が川端康成に言った「甘い恋物語を脱し、人生的に意義強い材題の開拓」（川端康成「成瀬巳喜男監督との一問一答」）が「新派と新劇の中間」として、ここに新生面を開いたのかどうか、疑問を呈したというところ。

たしかにここまでくると、もう一段先を望みたい思いは湧くものの、しかし、このジャンル、成瀬にとってひとつの突破口に成長、戦中の軸となった〈芸道もの〉の誕生になった。

「鶴八鶴次郎」（東宝　1938）

成瀬も「これで一寸自分に戻った気がします。新派的なものですね。これとか『芝居道』とか『歌行燈』とか、新派的なものが僕にはあてはまる、ということはたしかに言えるんですよ。これなど撮っても気持ちよかったし、出来もふつうですが……」（「自作を語る」）と的確に追想している。

「鶴八鶴次郎」には、不遇の鶴次郎が、田舎道で、子供たちの流す笹舟を見つめ、失意からの転機とするシーンにしている。

これは、山中貞雄の遺作「人情紙風船」（一九三七）で、風船になぞらえて市井の人々の運命を暗示し、結果、山中自身の運命を表象したように見えないでもない。

山中の死が京都の原隊から発表されたのは一〇月四日だ

った。期せずして、山中への応答になった。

山本薩夫は「山中さんにも独自の癖があったが、自由な見方という点では、成瀬さんと非常によく似ていたと思う。そのせいか、PCLの監督のなかでは、成瀬さんは山中さんと一番仲がよかった」(『私の映画人生』)と見ている。

山中や成瀬の作風が、ここにきて、当時のフランス映画の詩的リアリズム、ロマンティシズム、ペシミズムの輻輳した市民映画の思潮との連動も見える。

日本では、この年、国家総動員法が成立、ヨーロッパでは、ドイツがオーストリアを併合、第二次大戦開戦前夜の様相を見せてきた。

第二次世界大戦勃発

［一九三九年（昭和一四）／三四歳］

一九三九年早々に、成瀬は異色の「はたらく一家」を公開した。

PCLから東宝と名を変えた当初、山本嘉次郎《かじろう》監督が高峰秀子主演で「綴方教室」をヒットさせた。そのあとを受けて、成瀬のために企画された作品だった。

原作は徳永直《すなお》の短編小説集（一九三八）。原作者の徳永は、プロレタリア作家は国辱者として、周囲をはばかってひっそり生きていたから、映画化の申し出に歓喜し、感謝したという。

徳川夢声の扮した印刷職工の一家は、七人の子持ち、一一人の大家族。進学したいが、家計が許さないため悩み、諦める長男を主に、ストレートにテーマを描いた六九分の作品。数日のことを、真正面からドキュメンタリーのスタイルで描いている。原作、俳優、内容とも地味、教育映画のジャンルに入る題材であり、二一世紀の今日見ても、映画企業が、よく作らせたと感心させられる。

はたらく一家

製作・武山政信　原作・徳永直　脚色・成瀬巳喜男　撮影・鈴木博　音楽・太田忠　録音・下永尚

東宝　一九三九年三月一一日　六九分　No.35

*

石村（徳川夢声）は年配の印刷職工。長男・希一（生方明）は蓄電池工場の工員、次男の源二（伊東薫）は染料工場員、三男の昇（南青吉）は事務所の給仕、小学生の四男、五男のほか、その下にもふたり、計七人の子供がいる。妻のツエ（本間教子＝文子）は袋貼りの内職をしている。これに祖父母の合わせて一一人の生真面目に働く一家。長男・希一は学校に行って、工手になりたいと進学の意志を示した。石村は、希一を許すと、子供たちが次々に進路に言及することを怖れた。家計は苦しい。父子の間に冷たい風が吹いた。四男は優等生だが、卒業すると小僧に出される。四男は家計の足しにと強要された貯金を、先手をとって、次男、三男と食堂に行き、使ってしまう。希一は進学したいが、家計の事情もわかり、親しくしている鷲尾先生（大日方伝《おびなたでん》）を訪ねて、相談にのってもらった。しかし先生にも、家族での話し合いを勧めるほかに手立てはなかった。希一は辞去し、めったに飲まない酒を飲んだ。店で働いている幼なじみの光子（椿澄枝）のところに行った。結婚したいが、いつのことになるかわからない。そこを出て、家に帰ると、鷲尾先生を囲んで、家族が会議していた。しかし、名案が出ることはない。希一は家を出ることを口にした。父が「行くなら行け、好きなようにやってみろ、あとは粥をすすってもやっていく」と言う。みながすすり泣いた。希一は家を出るのだろうかと、後日弟たちは話していた。

「はたらく一家」（東宝　1939年）

はたして作品は、絶賛派と拒絶派に別れた。

清水千代太（映画評論家）は絶賛した。

「今『はたらく一家』を見て、僕は正直なところ、少々胸つかれる思いを禁じ得なかった。これでも相当、ぼくは働いているつもりだけれど、『はたらく一家』の働くさまを見るとね。この前に『鶴八鶴次郎』という働かぬ男を主人公とする映画を作った成瀬巳喜男が、これを作ったということにも僕は打たれた」（「はたらく一家」合評）

友田純一郎（映画評論家）も讃える。

「小説読んで、特に心配したのは、徳永直の如くに、貧乏生活の辛酸をなめたことのある人が貧乏を書いてるから描写が板につく。つまりこの人は外から貧乏人を眺めるんじゃなくて、内側から彼等の幸福を描く作家であるという。（中略）確かにこの映画は徳永直の文学よりも貧乏を具体化している。その意味でたいへんな収穫だったし、演出も堂々たる手腕だと思うね」（前記）

その驚きが伝わるコメントだろう。

これに対して、河上徹太郎（文芸評論家）は、こう論駁した。

「日本映画では珍しくぎごちなさの少ない写真であった。これは大したことである。（中略）親子数人共稼ぎの一家の生活が実に誠しやかに写されている。然し此の映画の立派さは、此の誠しやかさに終始している。だから例えば外国人で別に日本の労働者階級の生活に特別の関心を持たない人にこれを見せたとしたら、彼は何を面白がるだろうか？　実際この一家の生活がギリギリで動きがとれないように、この映画も日常生活だけで手一杯で動きがとれない。終わりの方で先生が一家の相談相手になってきて、皆の気持ちが尤もで私にはいうことがないといって裁きあぐんで帰るが、全くこの言葉はこの映画自身に向けられたようなものである」「観客の夢が遊ぶ余地が全然ない」（「日本映画の心境性」）

外国での評価を気にしていることと、物語に打開策がないことへのいら立ちがあり、帝国へのロマンティシズムを、映画のリアリズムが覆すと見たからにほかならない。「はたらく一家」の登場は、歴史の間隙を突いた、とでもいうのだろう。

成瀬は、追想している。

「たいへん気持ちよく撮れた、好きな作品です。僕の一番よくわかっている貧乏の話ですからね。ラストの安易さは問題になったけれども、徳永（直）さんの昔の小説は、林（芙美子）さんとつながるような、好きなところがありますね」（「自作を語る」）

川端康成が、現代劇の日本映画が「日本の生活万端の貧困」を映し出さないわけにはいかないと見抜いた、そのひとつのありようを、見事に示した作品だろう。

それが右の河上徹太郎のように警戒された。成瀬は、林芙美子の世界を忘れていたわけではなかったのだ。

成瀬によるシナリオは、最後をこう結んでいる。

流し
希一、来て顔を洗う。
外
雨が降っている。
二階の部屋
源二、昇、栄作の三人がそれぞれ緊張した顔で入って来、無言で座る。
家の表
鷲尾と希一、家から出て来、行く。
階下の座敷
石村、ボンヤリ考え込んでいる。
二階の部屋
昇「兄ちゃんどうするんだろう?」
源二「父ちゃんだって可哀そうだもんな」

昇「出て行かないよ、屹度ね」
源二「うん」
と頷く。

露地

希一「先生済みませんでした。泣いたりなんかして、でも何だかさっぱりしたような気がします」
鷲尾「君は利口なんだから、よく判っていると思う、先刻も云った通り、僕には今、どうしようとか、どうした方がいいなんて事は云えないんだ、君の気持を尊重しているからなんだ、ね、あせること事はない、今の気持ちを捨てないで努力する事だ、僕はそれを希望している」

二階の部屋

源二「よし、俺は長期建設で頑張るぞ！」
と、でんぐりかへしを打つ。
昇「俺も頑張るぞ！」
とでんぐりかえる。
源二「がんばれ！」
とシャチホコ立ちをする。昇も、

「頑張るぞ！」とシャチホコ立ちをする。

栄作も、

「俺もだぞ」

とシャチホコ立ちをする。

階下

石村とツユ、ドタンバタンとすごい物音にびっくりしたように二階を見ている。（F・O）

（「日本映画」一九三九年四月号）

成瀬作品を「リアリスティック」「心の機微をすくいあげる性格描写」（『501映画監督』エリカ・シーリン執筆）とした短評は、世紀を超えて、当時の評価を見事に裏打ちしていることになる。

「はたらく一家」が〈火宅〉日本の家族の模範として、文部省によって選定された、と藤本真澄は回想している。

「『はたらく一家』は成瀬が自分で脚本化して映画としての出来もよく、戦時にこぞって働くというので、文部省推薦映画になった」（尾崎秀樹編『プロデューサー人生』）

この作品をどう評価するか、深浅が問われるところかもしれない。

「はたらく一家」の好評は、作家・大江健次（一九〇五生）の「われらの友」の企画につながった。

ここで当時、映画の国家管理、映画法を推進していた内務省が登場してきた。

「〔『われらの友』は〕東京・深川の一銭泊所のルンペンの話である。前進座の出演ということになり、深川で撮影を始めた。宮島義勇のキャメラで全編曇天ねらいという作品だった。撮影三日目に内務省の警保局から撮影中止の命令が来た。会社は内務省命令だから止めざるを得ない。撮影を止めろ、というが、こっちは納得がゆかない。内務省へ怒鳴り込むと、『企画の意図の真面目さはよくわかるが、この戦時体制下に浮浪者がいることを示す映画は好ましくない』と言う。内務省は日ごろ、人的資源尊重、廃品回収と唱えているではないか、その趣旨に沿った作品であると主張したが、どうしても聞き入れてくれない。渡辺敏彦という検閲事務官は命令だから撮影を止めろの一点張りである」（前記）

作品評価が、文部省から内務省へ拡大して、制圧されたことになる。

これも帝国へのロマンティシズムを、映画のリアリズムが覆すと見たからにほかならない。このときは、まだ映画法は実施されておらず、シナリオの事前検閲がなかったことを物語るエピソード。こうして、「はたらく一家」の世界は消えていく。

「まごころ」（東宝　1939）

夏、石坂洋次郎「まごころ」の原作を得て、日中戦争下の子供たちの世界を国策同調へと転換した。導入の出征兵士を見送る路上のシーン、ラストの父親の出征のシーンは、戦中の火宅と路上のありかたを、それとなくだが、確実に暗示していた。

子どもの素朴な真実味、対話の妙味が評価される一方、

まごころ

製作・竹井諒　原作・石坂洋次郎　脚色・成瀬巳喜男　撮影・鈴木博　音楽・服部正
東宝　一九三九年九月一〇日　六七分　No.36

＊

地方都市の銀行の専務・浅田敬吉（高田稔）と、婦人団体幹部を務める夫人（村瀬幸子）の間には信子（悦ちゃん）がいた。妻の実家に学資を出してもらった敬吉は婿、夫人は社交家で尊大。静穏で温厚な敬吉とそりがあわない。敬吉には、長谷山蔦子（入江たか子）という恋人があったが、蔦子は結婚し、今は未亡人。ひとり娘の富子（加藤照子）は信子と友達であり、いいライバルだった。夫人は蔦子との間を疑い、夫と口論。これを聞いた信子は、富子に話す。富子は動揺した。祖母が富子に仔細を説いて聞かせた。ある日、信子が川遊びで怪我、蔦子が介抱し、蔦子と敬吉は一〇年ぶりに会い、敬吉は富子にお礼の人形を贈った。夫人は敬吉の行為に猜疑心をつのらせ、難詰。そのとき、敬吉に召集礼状がきた。敬吉は妻に、蔦子の人生を話し、誤解を説いた。敬吉は安心して、出征していった。

大人が芝居っぽくなりすぎて、真実味を殺いだと指摘されたものの、短編の持味はそれなりに評価されていた。

「まごころ」公開直前の九月一日、ドイツはポーランドに侵攻して第二次世界大戦がはじまった。二〇世紀最大の出来事であり、世界史の分水嶺になった。

第二次大戦は、資源、生産力、植民地、政治的安定など、アメリカ、イギリス、フランスなどの〈持てる国〉と、日本、ドイツ、イタリアの〈持たざる国〉との対戦といわれる。アメリカの国務省は、すでにドイツの敗戦を予想、その対策を用意していた。

日本は、イタリアとドイツの戦局を見て、一九三九年の一〇月、国家総動員法の映画界への適用である映画法を成立させ、映画界は製作・人員の国家統制を実施した。

映画法以前の一九三九年、日本映画の代表作は、労働者一家を描いたこの「はたらく一家」をはじめ、凝縮されたシンボリズムの世界に入って、日本の閉塞感を明確に描きだした。

小作制度下の農民を日本の四季のなかに凝縮して描いた「土」（内田吐夢監督）、歌舞伎世界を題材にジェンダーを対比的に象徴して描いた「残菊物語」（溝口健二監督）、中国戦線の日本軍の孤立と中国の抵抗を描いた「上海陸戦隊」（熊谷久虎監督）、果てしない中国戦線にさまよう日本の兵士を描いた「土と兵隊」（田坂具隆監督）など、トーキー・リアリズムを成熟させ、トーキーによるメロドラマへと展開、火宅と路上の映画作法を通して、二〇世紀前半の日本の歴史を、〈持たざる国〉の縮図へと鳥瞰してみせた。

一方、アメリカは、二年後の日本によるハワイ真珠湾攻撃によって参戦したものの、国内は戦場とならなかった。大戦下、アメリカ映画の隆盛は、変わることがなかった。

「アメリカが戦争に突入した時、スタジオは製作機能を最高まで上げていた。一週間に八〇〇〇万人が劇場に行き、国内でその投資額を回収、外国の市場は利益を上げるマーケットとみなしていた。外国の市場は、ドイツの占領地域で収縮したが、ハリウッドは海外に出た数百万人の兵士を観客にしたし、同盟国のスクリーンを完全に支配できた」（『オックスフォード映画事典』）

ミュージカル、西部劇、文芸映画、ミステリーからアニメーションと、多彩で豪華な作品は健在だった。

文芸映画「風と共に去りぬ」は、この年、一九三九年の大戦勃発後に公開された（日本では戦前未公開）。一九三五年、アメリカでこの原作が刊行されると、ただちに製作者デビッド・O・セルズニックは映画化に入り、ベストセラーの小説とその映画から、二〇世紀の最大の女性映画となっていく。登場するふたりの女性像、スカーレット・オハラ（ヴィヴィアン・リー）とメラニー（オリビア・デ・ハビランド）が、文明史的に、女性史のまたとない、いいモデルになる。このふたりは、アメリカの南北戦争以降の女性像と、イギリス一八世紀のヴィクトリア女王時代の女性像と、新旧ふたつの時代の女性像を浮き彫りにした。

スカーレットは自由と自己実現を、メラニーは献身と良妻賢母を、強烈に、徹底して対比的に表現した。これは一九、二〇、二一世紀の女性像を、俯瞰してとらえるのに、もってこいのジェンダー・イメージ。レット・バトラー（クラーク・ゲーブル）とアシュレー（レスリー・ハワード）の男性像は、その引き立て役（ジェンダー史的立場）。

成瀬は、スカーレット・オハラとレット・バトラーのコンビではなく、メラニーとアシュレーのコンビに戦中の役割と行動を、特定されたからである。成瀬ひとりのことにならない。成瀬はそこで行き詰った。その挫折は当然だった、ととれる。広く見れば、日米の文明史的位相かもしれない。

眺望をくわえたい。「風と共に去りぬ」の舞台の南北戦争の南部を、日中戦争から第二次大戦の日本に置き換えると、二〇世紀の世界の歴史が、立体的に浮かぶ。南北戦争を日米戦争と見ればいい。南北問題といわれることになる、産業基盤が工業の北部地域と農業の南部地域との風土の対立だ。

「風と共に去りぬ」は、映画史の歴史的大作である。とともに、進行する二〇世紀の歴史をも鳥瞰させ、展望させる。

日本は、すでに日中戦争の行き詰まりから、第二次大戦へ突入していく。

エリック・ボブズボームは『20世紀の歴史』で、こう書いている。

「アメリカとの開戦は、強力な経済帝国（「大東亜共栄圏」として婉曲に表現されていた）を築き上げるという、日本の政策の中心にある目的を諦めない限り、おそらく避けられなかっただろう。（中略）日本は行動に出ざるをえなかった。日本が打って出た賭けは危ういものであり、自殺行為であった。南方に帝国を築く唯一のチャンスをいそぎ摑もうとしたのだろう。しかしそのためには、干渉する恐れのある唯一の軍隊であるアメリカ海軍の動きを止めておく必要があると考えていたため、チャンスを摑むことはすなわち、軍隊も資源も圧倒的に日本を凌駕するアメリカを戦争に引きずり込むことを意味した。そのような戦争に日本が勝てる道はなかった」

「枢軸国の敗北、より正確にはドイツと日本の敗北が嘆かれることは、日独以外ではほとんどなかった。日独の人々は、頑なな忠誠心と並はずれた能力で最後まで戦い抜いた。（中略）日本は、白い肌より黄色い肌への同情をほんの束の間動員できたが、それ以外は何も動員できなかった」

3 大戦と「空白」

《一九四〇年代》

「歌行燈」（東宝　一九四三）

映画は、おもに劇映画を軸に企業と観客の交流によって、一九三〇年代に音声を得て、形式をほぼ確立、テレビが実験段階にあったために、動く映像を独占できた。

動く映像を独占していた映画は、第二次大戦に巻き込まれた。大戦によって、〈持てる国〉アメリカは、映画界に自由を与え、〈持たざる国〉ドイツ、イタリア、日本は、映画の国家統制を実施した。日本では、すでに日中戦争下に実施した映画法によって、国家の管理下に置かれた。大戦前からニュースなどでドキュメンタリーが浸透、歴史的展開とともに、劇映画にも波及していく。

歴史の状況が激変した。成瀬は、この一〇年（三五歳から四四歳まで）を、この激動のなかで過ごすことになった。

戦後一二年がたって、荻昌弘（映画評論家）に、こう語ることになる。

荻　わたしは戦中や戦争直後のあの（かたちはちがうけれど）意気昂揚時代に成瀬さんが充分な腕をふるえられなかったこと——これも、成瀬さんが〝幻滅〟の作家だという点からひとつの解釈がつくのではないか、とおもう。

成瀬　戦争中、軍や戦争に幻滅を感じる映画は作れないですね。しかし、なんですね、ぼくが「めし」（一九五二）以来これだけ落ち着けるようになったのは、途中に戦争の空白があったからこそですね。むしろ戦争があったということが、ぼくには幸いだったかもしれない。

（「聞書・成瀬巳喜男論」）

「戦争の空白」、成瀬らしい。成瀬流のホームドラマ、ホームメイドな作り方は、国家的課題が先行すると制圧された、という含意になる。

実はこのスランプ、戦後に明白となった、自身の一九四〇年代を端的に示した応答かもしれない。

では、大戦での大敗から戦後を、成瀬はどう過ごしたのか。

不思議な離婚

［一九四〇年（昭和一五）／三五歳］

日本は、この年、日中戦争での停滞から、仏印に進駐、南アジアへと南進、日独伊三国同盟が成立し、戦時色は一段と強まった。

日本の映画界は、前年成立した国家統制＝映画法を受けて、文化映画が隆盛になり、九月からは平日午前の興行は中止された。致命的だったのは、生フィルムの不足であり、映画の製作本数は急激に下降していく。この年から敗戦まで、半減を繰り返していく転機となった。

成瀬にも転機がきた。千葉早智子は、成瀬の日々を、こう知らせている。

「私には一杯飲むとご機嫌さん。最初はビールで始まるの。それからウィスキー、最後の仕上げが日本酒なの。それがチビリ、チビリだから家は大変。それがうちの漢学者の母には気に入りませんのよ。『女大学』で育ったような人で、お琴のお師匠さんで、家風が成瀬さんとは全く違いますから。仕事がはかどらない時もビールから始まって、夜明けまでお酒が続くものだから、とうとう母が『うちは料理屋でも何でもございません』と言っちゃったの。それを聞いた成瀬さんはそれからは絶対に口をきかなくなって、おはようございますも、おやすみなさいも何も言わなくなって、部屋の中で黙って庭のほうを向いていました」(村川英編『成瀬巳喜男演出術』)

箏曲の奏者と映画監督はアーティストと見れば同じかもしれないが、漢学者と映画監督は別世界の住人だ。千葉は、母と成瀬との間に立たされた。

「成瀬さんと母親のあいだに立ってハラハラ。ついにこの状態が三年続いて、四年目に母親が私を呼んで『今の状態だと私はどうしても承知できない。母親をとりますか、どちらをとりますか』と言われましてね。今の時代だと考えられないことでしょうが、私は明治生まれですから、親を捨てることは絶対にできなかった。おばあちゃんを一人残すことなんかできませんよ」(前記)

成瀬は七年の結婚生活のうち、四年目から義母と家庭内別居、絶縁の状態だったことになる。しかし、「母親をとりますか、どちらをとりますか」とは、そこまで言うか。知識人に好かれた成瀬は、義母には徹底的に嫌われた。家を継がせたくなかったのか、仲の良いふたりを嫉妬していたのか、自身の老後を心配したあげくか、執念にすら見えないでもない。

千葉は、つらい。思案の末、世帯をわけた。

「別居という形でなく、(中略)勉強部屋ということで新築したんです。そこへ私が会いにいく……という形にしたんです」(前記)

岸松雄は、移転先について、知らせている。

「成城の家を引き払って、経堂に移転した。(中略)まわりは仕舞屋《しもたや》ばかりの落ちついた住居で、成瀬は可愛い盛りの隆司坊やの話をしては目を細めていた。シナリオを書くときには昼間でも雨戸を閉めるので、二号さん〔愛人〕の家だと近所の人に思われないかと妻の千葉早智子は余計な気を使った」(「成瀬巳喜男小伝」)

この春、成瀬は京都へ旅をした。

「京都へ一週間程旅行して、お寺の庭など廻ったがなかなか楽しかった。今まで殆ど、ロケーションとかシナリオを書きにとか、そんなことでしか東京を離れたことがなかったが、仕事を離れての旅も私達には得る所が多い。私などあまりに何もかも知らな過ぎた。よく今まで仕事が出来たと思うくらいである。見たいもの、聞きたいことがたくさんある。転居をきっかけに、私も生来のものぐさから抜け出られそうである」(「日本映画」一九四〇年七月号)

東京を出ると落ち着かないという江戸っ子の性質か。

さらに成瀬は、夏を前に、中国へ脚をのばし、上海へ行った。

「先月初め、上海から杭州方面の見学旅行をして来たが、私には初めての遠い旅だった。出無精な私は、それまで神戸から先へ行ったことがなく、船も初めて、汽車の寝台に寝たのさへ初めてなのである。なんと、この映画の演出者は呆れるほど何も知らないではないか！　そんな訳なので、この上海旅行は、私にはいろいろ得るところが多かったと同時に、だいぶ気も強くなったのである。なにしろそれまで、私は一人で知らない店や食堂に入ることや、デパート等で買物をすることが、なんとなく照れくさくて出来ないような人間だったが、上海で、ロクに言葉の通じない店で冷汗をかきながら食物の注文をしたり、品物を買ったりなどしたことだけによっても、だいぶ図々しくなったのである。なんと、帰ってからは何処の店へでも気やすく入れるではないか。はずかしいような話だか、とにかくそれだけでも、私にとって多少の進歩と云えるかもしれない」（「前記」）

成瀬は、前年の映画法以降、製作本数が急減していくなかにあっても、「僕のように割にゆっくり構へて、しかもあまり儲かる映画を撮らない者にはチャンスというものはなかなかめぐって来ない」（「映画ファン」一九四〇年八月号）と、恬淡としていた。

「みたされない人生」という自身のテーマや作風に歴史心理が合わないことは承知だったのだろう。

それでも「焦らない」という。

「お前はどうして映画を撮らないのだ、と直に質問してこられる友人がいる。そうかと思うと、あれはどうかしている。一年一本でいいと思っているに違いない。とんでもない奴だ、自信がないのだろう。とかげ口をきいている人達もいるようだ。はた眼には僕というものが非常に神経質に見えるらしい。が当の本人、自分をそれほど神経質とは思っていない。だから僕に関したいろんな事をひとづてに耳にしても一々それに対して喜怒を表現するようなことはめったにないし、気をくさらすようなこともない。仕事の出来ないこと、それは誰にでもある事で、とりわけ僕の場合だけに起こる神経質な現象ではないのだ。そんな時、僕はよくノウノウとして酒を呑んでいる。女房の愚痴も黙ってきくことが多いだろう。正直なところ、今の僕は急いで仕事しようとも思っていないし、仕事の出来ないジレンマの状態にあるわけでもない。心の隅の方にいいものをみつけて、いい映画を作りたい、という映画作家のだれもが持っている熱情は忘れずに持っているのだが、だからと云って焦慮は感じていない」（前記）

「僕の場合」と題したこの文章には、どこかさっぱりした気分が出ているように感じられないわけでもない。暗に時代に合わせないという意味もあったかもしれない。「負けず嫌い」とも評された成瀬の気質も見える。

この年、成瀬の作品は、一二月に公開された「旅役者」一本のみ。旅廻りの一座と中村是公《ぜこう》の村の床屋の座主との、時代へのコメディ・リリーフ。成瀬は喜劇払底時代にあって、計算して作ったと回想している。

「宇井無愁さんの『きつねうま』が原作、僕の好きな写真なんですが、公開のとき長さの関係で切られてしまいました。貧しい旅役者一座の泣き笑いですね。このあたり喜劇が少なくなっていますが、これなどは喜劇とペーソスを狙ったものです」（「自作を語る」）

水町青磁（映画評論家）は、成瀬得意の心境ものだが、時代とはずれた古めかしさ、中途半端であり、藤原鶏太と中村是公の芸で見せる作品で、「成瀬巳喜男作品を喜ぶ知識人の映画ファンに呼びかけるほかない」（「キネマ旬報」一九四一年一月一日号）と指摘している。

知識人の「成瀬好き」という理由は、多々推察される。ひとつは作らず、述べず、激せずの飄逸な世界にいやされるということかもしれない。

一座の俳優・藤原鶏太《けいた》、もとは釜足。その名前が天皇一族のルーツにある藤原鎌足と同音で、侮辱

旅役者

製作・氷室徹平　原作・宇井無愁　脚色・成瀬巳喜男　撮影・木塚誠一　音楽・早坂文雄
東宝　一九四〇年一二月一八日　七九分　No.37

している として改名させられた！

その頃、千葉早智子の母が、娘に強談判《こわだんぱん》、成瀬との離婚の決断を迫っていた。

「でも母親をとるか、夫をとるかという話は成瀬さんに伝わりますから、ついに『俺は七年待とう。七年たって、もしその時にお母さんが亡くなっていたら、成瀬の家に嫁いできて欲しい』とおっしゃった。それで私も納得しました」（村川英編『成瀬巳喜男演出術』）

義母の死を待っての再婚、そのための離婚！

千葉が出演した「妻よ薔薇のやうに」では、家出した父親を無理に連れ帰ったものの、父親はこの山の手風の歌人の妻になじまず、ふたたび家から去る。千葉の扮した娘は「母さんの負けだわ」とつぶやく。

成瀬・千葉夫婦の場合は、徹頭徹尾「母さんの勝ちだわ」。帝国憲法下、こうした離婚は、多かったという。千葉は、嫡子（その家の跡を継ぐ男子）をいただいて、去った。事実、成瀬は、このあと七年間、千葉を待っていた。

成瀬が家を出た日のことを、藤本真澄は述懐している。


東宝本社にいた私に成瀬から電話があった。

「ちょっと相談があるんだ。どっかに宿ないかしら」

と言う。電話では何だからと言って成瀬に会うとボストンバッグを手にしている。

家出して来たという。

「昔は信玄袋だけれど今はボストンバッグだなあ」

と言ったことを今も記憶している。

これが成瀬の離婚した日のことである。

（尾崎秀樹編『プロデューサー人生』）


成瀬自身が火宅を出て、路上に立った一日。どこか飄逸なところがあって、救われる。

千葉との結婚で、背走の人生から決別したはずの成瀬、ふたたび、ひとりぼっちになった。

その心境はどうだったか。渋谷・桜ヶ丘のアパートに移った成瀬について、岸松雄は記している。

「このアパートに出入りする女給やダンサー、闇屋、二号さん、等々、それらの人たちの織りなす人生模様……成瀬は何年かぶりで大好きな庶民生活の一隅にもぐりこんで不安なその日を送った。夜になると、きまって渋谷道玄坂の『御殿』という酒場でそのころ乏しくなった酒をひとりかたむけていた」（「成瀬巳喜男小伝」）

道玄坂の飲み屋の名が「御殿」。御殿で飲むひとり酒。

大戦下から敗戦後の渋谷のアパートの人々を、グランド・ホテル形式の映画にしてほしかった感がする。

千葉も、成瀬没後に追想している。

「飲まなきゃいられなかったようね。それがあの方に一生つきまとったヤルセ・ナキオ。私、時々フッと思い出してね、息子をいただいてありがとうございますって、心の中で言いながら、なんて寂しい人生を送られたのかなあって……。

そういう先生を見て、私が言うのもおこがましいけど、成瀬さんを幸せな家族に入れてあげたいっていう気持がありました」（村川英編『成瀬巳喜男演出術』）

千葉はこのあと、戦時中に映画界からあっさり引退した。のちに、渋谷に会員制の高級料亭を開いて成功、料亭経営に転じた。

成瀬の長いスランプの理由を、千葉との別離に原因があるとする見方もある。

太平洋戦争へ

［一九四一年（昭和一六）／三六歳］

一九四一年、映画界は統制による一本立てのため、製作本数が二三二本へと、一九三〇年代の年間製作五〇〇本台から半減した。

一月一八日、公開された「なつかしの顔」は、わずか三四分の短編。児童映画的な銃後の妻のドラマ、この程度の短編はお手のもの。

サイレント時代初期の田園ものを戦時下に置き換えて、母、義姉、弟の反応を描いた。

滋野辰彦の評は、ポイントの姉の心理がわからないことをのぞけば、「ほとんど完璧の演出技術」と評し、「細かく洗練された表現技術」について、「アングルといい、カットの長さといい、又はカットカットの転換の間における時間や場所の細かな省略といい、さすがに長い修練を経なければ達しえなかったであろうテクニックが、自由に、しかも目だたないように注意ぶかく駆使されている」（「キネマ旬報」一九四一年三月一日号）と、評している。

キーポイントは、姉が弟に映画を見なくていいと説得する心理。演出の仕様、撮り方によっては、戦争への微妙な心理的ニュアンスになる。成瀬はその意味が示唆するところをさらりと、さけている。作り方も、評も、演出技術本位にならざるをえない。

成瀬はこう回顧。「何しろ短編なので、世間では評判になりませんでした」（「自作を語る」）

この間、日中戦争を見ると、日本軍は中国で往生していた。

ジョン・ピムロット『第二次世界大戦』は、地球レベルの大戦全史で、当時の展開について、こう伝えている。

「日本軍は西進して中国の中央部に入ったが、険しい地形と中国軍の抵抗に阻まれて進撃の速度は

なつかしの顔

脚本・成瀬巳喜男　撮影・木塚誠一　美術・北村高敏

東宝京都　一九四一年一月一八日　三四分　No.38

＊

京都の郊外、亀岡の農村の小学生の次男・弘二（小高たかし）は、友達の玩具の飛行機を木に引っ掛け、怪我をした。中国に出征中の長男が二ュース映画に出ていると聞いた母（馬野都留子）は、隣町の映画館へ行ったものの、涙が流れてよく見られなかった。弘二に聞かれても、答えられない。長男の嫁（花井蘭子）も見に行ったが、映画は見ずに、おもちゃ屋で弘二の欲しがっていた飛行機を買って帰った。それを知った弘二は、なぜ見なかったのかと怒った。兄嫁は「姉さんは何だか見なくてもいいような気がしたの。戦っていることが、みなさんにわかれば」となだめた。後日、ニュース映画は村の小学校で上映され、一家三人で見に行った。

徐々に険しくなった。長びく日中戦争に列強の不安は高じ、日本の孤立化を図る政策がより強化されたため、日本とこれら欧米諸国との緊張は高まった」

その頃、成瀬に宣撫映画の企画がまわってきた。中国の抗日放送に対する、日本側の対抗放送設置をめぐるサスペンス映画「上海の月」。

横光利一に小説「上海」がある。一九二五年の五・三〇事件下の植民地都市・上海での排外運動を、ドキュメンタリーのスタイルで描いた長編小説(一九三二年刊)。

「上海の月」は、この小説を下敷きにして、中国人に清川荘司、山田五十鈴、中国人の汪洋を配した。予想通りの出来となった。

「なつかしの顔」(東宝　1941)

水町青磁(映画評論家)は、「成瀬巳喜男が演出に当たっていることに就いても、私は一つの疑義を持つ。彼の作品系列から推しても、この様な題材を与えたことは何か特別の理由が無い限り肯けない」と、作風が異質と切り出す。さらに、複雑な上海の国際政治上の位置を理解し、表現することが無理なうえに、「抗日テロ団が、かつての浅ましい都会映画に出て来る銀座裏のギャングめいた印象を与えたとして、彼のみを責めるべきではなかったろう」と言い、「此の作品で一番の手抜かりは、文化戦士乃至文化工作、宣伝啓蒙戦などと云いながらその具体的なものが余りみえていない」と評している(「キネマ旬報」一九四一年八月一日号)。

また、三角関係も「常識的な国策意識が災いして、脚色上でかなり手控えになり終わっていたため、僅かに汪洋の可憐さと歌唱が目立つだけで、露糸（山田五十鈴）の性格は曖昧にぼけてしまっている」「何れにしても、国策と利潤とを両天秤にかけ、且利潤への関心を暴露した作品であったことは否めない」（前記）と、厳しい。

成瀬の作風に加えて、国内ではテロ活動はもとより、映画による描写も禁じているのに、にわかに中国での抗日テロ活動を描け、といってもむずかしい。

山田五十鈴は、上海での撮影で「中国人のレジスタンスの根強さ」を知り、「私は中国国民にみなぎっている日本軍国主義へのこの上なくはげしいいかりを、身をもって体験した」（『山田五十鈴』）と述懐している。

時代と人、日本と中国がクロスするドキュメンタリーを導入しないかぎり、お伽話になってしまうことを露わにした。

成瀬の回想は、「僕には向かない作品でした。丁度見当がつかめ出しそうになった処で、戦争がはじまってしまった感じなんだなあ」（「自作を語る」）と、いたって正直。

上海の月

製作・滝村和男　原案・松崎啓次　脚色・山形雄策　撮影・三村明　美術・松山崇　音楽・服部良一
東宝・中華電影　一九四一年七月一日　一一四分　No.39

次にコメディ・リリーフに戻って撮った作品が、当時一四歳の初々しい高峰秀子を甲州路のオンボロバスの車掌にした「秀子の車掌さん」。高峰は子役から成長してきた。

太平洋戦争の開戦が迫っていた九月に公開された。

ロード・ムーヴィーに定評のあった、松竹蒲田の先輩監督・清水宏に通じる短編。成瀬流の日常生活の点描に、くつろぎを感じさせ、バスの道中でのコミカルな部分よりも、おこまさん

「秀子の車掌さん」(南旺映画　1941)

(高峰)が実家に帰るシーンや、下宿先でくつろいでいる短いシーンが印象に残る。

大塚恭一の批評は、ドラマティックになりそうで、ならないもどかしさを指摘しているが、短編ではこうなりがちというケース。成瀬は「軽い喜劇風の作品です」(「自作を語る」)、高峰秀子は「ソーダー水のような味」(村川英編『成瀬巳喜男演出術』)と、夏の撮影をうかがわせる、うまい表現で回想している。

この秋を前に、成瀬は近況を述べた。

「自分の思い通りの仕事が出来たら、等と考えることは夢でしかない。さらに、自分たちの仕事にも、才能や努力とは別になにか『運』というようなものがあるように思う。精魂を打ち込めるという

ような仕事にぶつかった時のよろこびはおおきい。が、また職人的努力だけでの仕事も諦めなければならない。一人の演出者の、時に良心的であり、急に堕落であり、退歩であるなどといはれる仕事の『ムラ』も、私には些細の原因しか感じられない。私など、まだ、いろいろな映画をみて自分の若さ

秀子の車掌さん

製作・藤本真澄　原作・井伏鱒二　脚色・成瀬巳喜男　撮影・東健　美術・小池一美　照明・服部　修　音楽・飯田信夫

南旺映画　一九四一年九月一七日　五四分　№40

＊

甲州街道を行く定期バス。運転手は園田さん（藤原鶏太）、車掌はおこまさん（高峰秀子）。オンボロだが、甲北路線バス会社の貴重なたった一台だ。ライバル社は新車をぞくぞく投入、ふたりの奮闘及ばず、客をとられっぱなし。社長（勝見傭太郎）は会社を売却の心算段。下宿のお内儀さんは、「社長の評判もよくないから、辞めたら」とすすめたが、おこまさんは聞かず、園田さんから社長にはかってもらい、バスで観光案内のアナウンスに乗り出すことにした。たまたま旅館に滞在中の作家の井川（夏川大二郎）を文案の依頼に訪ね、承諾を得た。井川を乗せて、実地案内中、子供が飛び出し、バスは崖っぷちに危うく止まる。おこまさんが怪我、そこで下宿の荒物屋の店番をしながら、アナウンスの練習。社長は事故で保険が取れると算段、駄目とわかると、園田にバスを壊せと命じ、実直な園田さんは井川に相談した。井川は怒って、社長と談判。新聞沙汰を怖れた社長は意をひるがえすのだった。おこまさんも治って、園田さんと、井川を東京に送った。ふたたび車掌に復帰した彼女は、アナウンス開始のときを待つ。社長は会社の身売りにサインしていた。それとは知らぬおこまさん、快調なアナウンスに熱が入った。

未熟さを感じることが多い。所謂老練の、厚味のある、そして磨きのかかったような艶を感じさせる作品を見ると、自分などまだまだ簡単に近づけないことを感じ、ほんとうに降参する」(「日本映画」一九四一年九月号)

韜晦のニュアンスもないではないが、成瀬の監督としてのステータスは、力作と職人芸との間にあることを、自覚していたことになる。

この秋、日米開戦を主張する東条英機内閣が成立、日本軍の中国からの全面撤退をめぐって日米交渉は頓挫し、一二月八日、日本軍のハワイ真珠湾攻撃によって太平洋戦争がはじまった。

この時代に、成瀬の持ち味が一段と制限されないわけにはいかない。

敗勢へ

[一九四二年(昭和一七)/三七歳]

この年、日本軍は、マニラなどを占領したが、まもなくアメリカ軍は反撃、ミッドウェイ海戦で日本は敗北する。また、ドイツ軍はソ連に侵攻するが、スターリングラードで苦戦を強いられて、戦況は枢軸国側の敗勢へと一転していく。

映画界は、松竹、東宝、大映の三社に、配給は一社(紅白二系統)に制限され、製作本数はさらに減少した。

「僕は戦争となっても、兵隊の出るような写真は撮れないですからね。どうしても銃後ものになる」(「自作を語る」)

日本映画公開本数八七本のうちの一本が成瀬作品、入江たか子主演の銃後の〈母もの〉、「母は死なず」。「風と共に去りぬ」でオリヴィア・デ・ハビランドが演じた理想的な銃後の妻のドラマに特化された。

滋野辰彦（映画評論家）のコメントは、シナリオの猪俣勝人が「動」とすると、成瀬の構成・演出は「静」と見て、昭和恐慌以降の時代と人物、その心理をダイレクトにクロスさせ、メッセージを与えることに成功していないと指摘。歴史と人、その交錯を直接的には描かない間接話法的な描写スタイルのため、国策的なドラマに「大きな意力が感じられない」（「映画旬報」一九四二年一〇月二一日号）と、くくっている。

「上海の月」「母は死なず」はともに失敗した。おそらく、ドキュメンタリズムの導入による構成しかなく、成瀬には不向き。

このドキュメンタリズムの日本映画への導入は、「阿部一族」（一九三八）から「上海陸戦隊」（一九三九）へ展開した熊谷久虎（東宝）が旗手。「五人の斥候兵」（一九三八）や「海軍」（一九四三）の田坂具隆（日活）、「ハワイ・マレー沖海戦」（一九四二）の山本嘉次郎（東宝）とつづいて、大作化した。

母は死なず

製作・藤本真澄　原作・河内仙介　脚色・猪俣勝人　撮影・木塚誠一　美術・北川恵司　音楽・深井史郎
東宝　一九四二年九月二四日　一〇三分　№41

熊谷、田坂、山本と高学歴の監督がリーダーとなった。その理由は、国際情勢、日本の歴史・社会状況と家族とが連動するドラマへと構成できたからだろう。映画監督にあらたなテクノクラート（高級技術者）の登場にちがいない。

成瀬が映画作法を学んだ松竹は、喜劇やホームドラマ、女性映画に持ち味を発揮してきた企業で、ドキュメンタリズムには不向き、不得手であった。城戸四郎の製作方針があり、国策や軍主導への抵抗がなかったとはいえない。

それを踏襲して成長した成瀬の限界といえば、その通り。一九四〇年代にドキュメンタリズムが一大表現形式となって、スランプになったと見なされる原因はここにあった。

歴史の禍福かもしれない。溝口健二、小津安二郎とも、この傾向にあり、世代的なものもある。それが幸いしたのかもしれない。

戦後になって成瀬が、「むしろ戦争があったということが、僕には幸いだったかもしれない」（荻昌弘「聞書・成瀬巳喜男論」）と回想したところにつらなる。

芸道もの

［一九四三年（昭和一八）／三八歳］

イギリスとアメリカが、戦後処理を無条件降伏と決めたこの年、ドイツはスターリングラードで敗退、日本はアッツ島で玉砕し、イタリアは降伏した。

この年、日本映画は製作本数を六一本へとさらに減らした。一九一〇年生まれの黒澤明と一二年生まれの木下恵介がこうしたなかからデビューしてきた。

成瀬は、ロマンティックな題材を心理的リアリズムで追求する〈芸道もの〉に転じた。映画史に見ると、このジャンルはドイツ支配下のフランス映画にもあり、「検閲を避けるために監督は時代をへだてた過去を呼び戻して、非政治的題材を選んだ」（『オックスフォード映画事典』）。オーストリアの監督ヴィリ・フォレストの「ブルグ劇場」（日本公開一九三九）、マルセル・カルネの「天井桟敷の人々」（一九四五）がその代表であり、歴史的名作となっていく。

日本では、溝口健二監督の「滝の白糸」（一九三三）が先駆、「残菊物語」（一九三九）は、その傑作。戦中、溝口はこのジャンルで全盛を迎えた。

成瀬は、山本嘉次郎の「藤十郎の恋」や溝口健二の後を追うかたちになった。「歌行燈」は、泉鏡花の原作と新派の舞台が知られており、名作の映画化となった。芸道ものの火宅と路上のドラマ。

一九世紀の終わり（明治三〇年代）、能謡の恩地喜多八（花柳章太郎）は、愛知への旅のおり、伊勢の古市で名人と称される宗山に芸のいたらなさを知らしめる。宗山は自殺、このため山田五十鈴の娘が流転、苦況に立ち、やがて勘当された喜多八との運命的な出会いとなる。

歌行燈

製作・伊藤基彦　原作・泉鏡花　脚色・久保田万太郎　撮影・中井朝一　美術・平川透徹　照明・岸田九一郎　調音・道源勇二　音楽・深井史郎　時代考証・木村荘八
東宝　一九四三年二月一一日　九三分　No.42

もともと舞台演劇だから、場所ごとに演出する重点的なシークェンス（エピソード）のスタイルも堂に入っている。画調を暗い画面（ローキートーン）にして、時代の雰囲気を出した演出となった。

同時代の批評からは、新生新派の舞台の踏襲、新派俳優の軽さ、ロケーションとセットの異質さ、山田五十鈴の引き気味の演技が難点と指摘されたものの、セットを含めた風俗とドラマの密度の高さ、路上と往来をふんだんに使った立体的画面構成、その両者による展開がいい。

芸道ものは、川端康成が一九三五年に成瀬に提示した、日本の貧困と日本映画のリアリズムとの関係を、時代劇でなく、〈近代劇〉として、また一種の〈美学〉として提示したジャンルだった。

ロマンティシズムの晩年に、美学的に再生する、レイト・ロマンティシズムのあらわれだろう。この世界は溝口健二の独壇場、封建制度（さらに絶対主義）下の男女の社会的ありかた（ジェンダー）を、男性の出世と女性の死を対置する構成にした強烈なシンボリズムがあり、パセティック（悲壮感）な女性像は見る側を圧倒した。それが戦後に歴史的古典へ昇華し、国際的評価をもたらした。

成瀬は、あくまで、男女を芸への精進において同じ存在としてクロースアップする。それが成瀬の芸道もののアイデンティティ、溝口と成瀬とをわけたジェンダー感覚の歴史的・世代的ちがいなのである。

「内務省もうるさかった頃ですからね、よくやったと思う。あせらず騒がずという感じで作ったのですが……」（「自作を語る」）

自身の演出力のバロメーターと見ていた。

一九四三年の秋から冬にかけて、さらに、「芝居道」を監督していく。主演は古川ロッパ。古川は、一九〇三年生まれ、このとき、四〇歳。

私は評伝を書くうえで、いつも一九四〇年代を描き切れるかどうか、思案する。資料がないと思い込んでいるためだが、逆に日記が公刊されている場合があり、リアルな展開が可能になって、驚く。公式的な歴史に対して、まさに私的な、バックステージの展開になって、歴史と人とが立体的に立ちあがってくるからにちがいない。

そのロッパも膨大な日記を残し、成瀬の仕事ぶりを書き残している。

「十一月七日（日曜）晴　『芝居道』撮影第一日」

「十一日十三日（土曜）　成瀬組は、まことに能率的でムダ待ちが殆んど無い、トントン行くので気持ちがいゝ。従って、読書したりする暇も少なく、やり始めたら実に速いので助かる。が、毎日夕方から、からだがあくので夜のつぶしやうに苦しむ、やっぱり芝居でもないと、芸妓買ひなどしたくもならない。と言って、ひとの芝居は見たくもなし、全く困ってしまう」（『古川ロッパ昭和日記　戦中編』）

成瀬が自負する撮影・演出スタイルをロッパは、「気持ちがいゝ」と太鼓判。「芸妓買ひ」もたしかに芸のうちかと、妙に感心。そうさせないのも、芸のうちか。一九四三年、初冬の話題は、徴用、食物、そして日本軍の敗勢。

「十二月十八日　今夜マキノ正博の言ふには、彼が内務省へ行ったところが、検閲係の人が、面白い映画を作れ、もはや深刻なものはいかんと言ったさうだ。検閲方針が、そこへ早く目をつけて定めて呉れゝば有りがたいのだが」（前記）

シナリオ段階での検閲、国家統制が映画を絞殺した、あるいは日本人の戦争プロパガンダ（教育宣伝）を嫌った心理を読みとったものだろう。国家統制の失敗、転換。映画法からわずか三年だった。
「十二月二十一日（火曜）晴　砧村へ行く、ピーカン日和、クレーン使用ワンカットだ、午後のカケ持ちはあるし、うまく、ひっかからずに済めばいゝと気を揉む。無事終わり、『芝居道』これでオールチョン。やれやれ、実にホッとする。二ヵ月がゝりの長撮影であった」（前記）
しかし、公開は翌一九四四年五月に延ばされた。

敗戦への道

［一九四四年（昭和一九）／三九歳］

この年の一月末、世界の戦線でドイツ、イタリア、日本が連合軍に敗勢に追い込まれた頃、「愉しき哉人生」を公開した。

上海でのアメリカ映画体験による、フランク・キャプラの「我が家の楽園」（一九三八）と「スミス都へ行く」（一九三九）の翻案だろう。

日中戦下の上海土産について、美術の中古智が語っている。大きなヒントになる。

「昭和十六年に中国へ行って『上海の月』を作っているでしょう。そのとき上海で見たアメリカ映画に感心していましたね。どんな作品が話題になったかは忘れてしまいましたが、そうそうジョン・フォードの『怒りの葡萄』がありました。それから監督だとフランク・キャプラの名前がちょいっと耳に残っとります」（『成瀬巳喜男の設計』）

フォードの「怒りの葡萄」（一九四〇）は、日本では映画化が難しい。すでに、「はたらく一家」でその意図、意味はあらわしていた。

キャプラの「我が家の楽園」と「スミス都へ行く」は、どうだろうか。

キャプラについて、アーネスト・ティス（カナダの大学教師）が、二一世紀に回想、高評価した。「ハリウッドが撮影所以外の世界にほとんど目を向けなかった時代、社会批評とドタバタを組み合わせた独自の作品を作った。一般大衆に向けた人間味あふれる、見るものを元気にするようなハイテンポで滑稽なキャプラの映画は、ハリウッド映画でも、特に印象的で、今も郷愁を持たれたり、評論

愉しき哉人生

脚本・八住利雄、成瀬巳喜男　撮影・伊藤武夫　美術・北川恵司　音楽・鈴木静一

東宝　一九四四年一月二七日　八〇分　No.43

＊

街道を車が疾走していく。東京を出た相馬太郎一家（柳家金語楼、山根寿子、中村メイコ）の行き先は、寂しい町の小さな商店街。薬屋（杉寛）、桶屋（永井柳筰）、呉服屋（清水将夫）、煙草屋（川田晶子）、洋品店、飲食店（鳥羽陽之助）、下駄屋（清川荘司）、床屋（横山エンタツ）、時計屋（渡辺篤）、写真館、本屋（生方明）と、向こう三軒両隣の家族だ。太郎一家は床屋の前の空き家に居を構えた。この一家、主人はなにものなのか。よろず工夫屋の看板をかかげた。太郎が時計を直したことから、本職の時計屋が反感を持ったものの、太郎一家の頓智に親しみを抱く。十年来の恋を実らせ、桶屋の騒音騒動を静め、太郎の行くところ、光明がさす。町内そろってのピクニックも挙行。火宅が祭りの雰囲気になったころ、太郎一家はいずこともなく去っていった。

「愉しき哉人生」（東宝　1944）

家からは真の名作としてあげられている。（中略）大恐慌、第二次世界大戦と辛い現実に相次いで見舞われた時代に、キャプラの映画は人々に信じる気持ちと安心感を与えくれた。その感動作は現実よりも願望にもとづくものだったが、その何がいけないというのだろう?」（『501映画監督』）

成瀬のキャプラ流のコメディ「愉《たの》しき哉人生」は、コメディアンを集合したおもむきの大戦下の慰問劇風味。アメリカ映画では、異彩をはなつ風変わりな人物を主人公にした〈スクリューボール・コメディ〉が、反転、日本の戦中になると、どうなったのか。

風変わりな〈スクリューおやじ〉の柳家金語楼が戦火の町にあらわれ、もろもろの世帯人情を点綴、戦火におかれた火宅をさりげなく点描、生気を与え、人々を路上に戻す構成。

キャプラに比べると、個人主義、理想主義の幅が狭いといえば狭いが、家族関係に終始しない、群衆描写の提示が新趣向、オペレッタ風。

エンディングから、銃後の徒労感と、「戦争よ、早く終われ！」と大合唱している風情が漂う。

ロッパが日記に残した、内務省の方針が「面白い映画を作れ、もはや深刻なものはいかんと言ったさうだ。検閲方針が、そこへ早く目をつけて定めて呉れゝば」（前記）と転換したことに、早くも対応してあらわれた一作になった。

キャプラ評価が二一世紀になって、「現実よりも願望にもとづくものだったが、その何がいけないというのだろう?」と評したアーネスト・ティスの反語による評価と同様に、二一世紀から評価したい一編だ。

成瀬の回想は、「ただ戦時色に合わせただけのドタバタ」(「自作を語る」)と深くはふれない。

製作と公開は前後するが、古川ロッパの前年の出演作「芝居道」の試写は、この年、桜が満開の季節。

「四月六日(木) 銀座東宝本社へ。『芝居道』の試写、これは時節柄当分封切延期となったが。十時より、座員に貼出しして示したのに集まる者甚だ少し、座員の不熱心さを嘆く。『芝居道』は思ったよりづっといゝものだった。成瀬の演出も、これならよかろう。僕、貫禄十分、おさへた演技成功、大阪弁がちとぬるい。(中略)『芝居道』は新体制だとて、タイトル一枚、題名のみ、キャストも何もなし。これは何のための新体制やらわからず。間違ひだらけの世や」(『古川ロッパ昭和日記 戦中編』)

ロッパは、世相、人情を見て、さすがに達者、歴史心理の変動をとらえていた。

芝居道

原作・長谷川幸延 脚色・八住利雄 撮影・小倉金弥 美術・中古智 照明・平岡岩治 音楽・清瀬保二 録音・高島武康、岡崎三千雄 考証・倉満南北
東宝 一九四四年五月一一日 八三分 №44

「芝居道」（東宝　1944）

明治の日清戦争のころ。映画はまだなく、芝居がニュースの場となる時代設定。中古智の芝居小屋のセットが、立体的、既視感がないため、興味が掻き立てられて、この小屋をじっくり見たい思いが湧く。

　八三分のため、展開に無駄がない。長谷川一夫は達者、物語に集中するよりも、カメラの向こうの観客を意識しての演技に嫌味もあるが、総じて、ロッパ日記の採点のように確かに「思ったよりづっといゝもの」に仕上がっている。

　ロッパの興行主が長谷川一夫の若手有望役者をどう育てていくか、また興行主が芝居を社会のなかでどう位置づけていくのかが新趣向。

　現実の太平洋戦争で苦戦を強いられていることは、明かしつつも、ぼかしている。

　成瀬の回想は「撮ってる最中は嬉しかったですよ」（「自作を語る」）と屈託ない。

　現実には、敗戦は必至の情勢となり、映画界は生フィルムの欠乏、劇場の閉鎖のため、製作（四月に一本が六〇六〇フィートに）、興行（一二月には全国で七三一館が無期限休業）ともに暗礁に乗り上げた。もう映画どころではなくなってきた。つづく「勝利の日まで」も、コメディ。

製作した藤本真澄は、当時新進監督の今井正（一九一二生）に海軍慰問映画の監督を依頼、サトウ・ハチローの構成脚本ができたが、今井に陸軍から召集令状がきたため、「やむを得ないので成瀬巳喜男に仕事を引き継いでもらった。徹夜につぐ徹夜で、約一週間で撮り上げた」（尾崎秀樹編『プロデューサー人生』）と回想する一編。

主演の徳川夢声は、映画の弁士から、話芸家ともいうべき人になった。夢声も、古川ロッパに負けず劣らず、全国へ東奔西走の日々。

そのなかにあって、日々詳細な戦時日記を残した。夢声の関心は、一九四四年六月、フランスのノルマンディに連合軍が上陸し、ドイツの敗勢からアメリカ軍が日本に標的をしぼった場合、どうなるのか、そこに絞られる。日本が敗戦を想定せず、国家・国民が壊滅に瀕することを思った、その日のことである。

「八月二十六日（土曜）〔「勝利の日まで撮影」〕とどのつまり日本全土で玉砕現象が起つて、大和民族が地上から姿を消すという事になると、責任は何所へかかるものであろうか？　かかる見透しがつかず、戦争をおつ始めたとする、日本には一人

勝利の日まで

製作・藤本真澄、本木荘二郎　脚本・サトウ・ハチロー　撮影・立花幹也、木塚誠一　美術・北猛夫　音楽・鈴木静一
東宝　一九四五年一月二五日　五八分　No.45

「勝利の日まで」（東宝　1945）

の知者もなかつた事になる。もし幾分の知者はあつたとしても指導者共が全部馬鹿野郎であつた事になる。
アメリカの言いなりになつていたら、日本はジリ貧で二流国三流国になつて了う、だからこの戦争は絶対に回避出来なかつた、と指導者は言う。然らばジリ貧と全土玉砕といずれがよろしき。
（中略）
好むと好まざるに関わらず、私たちも玉砕することになるかもしれない。その場合は、自分だけ生物の本能でもあるまいから、私も玉砕だ。さて、その玉砕が幾ヶ月後か幾ヶ年後か、いずれにせよ、その時は人々みな骸骨となる。妻も骸骨、子供たちも骸骨だ。骸骨が夫婦喧嘩しても始まらない。骸骨娘の嫁入りを心配しても、骸骨坊やの数学が出来ないのを苦にやんでも、何もかも始まらない。……無論ヤケになるテはない。家内中仲よく、面白く、骸骨の日まで暮らすことだ。骸骨の日まで励ましあつて頑張ることだ」（徳川夢声『夢声戦争日記』第三巻）

夢声には「勝利の日まで」の題名とは真逆の、「骸骨の日まで」が想定された。

敗戦と占領

［一九四五年（昭和二〇）／四〇歳］

皮肉なタイトルの「勝利の日まで」は、一九四五年一月末に公開された。夢声の扮した徳川発明研究所長のもと、ロッパ、高峰秀子の助手が、エノケン（榎本健一）、アチャコ（花菱アチャコ）、エンタツ（横山エンタツ）などの東宝喜劇スターや、歌手の市丸を「笑慰弾」にして前線に送り、ショーとする構成。

プロデューサーの藤本によれば、「戦後、海外から帰還した多くの人から『勝利の日まで』を見たと言われた」（尾崎秀樹編『プロデューサー人生』）のが、救いだったのかもしれない。

敗戦前最後の一本は、「三十三間堂通し矢物語」。京都の三十三間堂を舞台として、長谷川一夫の弓術の名人が、自身に敗れた人の息子にその道を教える時代劇、長谷川と山田のコンビから、長谷川と田中絹代のコンビへ転換した芸道もののバリエーション。

本土空襲のさなか、映画製作は進行した。

三十三間堂通し矢物語

製作・清川峰輔　脚本・小国英雄　撮影・鈴木博　照明・藤林甲　美術・河東安英

東宝　一九四五年六月二八日　七六分　No.46

＊

京都の旅籠、小松屋の主人お絹（田中絹代）は、紀州藩の和佐家の子息・大八郎（市川扇升）を引き取り、弓術の修業に打ち込ませた。大八郎の父は、五年前、尾州藩の星野勘兵衛（長谷川一夫）に敗れて自害しており、大八郎は汚名を晴らすときを待っていた。三十三間堂での通し矢に挑む機会がおとずれた。

「三十三間堂通し矢物語」（東宝　1945）

「京都でロケをしているうちに東京は大空襲で焼けちゃってた。京都でも、撮影中に何度か退避したり、夜も壕に飛込んだり、飛行機が上を通過したりで、そういう点一番落着かなかった写真だな。一月京都に行って、帰ってきたのは五月ですもの、スタッフも青い顔をしてて、オチオチ作る気にもなれなかった。何処で封切られたのかよく知らないのですよ」（「自作を語る」）

夢声の予測は現実になった。

ドイツが敗れ、日本は絶望的な戦局にもかかわらず、「本土決戦」を御前会議で決めた六月に公開した。

敗戦まで四〇日余り、その新聞映画評も「焼跡ばかり見慣れていたためか、この映画を見て、目を引かれたのは実物の三十三間堂の建築的な美しさで、その外はなにもない。（中略）市川扇升の青年は何しろヨロツイて魅力がない。先代の世話になった義理で彼を助ける旅館の女主人の田中絹代は煮え切らない役所でうづくまり（中略）要するに脚本に思想のないことが弱点だが、成瀬監督としても綺麗事に表面を撫でて灼熱するものがない。凡作たる所以である」と、津村秀夫はくさした（「朝日新聞」一九四五年七月五日）。

「焼跡」とは空襲の被害を受けた東京のことで、京都は難を逃れていた。

長谷川・田中の新コンビが軸。たしかに後継者の市川扇升が弱々しく、なよなよして、しまらない。その意図も、もはや八千本の矢を射ったからといって、どうなるものでもないだろう、と思わせる。製作のモティーフが歴史的状況から立ち遅れると、こうなるという見本のような作品となった。

映画評を載せた「朝日新聞」の紙面は二面のみ。社説は「勝つための食糧難超克」とあり、「活かそう未利用資源　どんぐりや野菜の粉食の奨め」「芋蔓や桑葉等で食用粉　これで浮くお米は百万石以上」との御託宣。

火宅と路上の見分けがつかないところへ、日本は追い込まれた。

七月二六日、イギリス、アメリカ、中国（八月六日にソ連）首脳によって、日本に軍国主義の一掃、平和、民主、自由主義を課したポツダム宣言が発表されたが、日本政府はこれを「黙殺」した結果、八月六日、広島に原爆が投下された。

「原子爆弾の準備ができた一九四五年八月初めに、ドイツはすでに降伏していたが、日本は戦争を続行していた。アメリカ軍は、日本の本土侵攻の態勢が整っていた。日本人はあくまで侵攻に抵抗し、死ぬまで戦うことを誓った。それが口先だけの脅しではないと信じる理由に事欠かなかった。アメリカの将軍たちはハリー・S・トルーマン大統領に、日本に侵攻すれば一〇〇万のアメリカ軍兵士の命が奪われ、戦争は一九四六年まで長引くだろうと告げた。トルーマンは新しい爆弾を使うことを決めた。それから二週間のうちに二発の原子爆弾を落とされた日本は、無条件降伏し、戦争は終わった」（ユヴァル・ノア・ハラリ『サピエンス全史』）

東和映画の宣伝部からプロデューサーとなった筈見恒夫は日記を書いており、成瀬の動向を簡単に伝えた。

「八月六日　帰途、岸君と成瀬氏宅訪問不在」（筈見恒夫刊行会編『筈見恒夫』）

岸松雄は、成瀬の兄一家の動向をこう伝えている。

「兄の鉦太郎は南方に徴用されて、留守家族は王子稲付町にいた。成瀬もひまがあればこの家をおとずれたが、たまたま渋谷のアパートにいた日に空襲があり、爆撃を受けて兄嫁は死んだ。さいわいにしてふたりの子供は無事だった」（「成瀬巳喜男小伝」）

八月八日、ソ連が参戦、九日には長崎に原爆が投下され、日本政府はようやく宣言を受諾することになった。

八月一五日、正午のラジオ放送によって、詔書を読み、敗戦をつげる天皇の声が流され、第二次大戦の最後の日となった。

第二次大戦は、ドイツ、イタリア、日本など八カ国の枢軸国と、イギリス、フランス、ソ連、アメリカ、中国など四九カ国の連合国による。戦場は、ヨーロッパ、アジア、アフリカなどに広がり、動員兵力一億人余り、戦死者二二〇〇～三〇〇〇万人、民間犠牲者三八〇〇～五五〇〇万人（ジョン・ピムロット『第二次世界大戦』）といわれる、悲惨な歴史を残して、枢軸国側の完敗で終わった。

日本の壊滅、成瀬の回顧する言葉を使えば、「空白」の最後の日がきた。

東宝撮影所長・森岩雄は「私は砧撮影所の広場で所員と一緒にそれ（玉音放送）を承った。暑い日差しの中に直立して感慨無量のものがあった。そのとき蟬がたくさん啼いていた記憶がある」（『私の藝界遍歴』）と回想している。

以後、多くの日本映画がこの日を描いていく。九月二二日、「根本的な企画刷新」を、GHQ（連合国軍総司令部）が、企業の社長など日本映画の代表者に映画政策として伝えた。

ポツタム宣言、九月六日の占領政策と、それに基づいた軍国主義の撤廃、自由主義の促進、平和主義の設定が三基本目標。

新聞は、一斉に、次頁の一〇項目の映画・演劇製作における具体的指針を伝えた（「朝日新聞」一九四五年九月二三日）。歴史的大転換のはじまりだ。

勧告した側のGHQで、映画を担当した民間情報局（CIE）の映画演劇課長デヴィッド・コンデの回想を読むと、この製作方針に対する日本の代表たちの反応はきわめて鈍かった、という。

東宝代表の森岩雄は、この場面を描いている（『私の藝界遍歴』）。

森は、「日本の民主化というがその達成には百年の歳月を要するだろう、急激に製作方針を改めることには無理があり、除々に、そして確実に行なうべきであろう」と発言、これに対して「日本の民主化は直ちに実行しなければならない、何をいうのか」とGHQのひとりの担当官は激怒した、という。

松竹代表の城戸四郎は、「撮影所内に共産党の勢力が入りこんで製作に支障が出る傾向がある」と発言、GHQは協議のすえ、「共産党の問題は各撮影所が自分の判断で処置すべきもの」と返答した、という。

大映代表の菊池寛は、「時代劇は大人の童話とも言うべき荒唐無稽のものであって、それを禁止す

A　平和国家建設に協力する各生活分野における日本人を表現するもの
B　日本軍人の市民生活への復員を取扱うもの
C　連合軍の手中にあった日本人の捕虜の社会生活への復員を取扱うもの
D　工業および農業、国民生活各部門における日本の戦後諸問題を解決するため各自率先かつ企画すべきことを実証するもの
E　労働組合の平和的かつ建設的組織を助成するもの
F　従来の官僚政治に反し人民の間に政治的意識および責任感を助成するもの
G　政治問題に対する自由討論を奨励するもの
H　個人として人権に対する尊重を達成するもの
I　あらゆる人種および階級間における寛容尊敬を増進せしむるもの
J　日本歴史における自由および代議政体のために奮闘せる諸人物を劇化すること

るには当たらない」と発言、GHQは反応しなかった、という。

日本映画界を代表する人たちの、この場の反応は、日本の知識人が敗戦、占領、変革を前にしてどう対応するか、を見る思い。戦後へのグランド・デザインがなかった。

鈍かったのは、撮影所でも同じだったようだったと、森は描いている。

もっとも現代的であった東宝でさえ、「撮影所の製作者、作者、監督はすべて虚脱状態で、どうしてよいか、いくら会議をしても格別の知恵も出ず、途方に暮れるばかりであった」。このため、「GH

Qの役人は業を煮やして撮影所にじきじき乗り込んで来て、直接に製作者や監督に談判し、こういうものを作れとか、こういう主題のものはどうかと働きかけるようになった」（前記）。

勧告主題への対応が、はっきりと映画界に要求された。

まるで、素早い状況設定からドラマに入るアメリカ映画を地で行く展開ではないか。アメリカ国務省は、すでに一九三九年のドイツの戦争開始とともに、ドイツ降伏後の映画政策を検討しており、それが日本にも適用された。

成瀬の動向は、プロデューサー筈見恒夫の日記にある。

「八月二三日　昼過ぎ、渋谷桜ケ丘香雲荘・成瀬氏を訪問。雑談。浪曲映画につき、続行するも、根本的企画刷新の要なきや。もっとおおらかなものが作りたし」（筈見恒夫刊行会編『筈見恒夫』）

誰の企画なのか、「浪曲映画」とは、事態の歴史的変化に合っているとは到底思えない。たしかに「根本的企画刷新の要」と「おおらかなもの」が必要だったのだろう。

成瀬の動向は、さらに九月二八日の筈見日記にもある。

「九月二八日　森所長─十一時より。映画製作に関するマッカーサー司令部の方針を披露する。企画、演出、文芸課の人々、意見を開陳す。五時散会。岸、成瀬両君と、浪曲映画について─明日二十九日来訪の件を約束する」（前記）

成瀬はどう取り組もうとするのか。

戦中、社会的課題から遠い、芸道ものや喜劇で、大戦をやり過ごしていた感のある成瀬にとって、正面から、不得手な社会的課題の大テーマを掲げられて、往生していたにちがいない。

前記の一〇項目のうち、Aの「平和国家建設に協力する各生活分野における日本人を表現するもの」がもっとも近い。しかし、具体的にはなにを描けばいいか、敗戦直後の作品から見ると、わからなかったはず。

笞見日記をつづける。

九月二九日　四時、成瀬、岸君を迎う。シナリオ打合せ、第一稿三分の一完成。やくざ的な狙いと、道中もののどっちつかず、書直し（決定稿）を横芝にて、五日頃からやって貰う方針にきめる。成瀬〜「明治の作家」「続夏目漱石」

十月一日　成瀬君と協議の上、「開化任俠録」を放擲する。マッカーサー司令部I・D・Sの方針に背ちして、浪曲ものを作っても所詮満足なものは出来ない。時代がちがった。ウィスキー二升、武山、永島、成瀬、藤本、山本（薩夫）その他の諸君。

三日　十時より撮影所にて森氏よりマッカーサー司令部コンデ氏より具体的提示。①内務省・情報局検閲廃止。②ポツダム宣言事項即時協力。③資材提供、協同製作はBusiness。

二一日　成セ君への手紙、

二二日　成瀬君あて手紙……投函。

二七日　「浦島」プロット、ペラ三枚に書く。森田氏と「浦島」演出者の件（五所氏より成瀬氏）

二九日　成瀬氏に会い、「浦島凱旋」の件話す、氏も乗気なり。（前記）

浪曲映画「開化任侠録」は明治維新前後のヤクザ主役の股旅ものか、成瀬の世界とはとうてい思われないし、筈見の言うように、時代錯誤。「成瀬〜『明治の作家』『続夏目漱石』」はどんな意味か。企画は二転三転している。

「浦島凱旋」のアイデアは筈見。筈見はアメリカ映画に通じている。最初は監督に五所平之助を予定していたことがわかる。五所のほうが適任、と読んでいたようだ。

この企画に、成瀬が乗り気になったのは、戦中の「愉しき哉人生」とおなじように、風変わりな人物を主人公にした社会風刺喜劇〈スクリューボール・コメディ〉をイメージしたからだろう。

このジャンルの代表作は、シドニー・バックマンのシナリオ、フランク・キャプラの監督による「スミス都へ行く」。飽くことを知らない夢想家が、田舎町から出てきて、大不況下のアメリカの変革のために、アメリカ人の隠された力を引き出し、やがて国政をも変えていく。アメリカならではの下からのデモクラシー、その社会性、寓意が強烈なドラマ。

スクリューボール・コメディが、恐慌後のアメリカから日本の大戦中、さらに大敗後の日本へと、時と所を超えて、ふたたび登場した。

一一月八日　…新プロのプランを練る。（…「浦島物語」《八木、成セ》）。

一三日　帰途、成セ君を訪問、八木君宅へ誘う。八木君宅、一升あり。

一六日　藤本、成瀬、伊藤（基）、山本君たちと、「ほまれ」（御殿の酒蔵）へ行き、呑み、語る。
一八日　晴天。早慶野球。八木君、「浦島」執筆のため、行かず。成瀬君を誘い外苑へ行く。試合仲々活気あり面白し。（中略）五時頃より、ほまれにて、森田、伊藤、成瀬、八木君。「浦島」梗概出来。仲々面白く、大いに呑む。
二九日　午后一時、情報局教育部コンデ氏訪問。「浦島太郎の後裔」のストーリィの件なり（中略）コンデ氏の事務所に、八木君、代田君来る（中略）「浦島」は二、三注意あり無事通過。
三〇日　帰途、渋谷廻り。この時刻、藤本、八木、山形、成瀬、「ほまれ」にいた由。一二月二日二時頃家を出て、成瀬君を問う。不在なので、西太子堂へ小国君を訪ねる。
一二月三日　成瀬君に会い、明日を約する。
四日　一時出発、成瀬君を訪問。九段下より須田町に至り「高松」という家へ初めて行く。八木君と落合う。「浦島」の脚本打ち合せ終了。
二六日　一時より成瀬、阿部氏とジープ会議。助監督の件、キャメラの件を成瀬氏と相談。成瀬（中略）君とウィスキー会。
二七日　九時、八木邸へより、明日の本読みの件確約。あと三分の一以上あり、不安なり。
二八日　早朝、八木君を襲う。ラストシーンのみ残している。一時、八木、成瀬、撮影所に来る。直ちに第三スタジオへ行く。三時より本読み。中頃に弱さあり、政治家のからくりをもっと暴く必要あり。八木君訂正、一月五日一時内ヨミ。十日完成の予定。

二九日　山中会（中略）成瀬（中略）出席。帰途、成瀬、滝沢とホマレ。ジープの席順につき成瀬君ムクれる。（前記）

「山中会」とは、日中戦の初期に病死した映画監督の山中貞雄をしのぶ会だろう。成瀬は何を「ムクれ」ていたのか。

映画製作マップに照らしてみると、プロデューサーの仕事が、作品アイデア、製作プランの作成から、人の組織化にあることがはっきりする。プロジェクトの組織化だ。製作会議に近い会合、さながら敗戦直後、禁酒の日々から解禁されたおもむき。

酒を飲むために仕事をしているのか、仕事のために酒を飲むのか、わからない展開。その日々の映画界を、時代のバックステージにして、「映画にすればよかったのに」との感が湧く。ここがメインと、後世にイメージしたくなる、バックステージのシーンではある。

二〇世紀後半、「山中会」は再開された。山中の若き日の映画化を意図していた黒木和雄監督の音頭により京都で復活、私も寄せさせてもらった。この席で、宮川一夫カメラマンが、「映画人には二種類の人がおり、鯨飲か、一滴も飲まないか、どちらかだ」と、おだやかに話された。宮川カメラマンは、一滴も飲まない口。山中会で、多くの歴史的映画人に接することができ、『評伝山中貞雄』

という評伝を出すことができた。黒木監督ともご一緒に飲む機会にも恵まれた。と、謹厳実直な監督、一滴酒が入ると、やおら「あなた方の世代は（戦後生まれの世代の意味）は、批評、時評せずに、歴史を書く」と、一刀上段から切り込まれて、「参りました」。

空転、再婚

［一九四六年（昭和二一）／四一歳］

昭和天皇の人間宣言がなされ、極東軍事裁判が開廷され、新憲法が公布された。イギリスのチャーチル首相が「鉄のカーテン」演説で、冷戦を明言した年になる。

アメリカ映画が五年ぶりで公開され、日本映画の公開作は六七本になった年にあたる。成瀬の戦後第一作のプロデューサーとなった筈見の日記から、そのプロセスを追おう。

一月四日　明日の内ヨミはやゝ心配なり。「浦島」――もっと政治的方面の具体性が描けなくては駄目。人間が描けなくては嘘になると思われる。

五日　一時より、ジープ撮影所集合、「浦島」内読み。

七日　午前中、八木君「浦島」のハコ書き整理。

八日　二時、八木君来る。ジープに於いて、決定稿本読み。大体これで承認し、成瀬君原稿持ち帰る。

十日　岡本君「浦島」のコッピイ出来。翻訳用と森氏との二通を手配す。

二日　十一時より「浦島太郎の末裔」本読み、スタッフ全員。配役総決定。高峰、山根の件、成瀬氏に納得して貰らう。
一三日　（前略）八木君を訪問、シナリオ訂正個所を頼む。
一四日　筧君は、成瀬氏を訂正台本持参して訪問。
二二日　藤田進君、成瀬、筧君と一緒に、浦島五郎役について「御殿」で話し込む。藤田君の浦島に対する疑問、地面に足がつかないで終わるとのこと。思い当る点あり。その方向に訂正することにする。
二六日　十二時頃、「ほまれ」にて成瀬氏と落合い、情報教育部コンデ氏、陳氏、「浦島」に対して満足の意向を示す。直ぐ撮影にかゝってよしという。
二九日　成瀬氏等ロケハン。
三一日　やゝ晴れる。今日から「浦島」のクランク開始。病院のセット。高峰の身体、佐伯組に残り、午後二時開始。成瀬氏の速さ驚くべし。五時頃までに二十カット近く終了。（中略）阿部氏とロッパ映画の件語る。余り気のすゝまぬ様子。成瀬氏の身体をあけるか、何れにするか？　（前記）

筈見、成瀬の概要、コンセプトが不明、シナリオ段階の難渋、製作者の筈見と主演の藤田が不安視するのに対して、成瀬の意見がない。

しかし、製作に入るや、「成瀬氏の速さ驚くべし」のコメントが目につく。これも不安だ。

「浦島太郎の後裔」（東宝　1946）

二月二八日、「キューリー夫人」と「春の序曲」が戦後初のアメリカ映画公開となり、その一カ月後の三月二八日、戦後最初の成瀬作品が公開された。敗戦から半年余り後に当たる。

「浦島太郎の後裔《こうえい》」は、前掲GHQ司令一〇項目のB、C、F、Gを入れているものの、どこにも徹底しきれていない。敗戦直後の政党政治、ラジオ、復員兵が混交したバックステージドラマともいうべき作品になった。

同時代評論で水町青磁（映画評論家）は、リスキンとキャプラのコンビによる作品の影響下でできた「街の人気者」（牛原虚彦《きよひこ》監督、小国英雄脚本）と同系列の作品と見て、牛原の大映作品に対して、風刺性、企画性にすぐれているものの、空想の現実化（リアライゼーション）に欠ける、とシナリオを批判し、演出に転じて成瀬も槍玉に挙げた。

プロデューサー筈見恒夫は「政治的方面の具体性が描けなくては駄目。人間が描けなくては嘘になると思われる」と予測し（『筈見恒夫』）、主演の藤田進の「浦島に対する疑問、地面に足がつかないで終わる」（前記）との恐れが、ズバリ当たった。

ドキュメンタリー的な敗戦後の風景のなかで、迷走していく展開。描写は、戦後の男たちの混迷、混沌が浮き彫りになり、やり切れない。

リスキンの理想主義がなく、〈政治と人間〉の風刺喜劇が一朝一夕にできるものでないこともあきらかになった。

浦島太郎の後裔

製作・森田信義、筈見恒夫　脚本・八木隆一郎　撮影・山崎一雄、岡崎三千雄　美術・安倍輝明
照明・藤林甲　録音・大塚忠男　特殊技術・円谷英二
東宝　一九四六年三月二八日　八二分　No.47

＊

「HA・A……O!、HA・A……O!」とラジオから奇声が流れている。声の主は最近南方から帰国した浦島五郎（藤田進）。髭もじゃの五郎、「これは歌ではない。『わたしは不幸だの意味で、復員して日本の現実をみると、こうさけばないではいられない』」と話す。電波は日本全国に流れた。「大権威」の新聞記者の龍田阿加子（高峰秀子）は、五郎をつかって、トップ・ニュースを企てた。五郎に国会議事堂の頂上からの放送をすすめる。五郎はびっくりするが、のった。阿加子は、これをトップ・ニュースにして、五郎の人気はあがったが、「大権威」の社長・唐根（菅井一郎）は、民主主義政党をうたう日本幸福党に五郎を売り、五〇万円を自分のポケットに入れた。幸福党のパトロン豪田（三津田健）の娘・乙子（山根寿子）は五郎にお熱、かれの秘書になり、せっせとヒーロー化にはげむ。これを見た阿加子、すっかり失望、「あんたはカイライ」と五郎にアドヴァイス。五郎、自分の力はどれだけかと、トレードマークの髭を剃って、幸福党の大会へ出て、得意の雄叫び。人々は、それを信じない。「ホンモノを出せ」の大合唱。五郎、ついに自身の力を知り、幸福党から、おさらばした。

一〇年後の一九五五年、成瀬は、筈見と対談して追想している。

成瀬　筈見さんとやって失敗したのもあった。

筈見　それは……いわんでもいい（哄笑）戦争直後ですから勘弁してください。頭だけで映画を作るという考え方は絶対駄目なんだ。

（「映画の友」一九五五年五月号）

失敗は、プロデューサーのせいだ、と成瀬は躊躇なしに言う。こういう態度もありか。

のちに「これも戦争中とは逆の意味で〝仕方のない〟写真ですね」（「自作を語る」）と回想することになった。

成瀬がこのテーマを作るなら、復員兵ひとりに徹底して、日本に復帰していく直談（ストレート・ストリーとでもいうか）にしてほしかった。

それが、火宅と路上を得意とした成瀬の、「B　日本軍人の市民生活への復員を取扱うもの」が、「A　平和国家建設に協力する各生活分野における日本人を表現するもの」になったはずだから。

ただし、復員兵でなかった成瀬に復員兵が描けるのか、という問題はおりてくるかもしれない。

「浦島太郎の末裔」の失敗は、成瀬が社会的テーマに向いていないことを、終戦後も一段とはっきり示した。

そこで、戦後第二作は、自作シナリオに戻った。それが「俺もお前も」。

労働組合の意義にめざめる（一〇項目のE）初老のサラリーマンを主人公にした、コメディタッチの作品。

戦争直後の街、郊外の住宅、家庭生活、企業風景がチョッピリ見える。だが、しいて喜劇やドラマにせず、戦後生活を重点的に描けば、ただちに、「A 平和国家建設に協力する各生活分野における日本人を表現するもの」という成瀬流ネオリアリズムの作品があらわれたものをと、思わせる作品。

俺もお前も

製作・伊藤基彦 脚本・成瀬巳喜男 撮影・山崎一雄 美術・河東安英 照明・平岡岩治 録音・藤好昌生 音楽・伊藤昇

東宝 一九四六年六月一三日 七〇分 №48

＊

商事会社の社長・出川は、平社員の青野（横山エンタツ）と大木（花菱アチャコ）を接待の座持ちに役立つと重宝していた。ふたりは社長に気に入られていると、せっせと励む。今日は、社長宅の庭掃除をし、ごくろうと伊豆の温泉へ。帰りに大きな荷物を預けられた。実は、闇物資、体よく運び屋としてつかわれただけだった。翌日は社長令嬢の誕生パーティの余興に呼び出された。青野の長女（山根寿子）も給仕に呼び出された。パーティに次女の恋人・菊地が来ていたことに気が付いた長女は、父に知らせ、珍芸をやめるように諭した。青野は帰宅、気を利かせた大木はひとり出るつもり。だが社長は「青野と出ろ」とおかんむり。帰路、ふたりは出会って、ともに道化扱いだったとはじめて悟った。娘や息子たちに「滅私奉公の時代ではない」と励まされ、後日、社長のいない間に、社長室で一席ぶつ。と、社長来訪、ひるまず、ねじこむと、部屋の外で心配気に聞いていた社員から大きな拍手がわいた。

司令項目のEに照らすと、小手先で対応しようとして、腰が据わらない。

親の世代が、時代にどう対応していいかわからず、子供の世代が明確、頼もしい印象も残り、そこが救いになっている。

飯島正は「俺もお前も」を評価しつつ、そのことを指摘した。

「成瀬巳喜男氏にも、エンタツ、アチヤコ両氏にも、こんなことをいうと失礼かも知れないが、この映画は意外なくらいおもしろかった。エンタツ、アチヤコの喜劇だというので、いつものでんだろうとたかをくくって見たためであろう。ところが喜劇とはいいながら、これはなかなかしんみりしたもので、一むかしまへのいはゆる小市民ものを見ているような泣きわらいの場面もあり、その現実味にはにじみでるペイソスもあった。（中略）戦後の日本映画で、映画らしい流れのあるしっくりした雰囲気を感じさせたのはこれがはじめてだ、といえばほめすぎになるが、そういう感じをえたことは、まぎれもない真実である」（「スクリーン・ステージ」第三輯、一九四六年六月）

「俺もお前も」（東宝　1946）

成瀬びいきの知識人の代表らしい飯島の指摘。市民生活描写に徹底した方が成瀬流でいいのだが、テーマ主義に演出が追いつかない。無理に同時代風にして、時代にのまれている。
成瀬作品には、ときを経て接すると、そういう感慨を抱かせられることが多い。

私的生活を、私的映画にすればよかったのにと、成瀬本人も、評論家も、ファンも、そう思っていたにもかかわらず、同時代にあってそれでは、時代性、興行性がないと成瀬自身が見、周囲にも見られると判断していたにちがいない。

「俺とお前も」は、小津安二郎がシンガポールでの徴用による捕虜生活から帰国して、戦後第一作とした「長屋紳士録」と好一対の作品だろう。

小津の家族周期、成瀬の社会における女性の孤立という、歴史的に積み上げてきたテーマから離れたものに、ふたりとも立ち向かわなければならなかった。小津も、敗戦直後の生活を点描し、火宅と路上に直面した心理的なニュアンスを描いた。ふたりとも、ライフサイクル、ライフスタイルの失われた局面がたちあらわれた。

それが展望のないまま、映画に投影されたことになる。

そして九月、成瀬は再婚した。

成瀬は、千葉早智子への愛情のためか、律儀さのためか、約束どおり七年待った。千葉も七年、待っていたのだ！

千葉は、「成瀬さんがもう一年、待ってくださったらね」と、再婚できなかったいきさつを、こう語っている。

「七年過ぎて八年目にその方と再婚なさったのですね。私『おばあちゃん、よかったわ。成瀬さんはちゃんと奥様をおもらいになったわ』と言ったら、母は安心したのか亡くなってしまったの、成瀬さんがもう一年、待ってくださったらね。でも約束が七年だから、それにおばあちゃんは意志の強い方だったからそうなったのかも」（村川英編『成瀬巳喜男演出術』）

別れて生きるときも、の世界。

最年長の「おばあちゃんは意志の強い方」が目立つ展開。陰の主役というのだろう。信じられないような離婚の展開となった。

一方、新妻となった東宝技術部の岩淵喜一の妹・恒子は、そのいきさつについて、語っている。

「私の兄が東宝の技術部におりましたので、どういう方かわかっておりましたが、兄とは全然違うという感じでした。私は元気がよくて、兄と三つ違いだからやりあっていました。ですから、結婚したてのころ、そんな調子で言いました。たいへん機嫌が悪いんです。『僕は理屈を言うのは大嫌いなんだ』というんです。渋谷の香雲荘という、一間きりのアパートで、本当にどん底のようなところから始まった（中略）、みなさんが大変だったころですからね」（前記）

成瀬は、渋谷の桜ケ丘にあったアパート香雲荘でつましい第一歩をはじめ、一年後、男児が生まれた。

藤本真澄のプロダクションで製作補佐となった金子正且《まさかつ》は、成瀬夫妻の住まいも訪れ、成瀬の印象を「非常に地味な家庭的な人だった」と見、成瀬作品の地味さは、成瀬その人と同じで、「二度目の奥さんは同じように地味な人だった」（『プロデューサー　金子正且の仕事』）と語っている。

東宝争議、フリーへ

［一九四七年（昭和二二）／四二歳］

一九四六年から一九四八年にわたって東宝争議は展開された。

争議は敗戦後のGHQによる解放と統制のひとつの象徴となった。GHQは、一九四五年末から労働組合の育成に積極的に取り組み、各社に労組が結成された。一九四六年早々、各労組は待遇改善などの要求を獲得。

東宝の労働組合は、一九四五年一二月、撮影所に結成され、一九四六年二月に全東宝に発展、生産管理などを掲げた三月の第一次争議に成功した。

さらに、全国組織に参加、一〇月、日本映画演劇労働組合として経営参加を掲げたゼネストのあと、年末の各社の個別交渉で、クローズド・ショップ制を内容とした労働契約が結ばれた。労使協調性と合議制を柱としたショップ制は、GHQのニューディラーが示唆したもの。各職場に企画審議などの協議会が作られた。

この第二次争議下、人気スターが脱退し、新東宝が成立した。それに代わって、戦後派スターの採用へと動くことになる。

このショップ制の製作スタイルを経営者側が嫌い、一九四八年に第三次争議へと展開していく。

成瀬は、第二次争議下に東宝を離れて、フリーとなった。その動きについて、森岩雄はこう明かしている。

「これより先き、共産党系の人々が牛耳る撮影所にも合わず、新東宝にも共感出来ないグループ、黒沢明・成瀬巳喜男・谷口千吉の一派が私の追放時代に相談に来たことがあった。この人々の立場もよくわかったので、当時日の出の勢いにあった大映の永田社長に、東宝も今は大争議で塗炭の苦しみに喘いでいるが、いずれは落ちつく時が来ると信じている、その時はこれらの人々が主力にならなければならない、どうかそれまで大映の客分として預かってくれないかと頼んだ。そういう時の永田さんは物わかりのよい人で、二つ返事で引きうけてくれた」（『私の藝界遍歴』）

永田雅一は、日活のプロデューサーを経て、戦時中に大映を創設した。戦後のＧＨＱ統制下には、文壇の大御所・菊池寛を社長に据え、戦犯とされることをさけた。

成瀬は、山本嘉次郎、黒澤明などと映画芸術協会を結成する。

まず三月一一日、第一話を豊田四郎、第二話を成瀬、第三話を山本嘉次郎、第四話を衣笠貞之助が監督した、東宝の「四つの恋の物語」を公開する。ベテラン、中堅のそうそうたるメンバーのオムニバス作品。

成瀬の第二話は、二ヶ所だけの展開。

導入は喫茶店、中年男（菅井一郎）と店の主人（小林十九二《とくじ》）とその妻（英《はなぶさ》百合子）を登場させ、噂のダンサー美津子（木暮実千代）に関心を高めて、美津子の部屋へ展開、彼女の若い恋人、有田（沼崎勲）との別れ話へ急転させた。

年上の女が、若い恋人の裏切りにあうが、相手の人生を思いやり、身を退く。しかも、過去を示さないで、現在進行している状況のみで演じてみせる。これは演技力がないと、むずかしい。くわえて、沼崎の魅力は、なにも伝わってこない。さらに新しいパートナー（竹久千恵子）が、この青年の母親みたいで興冷め。

アメリカ帰りの阿部豊監督の題材で、アメリカ映画なら、グレタ・ガルボ、マレーネ・デートリッヒ、キャサリン・ヘップバーン、ヴィヴィアン・リーと、演じられたベテラン女優はいた。阿部のピンチヒッターだったからだろう、成瀬は終始、どう展開させるか、考えながら演出している感じ。

成瀬は「木暮さんが今ほど有名じゃなかった頃」（「自作を語る」）とコメントしている。木暮は、このとき二九歳、演技力がもうひとつとの意味だろう。

木暮より成瀬にとって、この年齢の女優を演出できるようになることが、おそらく、ひとつの壁。女優の性格、役柄もあるものの、入江たか子でつまずいた、そのあとを展開できるかどうかの試金石の意味があった。

役者の壁、監督の壁。

しかし、このあと、成瀬は、若い女性たちを登場させた女性映画の監督としてスタートしていく。その理由について、成瀬は「食うべき作品」と告白している。

「このあたりの写真、自分がどうしてもやりたい、ってものじゃなかったですね。稼がないと食えないって処ですかな、フリーになったのだし、条件のいいわけない、どういう処からでも出直そうという気持が強かったですね」（「自作を語る」）

四つの恋の物語（第二話）

製作・松崎啓次、本木荘二郎、田中友幸　脚本・小国英雄　撮影・木塚誠一　美術・江坂実　録音・岡崎三千雄　照明・伊藤一男

東宝　一九四七年三月一一日　全巻一二四分　No.49

「春のめざめ」(東宝　1947)

「春のめざめ」は、新人格の久我美子《よしこ》、国井綾子、木匠《もくしよう》久美子、花房一美によって女学校の三年生の思春期にスポット・ライトをあて、性を強調したセックス・アップ映画というべきもの。

久我は一九三一年生まれ、当時一六歳。華族の出というルーツを持ち、学習院女子中等科を中退して映画界に入って、「春のめざめ」が三作目。一九四六年の東宝ニューフェース一期生、戦後派女優のスタートとなる。

舞台は地方の町、田園ものの敗戦後のバージョン。そこが目新しい。

ただし、ドラマは平凡、情感薄く、セックス・アップとはいいながら、若さに、はつらつさがなく、妊娠する当人のドラマへと展開させないため、間接話法になり、風俗映画と思わせて、教育映画風に展開していく。町の医師(志村喬)の印象が強くなった理由はそこ。戦前の学園映画の類。ニューフェースも、ありきたり。

同時代の批評も、設定は「社会的課題」だが、従来の成瀬のリリックな持ち味に落ち着いた作品として、可もなく不可もなし。

「思春期の少女を主人公として彼女の感じやすい心を描こうとしたもので、その中でいちばん大きな部分を占めているのが、異性との交渉から起こるさまざまな懐疑の問題である。(中略)原案、演出をかねた成瀬巳喜男は、ねらいにおいては一度その積極的観点に立ちながら、結局、出来上がった仕事としては彼らしい持味を発揮して少女の情緒に焦点をあつめている。折角の主題をつかまえながら惜しいと、いえば惜しいものだが、この抒情作家の特質を考えれば無理のないところであり、問題のはげしい追求はないかわりに、その情感ゆたかな描写は、この作に清純な感触をもり上げている。彼ならでは描き得ない感触である」（飯田心美「キネマ旬報」一九四八年一月上旬号）。

一六歳という年齢から「無理のないところ」だが、これを突破した作品が、今井正監督が二年後、女学生を前面に出した「青い山脈」（一九四九）として登場した。

成瀬との社会的視野の差をはっきりあらわしてみせて、歴史的大ヒットとなった。

春のめざめ

製作・本木荘二郎　脚本・八住利雄、成瀬巳喜男　撮影・中尾駿一郎　美術・北川恵司　照明・若月荒夫　録音・藤好昌生

東宝　一九四七年一一月二五日　九〇分　№50

＊

久美子（久我美子）、京子（国井綾子）、花恵（木匠久美子）、明子（花房一美）は女学校の三年生、仲良しグループ。明子には恋人がいた。四人とも思春期。花恵の家で、高等学校の生徒で花恵の兄の国男やその友達と会って、たがいに引き付けられた。春にめざめたころ、久美子の家の女中とみ枝にも恋人ができた。久美子の両親はあっさり解雇してしまう。久美子には親の態度が不満だった。そんなころ、明子が妊娠した。親たちはおどろき、思春期をどう生き、どう過ごさせるか、町の医師（志村喬）が説いて聞かせるのだった。

セックス・アップ映画の第二作は、娼婦の更生施設を舞台にした「白い野獣」。公開は、主演の三浦光子が渡米した余波を受けて、一九五〇年になった。

当時を振り返って、成瀬は言う。

「僕は若い人のものでは好評を得なかった。前後いち早くパンパン物をやってみたけれど、どういうものか今の年齢のひらきというか、はっきり情感を感じさせてくれないんです」（「自作を語る」）

年齢・世代的なものか、成瀬個人の性格か、これも教育映画風にまとめられ、いわば「可もなく不可もない」作品となり、スランプをはっきり見せつける結果を招いた。

一九三〇年代中盤、さっそうと台頭した成瀬は、一〇年を経て、若い世代に共感を持てないまま、隘路に入った。

空白

［一九四八年（昭和二三）／四三歳］

一九四八年、冷戦のさなか、ベルリン封鎖があり、朝鮮半島では大韓民国と朝鮮民主主義人民共和国が、わかれて独立した。そして、二一世紀の今日に至る。

日本の映画界は、再建、合理化をめぐって東宝争議が激化、四月に一二〇〇人の人員整理を発表したために、組合が撮影所を占拠、会社は撮影所を封鎖、東京地裁が会社側の主張を認め、九月一八日、武装警官と米軍の支援のもとに占拠が解除され、一〇月に解決を見た。

なぜ東宝で「来なかったのは軍艦だけ」と評される争議はおきたのか。

両者の回想を読むと、東宝がもっとも〈近代的〉なことをあげている。いわば敗戦後における〈近代化〉をめぐって、その焦点、最前線として東宝が浮かび上がってきたことになる（千葉伸夫ほか『日本映画史』）。

たしかに、東宝の近代性こそ、成瀬を〈女性映画〉の旗手へと確立させた。そして東宝争議の激化のさなかのこの年、成瀬は東宝を去った。

一九三〇年のデビュー以来、毎年映画を発表してきた成瀬に空白が訪れた。「戦争の空白」、その一九四〇年代も終わりに近づいた。〈女性映画〉の旗手は、どこへ行こうとするのか、先が見えない。

秋になって、東京を離れ、東横京都（のちの東映）へ行って「不良少女」を撮り、翌年に公開した。

低迷

［一九四九年（昭和二四）／四四歳］

中国大陸で中華人民共和国、台湾で中華民国が成立し、日本で下山、三鷹、松川事件など、国鉄を

不良少女

製作・牧野満男　企画・本木荘二郎　原作・田村泰次郎　脚色・成瀬巳喜男　撮影・玉井正夫　美術・堀保治　照明・西川鶴三　録音・武山大蔵　音楽・服部良一
東横京都　一九四九年三月二九日　五八分　No.51

めぐって、奇怪な事件が続発した年にあたる。

映画界では、ＧＨＱ検閲からはなれ、自主規制組織として映画倫理規程管理委員会（映倫）がスタートした。

この年のベストヒットは、今井正監督の「青い山脈」、ベストワンは小津安二郎監督の「晩春」と、敗戦後のダイレクトなテーマ主義から離れ、日常生活をもとにしたリアリズムの方向へと、転調してきた。

成瀬は、「肉体の門」で一世を風靡した小説家・田村泰次郎の原作を、自身が脚色した「不良少女」に挑んだ。社会性＋セックス・アップが、ジャーナルな関心を呼んだ敗戦後、フリーの監督への依頼はここにきた。

久我美子、星美千子という一〇代のニューフェイスを仲良しの女学生にした構成、しだいに実社会に巻き込まれていく様をとりあげた。「乙女ごころ三人姉妹」の敗戦後版というべきねらい。ふたりの女学生を対比的に登場させ、戦後の風俗のなかで、若い男たちのターゲットとして揺さぶられていく展開を描いた。

批評は、若い世代、特に女学生世代の性への関心と人間描写、世代的深層心理への追究の浅さなどを指摘し、酷評した。成瀬への期待を裏切り続ける作品が続いて、サンドバッグのように打たれつづける。

「不良少女」の失敗で、ついに成瀬はシナリオを書くことをやめ、シナリオと演出（監督）の分離を説かざるをえなくなった。かつて監督としてデビュー早々にした、自作シナリオをやめることの再現であり、迷路からの脱出方法にほかならない。空転から、五年たった。

日本人の歴史心理が、映画からはっきりしてきた。それを明らかに示したもっとも有効な指標は、一九四六年から四年間の年間ヒット部門と年間優秀作品（批評家部門＝キネマ旬報ベストテン）のトップ作品だろう。

歴史的な転換にあって、どのようなテーマ、内容の作品がベストワンとなり、ヒットになるのか、誰も想像できなかったにちがいない。次が、その作品。

ベストヒット、ベストワン作品八本から浮上してきたテーマは、のちにいうジェンダーとして、鮮明になった。

ベストヒット作品では女性の生き方を描いた作品が、ベストワン作品では男性の生き方を描いた作品が選ばれている。

前者は男女の観客、後者はおもに男性の批評家、が選んだからだろう。

観客と批評家のちがいに、ジェンダーのちがいが伏在している。

	ヒット部門	批評部門
一九四六	「歌麿をめぐる五人の女」（溝口健二）	「大曽根家の朝」（木下恵介）
一九四七	「七つの顔」（松田定次）	「安城家の舞踏会」（吉村公三郎）
一九四八	「夜の女たち」（溝口健二）	「酔いどれ天使」（黒澤明）
一九四九	「青い山脈」（今井正）	「晩春」（小津安二郎）

ベストヒット作品は、「女性は解放されたか」がテーマ。

まず、溝口健二の「歌麿をめぐる五人の女」が、歴史的なトップ作品として登場した。最初は、ロマンティックあるいはエロティックな性として、また自然主義的な弱者として女性をクローズアップした。溝口の糖衣主義の勝利、またベテランの歴史観の勝利あるいは歴史への自責。溝口健二は、日本の歴史のなかで女性の位置を注視し、描いていたのだ。

「歌麿をめぐる五人の女」から「夜の女たち」になると、おなじ文脈のなかから戦後へと焦点を変え、重要な他者としての男性を非難、主題を鮮明にした。

さらに、「青い山脈」になると、一挙にユーモラスな展開のなかで、女性にとって重要な人は男性であるよりも自分たち自身である、という宣言がなされた。

この間、わずか四年であり、急激な展開だった。

ヒット部門のテーマ「女性は解放されたか」は、一九四七年に施行された日本国憲法が、「個人の尊厳と両性の本質的平等」（第二四条②）と規定することがらを、その施行に先立ち、提起した。

そこに、長い、重い、歴史的意味があったことが提示された。観客が映画を作り、作った、ということになる。

さらに、このテーマは、時代や内容を変えながら、女性の社会的・文化的地位をめぐって、一九五〇年代にかけて、およそ五年にわたって、ベストヒット部門から、ベストワン作品部門へと引き継がれていく。

その間、男性が主人公の映画は一本のみ、その一本の「七つの顔」は、戦前許されなかったアクション映画の浮上となる。

批評家の選んだベストワンのトップの流れも、男女の社会的位相（ジェンダー）の提示。

こちらは、敗戦前の帝国日本のシンボル、軍国主義（軍人＝「大曽根家の朝」）から、貴族制度（貴族＝「安城家の舞踏会」）へ、さらに男の社会の主従関係（暴力組織の組員＝「酔いどれ天使」）へ、戦中から戦後の男たちの混迷、混沌の流れを提示している。

期せずして、監督、観客、批評家とも、日本人についての歴史心理を、男女に対比させて、浮かび上がらせた。この展開に驚かないわけにはいかない。

これを担った世代は、ベストヒット部門が溝口健二と今井正（一九一二生）、ベストワン部門が黒澤明（一九一〇生）、木下恵介（一九一二生）、吉村公三郎（一九一一生）。一九一〇年代早々に生まれた世代、当時三〇歳代なかば。

成瀬より五歳ほど若い世代が敗戦直後の日本映画のリーダーに浮上して、世代交代を明確にした。日中戦争、第二次世界大戦のため、監督デビューの遅れた世代であり、敗戦とともに、一挙に台頭した感を与える。歴史的変貌の時代に、新世代が登場する、ということかもしれない。

成瀬は、ヒット部門の「女性は解放されたか」に迫り切れず、批評部門の「男性の混沌」というテーマには、成瀬本人が「混沌」に陥った。成瀬流の、いわばリアリズムのミニマムなスタイルでは、歴史的・社会的激動を描き出せなかった。社会的テーマにほとんど答えられないまま、あえぎつづける。

スランプの時期を振り返ったジャーナリズムは、三年後に成瀬をこう評した。

「一時はもう誰も彼の前途に期待を持つ人はなかったといってもよかろう」(「週刊朝日」一九五三年二月二二日号)

どこまで「戦争の空白」がつづくものか、終わりが見えない。

4
女優と名匠
《一九五〇年代》

「あらくれ」(東宝　一九五七)

一九五〇年代に入ると、第二次大戦後の混乱はしだいに落ち着きを見せ、二〇世紀後半の世界、冷戦下の経済再建を示しはじめた。五〇年代はじめ、日本の映画界は、GHQにかわって検閲の主体を担い、経済復興の先をいくように拡大しはじめた。

木下恵介監督の国産カラー第一作「カルメン故郷に帰る」や、黒澤明監督の「羅生門」のヴェネチア国際映画祭でのグランプリ受賞と、日本映画の黄金時代と呼ばれることになる一〇年が始まった。

一九四〇年代の国家的課題を要請されたテーマ先行と、それを担うドキュメンタリズムは、世界の動きに連動して後退し、かわって日常生活を描くリアリズムが台頭してきた。二一世紀から見ると、テレビ台頭直前に訪れた奇跡的なレンジ、となった。

戦後の一九四〇年代後半、成瀬が迷走した舞台は、しだいに後景に退いていく。

低迷から転調

［一九五〇年（昭和二五）／四五歳］

一九五〇年、朝鮮戦争が勃発し、冷戦下に、中国とアメリカの参戦を呼び東西対立を明示、日本では警察予備隊の創設と、その立場を浮き彫りにすることになる。

日本映画も、GHQ政策の終了、戦後復興へと向かった。

成瀬の一九五〇年代最初の作品は、石坂洋次郎の原作、藤本プロデュースの「石中先生行状記」。

藤本真澄は東宝争議の責任を取り、東宝を退社後、プロダクションを創設、早くも一九四九年「青い山脈」（監督・今井正）で大ヒットを飛ばした。

「石中先生行状記」はオムニバスで、三つの話の作風がまるでちがい、そこに成瀬のコメディの変遷があらわれている。

第一話は、大量に埋められているというドラム缶を発掘する話。この話は結局デマだったのだが、ゆったりとしたスピード、プロットにメリハリがなく、どこがおもしろいのか、サイレント初期の作風はこれかと思わせる。

第二話は、藤原釜足と中村是公のおなじみのちょっとズレた庶民のキャラクターが、田舎町で起こす騒動。小市民映画の活発なやりとりは、テンポもよく、身についたもの。敗戦後五年のこの時代では、やや時代おくれになっていても、くつろがせるし、親しい世界。

第三話は、一挙にアメリカ映画のシチュエーション・コメディの感覚。三船敏郎の農村青年は、アメリカ映画の牧童青年的で、彼の暮らす農家の雰囲気が、東北の農家とはちがって、アメリカン・スタイル。その試作の雰囲気、悪くない。

当時五歳の筆者は、このころ東北の町にいたが、雰囲気はたしかに、農村が第一話、町が第二話、第三話は存在していなかった。

石中先生行状記

製作・藤本真澄　原作・石坂洋次郎　脚色・八木隆一郎　撮影・鈴木博　美術・中古智　照明・平岡岩治　録音・中井喜八郎
新東宝　一九五〇年一月二二日　九六分　No.52

「石中先生行状記」（新東宝・藤本プロ　1950）

同時代批評は、「何よりも成瀬巳喜男が、サラサラと片づけているのが不満」「一見すると淡々たる味があるように見えるが、感動しない。と云うのは監督にハリがナイから」（北川冬彦「キネマ旬報」一九五〇年三月上旬号）とズバリ指摘。的確な評価だが、飯島正流に見ると、敗戦後の解放感、間の抜けた雰囲気、とぼけたところ、によさがあった。

藤本プロのアシスタント金子正且は、「飲むと成瀬さんはクドい。ウダウダ。成瀬さんって、割とネチネチの人でした」と回想、「石中先生行状記」のオムニバスを三篇に分けて、新東宝が別々に公開したいというのを、藤本プロデューサーが成瀬にことわらなかったため、大喧嘩になったという。

「藤本さんはOKしたけれど、成瀬さんに言うのを忘れちゃったのよね。それを成瀬さんが新聞で知って、当然監督の了解が必要だろう、と。それはそうなのよね。飲み屋でグダグダが始まっちゃってさ。それで藤本さんが『悪かった』と三度も頭を下げたんだけど、まだグズグズ言うもんだから、『妾の子みたいにグズグズ言うな！』とか応じて、藤本さんキレちゃったんだね（笑）。『表へ出ろ！』みたいなことになっちゃった。それを千葉泰樹さんが『まあまあ、ご両所』なんて収めたんだね。でも、それはどうということはなかったのよ。その後、成瀬と藤本さんはずっと死ぬまで一緒にいい仕事しているんだからね。その一回きりで、あと成瀬さんとモメたことはないですね」（『プロデューサー　金子正且の仕事』）

たしかに、三篇別々に公開したい誘惑にかられる。迷走、空転の果て、一九三〇、四〇、五〇年代と、三時代の作風を開陳した感があり、棚ざらえ、スランプ脱出方法かもしれない。成瀬自身、好きな作品と回顧していることばは、これをさしたものか。

成瀬は、さらに社会的風俗映画「怒りの町」、その次には若者のセックス・アップの風俗映画「薔薇合戦」と、空転をかさねた。

「怒りの街」の原作は丹羽文雄。前年一一月、ヤミ金融業が行き詰まり、経営者の東大生・山崎晃嗣が自殺した光クラブ事件を元にしている。アプレゲールと戦後の混沌を象徴したひとつの事件となった。

映画は、学生に原保美と宇野重吉、若い娘に久我美子、木匠久美子、若山セツ子を起用した。社会風俗のスポットに焦点を一応合わせても、徹底できない、という戦後の成瀬映画の欠点がぬけない。すっきりしない心理的映画の印象。この手の映画がそうであるように、後味がすこぶる悪い。

怒りの街

製作・田中友幸　原作・丹羽文雄　脚色・西亀元貞、成瀬巳喜男　撮影・玉井正夫　美術・江坂実
照明・島百味　録音・三上長七郎　音楽・伊福部昭
東宝・田中プロ　一九五〇年五月一四日　一〇五分　No.53

飯島正も、さすがに、こう指摘せざるを得なかった。

「男の主人公は『光クラブ』の社長をマネしたような大学生二人である。主として原保美が片っぱしから女を誘惑し、金をまきあげ、それで学校へ通っている。相手の女は久我美子、木匠久美子、浜田百合子など。このほか若山セツ子が原の妹として、そして宇野の恋する娘として登場する。宇野は途中から改心したが、原はケガをして病院に担ぎこまれてもまだ光クラブに未練がある。つまりぼくが『怒り』がでていないといったのは、彼等のやることのいやらしさの描写が不足だという意味である。これではともすれば興味的に見られるおそれがある。だがそれかといって、その描写を徹底させることもまたむずかしい。そこに失敗作とはいえ、この作品をムダにけなせない点もある。ただいいうることは、もっと慎重な態度で作ってもらいたいということである」(「サンデー毎日」一九五〇年五月二八日号)

成瀬の回想は、「これはまァ、メロドラマみたいなもんです」(「自作を語る」)。

人と事柄と、その社会的サスペンスを凝視しないと、「メロドラマの出来損ない」になる。

「成瀬さんって、意識的にある種のメッセージを送るなんてことは絶対しない人」(『プロデューサー　金子正且の仕事』)だから、そうなりやすい。

作風そのものにスランプの要因があったということになる。それをまた、認めないから、スランプから脱出できない。

六月、その〈社会的メロドラマ〉の「白い野獣」が公開された。

一九四八年、溝口健二監督の「夜の女たち」が、やはり同様のテーマを扱って、この年最高のヒット作品となったが、成瀬作品は教育映画風、製作中、東宝ストライキとなり、主演の三浦光子が渡米、残り三分《ぶ》ができず、完成を見送って、この年に公開した。

成瀬のシナリオを担当することになる井手俊郎は、成瀬没後、こう回想した。

「戦後になったら、『不良少女』とか『白い野獣』。山本嘉次郎さんと黒澤明さんと成瀬さんで「映画芸術協会」というのを作っていましたが、その中で女性映画を作る人がいないでしょう。そのころマキノ雅広さんの『肉体の門』とかがワッと出てきたから、本木荘二郎さんが『白い野獣』を成瀬さんのところに持ってきたわけですよ。本木さんは黒澤さんに『羅生門』をやらせた人ですけど、僕の察するところ、成瀬さんは、これをやらないと時代に遅れると考えてやったと思うんです」（村川英編『成瀬巳喜男演出術』）。

戦後解放されたジャンルであり、成瀬への注文がここに来た。スランプのスパイラルに落ち込んだ背景はここにある。

フリーとなった「女性映画」監督の成瀬に期待されたジャンルは、社会風俗と女性。ところが、この期待を、成瀬は見事に裏切った。出し遅れた証文の類の作品になったことはいなめない。

白い野獣

製作・田中友幸　脚本・西亀元貞、成瀬巳喜男　撮影・玉井正夫　美術・平川透徹　照明・島百味
録音・三上長七郎
東宝　一九五〇年六月三日　九二分　No.54

次いで、松竹に乗り込んで作った作品が、若手スターを配置した「薔薇合戦」。

三宅邦子（一九一六生）、若山セツ子（一九二九生）、桂木洋子（一九三〇生）、鶴田浩二（一九二四生）、大坂志郎（一九二〇生）と、当時二〇歳代と三〇歳代前半の、成瀬苦手のキャスティング。

化粧品業界が舞台になっていることが戦後らしく（ただし原作は一九三七年の新聞連載小説）、三姉妹の並行した叙述でにぎやかにできるから便利な設定。だが、業界のあれこれはほとんど省略、これが物語のリアリティを消してしまう。仕事をシーリアスに描いてこそ、アクチュアリティが生まれるジャンル。ところが、見せ場はほとんど三姉妹のセクシュアリティ、そのセックスレス・メロドラマ。登場人物は軽く、若いスターを見てくれの青春・風俗映画に墜ちていく。

「僕はやはりメロドラマは手に負えない」（「自作を語る」）と、そのとおりの作品になった。

「こっちから持っていった材料なんだから、悪けりゃ僕が悪いんで、もっといいものを持って行ったら、それをやらしてくれたかもしれませんよ」（前記）と、成瀬らしい、事実を受け入れて反論する、かなりの「グダグダ」ないいわけだが、たび重なると、ここまで落ちるかの感。

のちに成瀬のシナリオを担当したシナリオライターの井手俊郎は、当時の成瀬の言葉を短く伝えている。

「あのころ、黒澤さんとか、木下恵介さんとか、吉村公三郎さんが出てきたでしょう。ある時、僕にだけポツリと『あれ、アメリカ映画の真似だね』とおっしゃるの、でも、僕たちはアメリカ映画が原点だと思っているんですよ。僕はその時、この人は偉い人だなと思いました」（村川英編『成瀬巳喜男演出術』）

しかし、成瀬も、アメリカ映画流ドラマの構成―シチュエーションを素早く設定し、主人公のアクションによって、状況を変えていくドラマを試みて失敗していた。

何を自作のアイデンティティとすべきか悩んで、見いだせないまま、スランプにはまりこんでいる。迷走の果て、重心をどこに求めるべきか、課題はそこに移った。

敗戦後のこの期間に触れて、はっきり「演出」が問題だったと、成瀬流に認めた。

「ふるい自分の写真を見てつくづく感ずるのですが、大変いまよりテンポがのろいのですよ。大変よけいなものが入っているのですね。脚本自体ではなくて演出の上で、ですよ。それを撮っているときは、わからないのですよ。このあいだも四年前の写真を見たのですが、自分でも退屈するくらいテンポがそこで落ちちゃうのですね」（成瀬巳喜男「シナリオ」一九五四年五月号）

しかし、成瀬不振の原因は、「テンポ」ではない。人物が生きていないこと、にある。本人はそれを認めたくない。

戦後、新たに出直すと、「若い人達」に集約してみたものの、「今の若い人達は簡単に言葉に出して云えることを云っているにすぎないんです。昔の若い人だって、若い人なりに色々考えたんだろうけ

薔薇合戦

企画・本木荘二郎　製作・杉山茂樹　原作・丹羽文雄　脚色・西亀元貞　撮影・竹野治夫　美術・松山崇　照明・寺田重雄　録音・高橋太郎　音楽・鈴木静一

映画芸術協会・松竹　一九五〇年一〇月二八日　九八分　No.55

ど、口に出しては云えなかった。それを現代の人は言葉や動作ではっきり云っている。云っていることだけが新しいと思われるんです。今の古さのなかで新しいってことはオクメンなく云えるってことです」（成瀬巳喜男「映画ファン」一九五一年一二月号）と、むしろ若い世代への嫌悪感を増幅させて、モティヴェーションを失った。

社会風俗、広く見ると歴史心理と人間との葛藤、展開を主題とし、両者を拮抗させるドラマにしなければならない。そのドラマ構成が成瀬にできない。

［一九五一年（昭和二六）／四六歳］

女優と栄光

この年、朝鮮戦争は休戦を迎えた。

前々年の一九四九年、敗戦後四年目のスター・ベストテン、その女優部門に目を向けると、次頁の表のようになっている。

以下、轟夕起子、折原啓子、三条美紀、山根寿子、水戸光子、木暮実千代、若山セツ子、久我美子、井川邦子、喜多川千鶴とつづく（「近代映画」一九四九年一月号）。

ベストテンは、戦前から活躍した女優が八人、戦後がふたりの構成。

平均年齢が高く、戦後の映画作りがはじまったばかり、と知ることができる。

このベストテンの特色は上位五人。生年順にみると、田中絹代（一九〇九生）、山田五十鈴（一九一七生）、高峰三枝子（一九一八生）、原節子（一九二〇生）、高峰秀子（一九二四生）。

この五人、戦前から戦後にわたって活躍し、あるいは活躍を制限されながら、それに屈せず、日本映画の代表的な女優となっており、戦後にかける意気込みがあった。

田中絹代は溝口健二によって、原節子は小津安二郎、黒澤明、吉村公三郎、木下恵介、今井正によって起用され、脚光を浴びた。

この間、成瀬は若返りをはかって新人を使うが、新機軸を打ち出せず、空転、弁解を重ねて、混迷していた。

成瀬は、一九五一年以降、年齢順に、田中、高峰三枝子、原、高峰秀子を起用するチャンスを得た。すでにトーキー以降、山田五十鈴によって、芸道ものに安定した評価を得ていた成瀬にとって、スランプからの脱出の方途が女優にあったことは、偶然ではなかった。

同じ監督グループ、五歳年下の黒澤は栄光を手にした。「羅生門」をアメリカ映画のマネ、と見るわけにはいかない。

		年齢	戦後の代表作
1	高峰三枝子	三〇	「待ちぼうけの女」「今ひとたびの」「懐かしのブルース」
2	高峰秀子	二四	「或る夜の殿様」「幸福への招待」「三百六十五夜」
3	原節子	二八	「わが青春に悔なし」「安城家の舞踏会」「青い山脈」
4	田中絹代	三九	「歌麿をめぐる五人の女」「女優須磨子の恋」「夜の女たち」
5	山田五十鈴	三一	「或る夜の殿様」「女優」「小判鮫」

成瀬が女性、黒澤が男性と、ふたりは好対照。大敗後の成果も雲泥の差があった。ここで、黒澤の全貌を手短かに提示したい。

黒澤明（一九一〇―一九九八）は東京に生まれた。青年時代は美術家志望だったが、一九三六年東宝の前身PCLに入社、山本嘉次郎に師事し、一九三八年助監督になる。一九三九年制定の映画法により、戦時国家への協力と製作本数の削減を強制されるなか、「姿三四郎」（一九四三）でデビュー。第二次大戦中は「一番美しく」（一九四四）など三本を監督した。

一九四五年の敗戦により、GHQの指導下、「わが青春に悔なし」（一九四六）、「酔いどれ天使」（一九四八）、「野良犬」（一九四九）を監督。戦中・戦後の屈折した青年像を鮮烈に描いて、男を描く待望の監督の登場となり、日本映画の旗手に駆け上がった。

一九五〇年代には、「生きる」（一九五二）で市民生活をリアルに描写し、また「羅生門」（一九五〇）、「七人の侍」（一九五四）という異色の時代劇で一挙に世界に知られる監督となった。

ヴェネチア国際映画祭でグランプリを獲得した「羅生門」では、混乱した平安時代の武士と盗賊、女性と庶民のそれぞれの生き様を、「七人の侍」では、戦国時代の侍・農民と野武士との戦いを活写した。とくに「七人の侍」の、農民が武士を雇うという物語の着想、リアルなアクション描写、寓話《ぐうわ》的なテーマは斬新で、今日でも日本映画を代表する傑作のひとつと称賛されている。

テレビ放送が開始され、映画の興行成績が下降しはじめる一九五〇年代後半には、世界的にリアリズム手法による映画が頂点を過ぎており、「生きものの記録」（一九五五）、「どん底」（一九五七）などの作品で新機軸を探ったものの、リアリズムの迷路に入った。

その後、一九六〇年代にかけて、「隠し砦の三悪人」（一九五八）、「用心棒」（一九六一）、「椿三十郎」（一九六二）、「天国と地獄」（一九六三）、「赤ひげ」（一九六五）など、エンターテイナーとしてワイドスクリーンによるヒット作品を連打した。一九六〇年代後半には、アメリカで映画製作のチャンスが二度到来したものの、アメリカ側と折り合いがつかず中途で挫折し、日本でのテレビドラマ製作も頓挫。

一九七〇年、最初のオールカラー「どですかでん」を撮るが、翌年、自殺未遂事件を起こす。空白期間ののち、初の海外製作がソ連映画「デルス・ウザーラ」（一九七五）で実現、活力を奮い起こすようにして撮った作品となった。

一九八〇年代に入り、近代的合理主義を超えようとするポストモダン思潮の浸透により、世情に歴史を回想する傾向が起きると、「影武者」（一九八〇）で、そうした傾向の先端を切った。だれも発想しなかった時代劇というスタイルにより、近代以降の三代の天皇、明治・大正・昭和を寓話的に表現、これは海外での評価も高く、「世界の黒澤」の回復を強く印象づけることになった。シェークスピアの「リア王」を原作とする「乱」（一九八五）では、大家族の崩壊、解体、死を、父という視点から描いた。

一九九〇年の「夢」では、自身の軌跡をたどるような内容を八つの話で見せ、黒澤映画の解読のヒントを提供した。遺作は一九九三年の『まあだだよ』。

黒澤の作品には寓話的要素が強く、リアリズムをもとにした映像のダイナミズム、巧みなストーリーテリングで多くの観客を魅了し、国内外の後進にも多大の影響を与えた。一九八五年に映画人初の文化勲章を受章、一九九八年には映画監督初の国民栄誉賞を受賞した（『日本大百科全書（ニッポニカ）』電子版、千葉執筆参照）。

二一世紀から見ると、黒澤は、敗戦後の男たちの混迷、一九六〇年代の映画の危機、一九八〇年代の晩年の社会的立ち位置に対処、ヴィジョンを明示した監督としての存在が明らかになってくる。黒澤は男を、五歳年上の成瀬は女を描いた。そこに二〇世紀の日本の男女の、ジェンダーの重圧、いわば歴史の重力があった、ということになる。

黒澤は、日常生活主体のリアリズムという成瀬の作風の特異性を認めていた。

「成瀬さんは実にユニークな監督なんですね。ささいなことなんです、あの人のドラマを構成している中心の命題というのは。それがあれだけのドラマになるわけです」（「エスクワイア」一九九〇年九月号）

田中絹代の「銀座化粧」

一九五一年に、もどろう。

成瀬は、若手女優からベテラン女優に転換した。それが成瀬を生き返らせることになった。トップは、当時四二歳の田中絹代。

田中は、戦中のブランクを取り返すために、戦後、木下恵介や溝口健二作品で力演、あらたに戦後制定された映画の女優賞を総なめにした。だが、渡米して「若返って」帰国したものの（一九五〇）、そのときのファションや仕草を「アメション女優」としてマスコミから袋叩きにあい、スランプに落ちていく。自殺まで考えた、という。

田中は「銀座化粧」当時を回想している。

銀座化粧

製作・伊藤基彦　原作・井上友一郎　脚本・岸松雄　撮影・三村明　美術・河野鷹思　照明・大沼正喜　録音・神谷正和　音楽・鈴木静一
伊藤プロ・新東宝　一九五一年四月一四日　八七分　№56

＊

津路雪子（田中絹代）は、銀座のバーのホステス稼業が長い。男の子と新富町の杵屋佐久（清川珠枝）、清吉（柳永二郎）の二階に間借している。昔助けられて、今は落ちぶれた藤村（三島雅夫）がしょんぼり来ると、金を用立てるけなげさ。バーは今、経営が苦しいと借金をマダムに頼まれると、女給仲間で出世頭の静江（花井蘭子）の家を訪ねる律儀さ。静江から、雪子に気のある菅野（東野英治郎）を紹介されたが、ケチでスケベ親爺丸出し、雪子を倉庫に連れ込む。雪子は逃げ出す。おなじバーに勤める妹の京子（香川京子）に、いい男性を見つけて、結婚しろとさとすのだった。静江が疎開していた信州の大家のボンボン石川京助（堀雄二）が上京してきた。静江は雪子に、京助の東京見物を頼んだ。雪子は、年の離れた、星の好きな純情青年にこころときめく。翌日、案内していると、一児が行方不明になったと京子が知らせにきて、京子に案内を任せて、飛んで帰った。子供は見つかった。京子は京助と気ごころが合い、遅くなったために、京助の宿に泊まった。それを聞いた雪子、嫉妬も交ざって京子を叱った。だが、雪子は京子と京助が交際したいというのを聞いて、納得。今日も、銀座裏から雪子はバーへ向かった。

「銀座化粧」(伊藤プロ・新東宝　1951)

「成瀬先生がご自身もスランプといわれていた時期だったのです。お話があったとき、私は苦境のなかで撮っていただくには、いちばんいい先生だと痛感し、喜んで『ひとりゼネスト』の布団から抜け出しました。そして成瀬組の中へ全面的に飛び込んでいったのです」(『私の履歴書』)

スランプ同士とは田中らしい観察、ユーモアもある。

田中のスランプの理由は、「万年娘」と言われたために、年齢上、中年の役への移行が遅れたことにある。もともと五所平之助の下、松竹蒲田でデビュー、スターとして浮上していたから、五所監督のもとで修業していた成瀬と、職種はちがっても、兄妹弟子の間柄、敗戦直前の「芝居道」の主演もしている。

昔馴染みの岸松雄も、「銀座化粧」のシナリオを書いた当時を振り返っている。

「昭和二十六年、私は成瀬のために井上友一郎の『銀座化粧』のシナリオを書くこととなった。最初に書いたのは原作に比較的忠実だったが、成瀬は戦後の銀座裏の現実に目をつぶるくらいなら、やらないほうがいいと言った。そこで原作を全然変えて、やった」(「成瀬巳喜男小伝」)

原作を変えることに、成瀬は抵抗を持たない監督、ようやく成瀬の腰が据わってきた。

成瀬は、田中に年齢相応の母親の役柄をふりあてた。銀座裏の子持ちのホステスという役本来の演技を求められる、ロール・キャスティングへの転換。

舞台は、成瀬の好きな銀座裏、隅田川との間の下町風の一画、ホームグラウンドに帰った。

田中は万年娘と言われただけあって、相変わらずの若さで、生活の匂いが薄く、役柄に不似合いだが、逆に初々しい。若手の香川京子、堀雄二とのバランスがよく、ベテランのユーモアに、庶民らしさがあり、成瀬のコメディ調がよみがえった。一時代前の雰囲気を漂わせて、ほっとさせる。

評価もまずまず。

「ストォリィにも大きな動きはなく、生活風景のスナップのショットにちかい。成瀬巳喜男の演出もその線に沿い風物描写を中心に、心境物的タッチで運んでいる。街をゆく金魚売りでも眺めているような印象である。が、その金魚はあまり上物ではない」（双葉十三郎「キネマ旬報」一九五一年五月下旬号）

場所、ドラマと、この世界に一度たちかえる必要があったのかもしれない。

成瀬も、「ここから」と回顧している。

「ここからでしょうね、やっと何とか（中略）銀座裏というのは僕としてははじめてですが、やはり肌に合う感じですね。落着いた、という気持ちでした。尤も当時新東宝がどうなるかわからないので、気楽というわけにはいきませんでしたが」（「自作を語る」）

社会風俗的なテーマ主義から、ようやく脱出、人と街との風土感、人情のコミュニケーション、ホームドラマ風の世界で、ちょっぴり目覚めた感がある。

舞姫

製作・児井英生　原作・川端康成　脚色・新藤兼人　撮影・中井朝一　美術・中古智　音楽・斎藤一郎
東宝　一九五一年八月一七日　八五分　№57

＊

学者の矢木（山村聡）は、長男・高男（片山明彦）と長女・晶子（岡田茉利子）、妻の波子（高峰三枝子）と所帯を構えていた。だが、かつて、妻の家の書生をしていたコンプレックスから抜けきれない。高男は父に、晶子は母についている。妻と娘はバレリーナだった。娘時代から波子を愛していた竹原（二本柳寛）とは今もときどき会っていた。波子は、不機嫌なままの矢木と別れて、竹原と一緒になろうかとも思うのだった。バレエ団のマネージャー沼田（見明凡太郎）は、そんな波子を、自身の野心から、そそのかしている。波子の弟子が妻子ある男との恋愛から、大胆にストリッパーに転向して、波子は動揺。夫のひとり勝手な行動にいたたまれず、竹原と関西へ旅立とうと決めたとき、高男が夫の病気を知らせてきた。波子は結局、矢木のもとに帰った。

高峰三枝子の「舞姫」

田中絹代についで、戦中・戦後と人気のトップにあった高峰三枝子を起用、「朝日新聞」に連載された川端康成の「舞姫」でのぞんだ。

前年、小津安二郎監督の「宗方姉妹」（原作・大仏次郎　松竹）が、その年度の最高のヒット作品となったために浮上した企画だろう。

高峰は、成瀬が松竹を去ったあと、深窓の令嬢タイプとしてデビュー、吉村公三郎監督「暖流」

（一九三九）では、病院長の娘・志摩啓子役で、美貌とプライドのために、取り残される孤独なヒロインとして一世を風靡した。戦後の五所平之助監督「今ひとたびの」（一九四七　二九歳）もこの系譜。新しさと古さとが微妙にミックスしたタイプとして、演技派への転換期に達してきた。

「舞姫」のテーマは、こじれた夫婦関係。そのルーツは門地にある、という設定。妻の優位、夫の劣位との設定だが、現実には、敗戦での負い目を背負った男と、敗戦後に解放された女という、ジェンダー問題が背景にある。「宗方姉妹」の、人が成長する過程で出会う重要な人物（社会学でいう「重要他者」）の、戦前から戦後への歴史的転換を背景にした。

「舞姫」（東宝　1951）

もっとも、この内容、映画にまとめることはむずかしく、「宗方姉妹」は背景まで踏み込むことを避けたために失敗しており、成瀬も、このむずかしさを承知していた。

高峰の新しく見えるキャラクターにバレエという要素を配して、危機から結局は夫婦にもどるパターンで構成したが、夫婦それぞれの文化的出自というようなものが、的確に提示されていないため、軋轢の原因がわからないまま、暖簾に腕押しの演出を見せつけられることになる。

また、高峰はバレリーナには見えない。芸道ものならいざ知らず、他の芸術、芸術家を演じることは、男女問わず俳優に虚偽意識が先立つのか、きわめてむずかしい。

さらにこの夫婦に若い子供たちをからませて、後味が悪くなった。

同時代批評は、心理描写の不十分なこと、恋人だった男の描出不足、妻が夫のもとへ帰るエンディングの不可解さをあげて、「部分的にはみがきのかかった演出だが、場面が互いに相殺し合って、全体は生き生きした表現を失う」（滋野辰彦「キネマ旬報」一九五一年九月上旬号）と、的確に指摘している。

ただ、ときに見せる重い情感は、次作「めし」に生きて、成瀬に栄光をもたらすことになった。

原節子の「めし」

原節子が、田中絹代、高峰三枝子についで、成瀬作品に登場してきた。

原節子の、映画で演じたキャラクターを見るうえで、適切な指標となる作品として、二〇世紀最大の女性映画ともいえる、ヴィクター・フレミング監督の「風と共に去りぬ」（一九三九）をあげたい。

成瀬が、千葉早智子から、入江たか子に転じて、苦心していた時期に当たる。

さらに、「風と共に去りぬ」の舞台の南北戦争を、日本の日中戦争から第二次大戦に置き換えると、原節子の女優生活、最初の一五年、一九三五年―一九四九年が見えてくる。

原は、メラニーの装いで登場したスカーレット・オハラという存在になる。ルーツは別として、家のため、女学校を中退して、映画界に入った。最初はアイドル女優として登場、一年後には、日本映画を世界へ登場させる布石として製作された作品に、主役として抜擢された。

それがアーノルト・ファンク監督の「新しき土」（一九三七）。

これがドイツでの批評。

「原節子は演技表現が繊細であり、演技のアクセントを配分するさい、ギリギリまで余分なものを削り落とすので、決定的に疑問の余地のないほど、精神的な体験の深さというものを映し出し、心を揺さぶるのである。美しい、心を打つ、愛すべき神の創造物、誰でも彼女に愛着を抱かざるをえないのだ。稀有な天与の才をもちながら、しかも、とって付けたような危なっかしいニュアンスを帯びた作為性などは全くない」(「ドルトムント新聞」一九三七年六月六日)

「新しき土」の一七歳の原なら、恥じ入りたいようなコメントだが、首肯できる。「東京物語」の三三歳の原ならば、その「愛すべき神の創造物」のくだりを削除すると、通用することを、みとめないわけにはいかない。

そこに一九三五年から一九四九年までの、原の歴史的体験とキャリアがあった。よくぞ持ちこたえたと言うほかない。

ドイツのファンクのほか、フランスでジュリアン・デュヴィヴィエ、アメリカでガブリエル・パスカルから「三年間辛抱する気があるなら、ここでスターにしてあげましょう」(原節子「早春夜話」)と言われたが、世界一周を終え、日中戦争勃発の報とともに帰国した。

日本縦断、世界一周のあと、期待度が大きかったために反動も強く、創立された東宝に入社して、「大根女優」へと評価は逆転、凋落していく。

原自身、演技力のなさ、社会性、アンサンブルに欠けていることを痛感していた。無理もない、演技経験のないまま、舞台にあげられたのだから。そして、ここから二〇代前半にかけて、原の成長がはじまった。

一九三九年、一九歳の原は、熊谷久虎の「上海陸戦隊」では抗日に徹した中国の娘を好演、伏水修の「東京の女性」ではセールス・ウーマンに扮して、自身も世評も、内向的な娘役から脱皮をとげつつある、と見た。

松竹の、あるいは日本の現代劇のリーダー島津保次郎が一九四〇年に東宝へ移って、原の指導にあたった。島津はホームドラマをベースにした、広いジャンルの演出者、とくに若い女優の指導に定評があった。原の発声、所作、アンサンブルを指導、疑いなく、成長期の原を〈未完の大器〉から脱出させることに力をかした。「兄の花嫁」（一九四一）の二二歳のくつろいだ所作、モダニティが出色、「緑の大地」「母の地図」（ともに一九四二年）の若い妻や娘役も安定した域に達している。

二五歳で敗戦を迎えることになるが、その前後に、原の覇気は、戦争の展開を無視してみると、おそらくピークに向かっていた。南北戦争期のスカーレット・オハラの行動のたぐいで、社会的・家族的集団のアンサンブルを、山本薩夫の「熱風」（一九四三）のように、跳びぬける勢いがあるからだ。〈存在の、たとえられない重さ〉、といったらいいか、それが戦中にあらわれた。

敗戦直前の日本という歴史状況を見れば、スリリングですらある。

戦後第一作、渡辺邦男の「緑の故郷」（一九四六）には、さらに、ボリュームアップした原があらわれている。戦後、原が圧倒的な存在感を発揮する予兆だ。戦中の映画のなかの女優の役割の低下、その抑圧からの反動はたしかにあったにせよ、原が、それを超えて余りあるレベルに成長していた、ということになる。

黒澤明の「我が青春に悔なし」（一九四六）、吉村公三郎の「安城家の舞踏会」（一九四七）では、南北戦争の危機に瀕した一族を奮い立たせる役を担わされたスカーレット・オハラも驚くような、獅子奮迅の役。これが一朝一夕にできたわけでないことは、それ以前の作品に堆積してきたものを見ると明らかになるはず。

原自身も、この歴史の展開におどろき、また自身が女優として生きるべきか、結婚すべきか、仕事と結婚を両立させるべきか、大いに悩むことになる。本名にかえると、会田昌江も、一族を総身に担っていたように述べているから。ちなみに、食糧不足のこの時代、彼女も野菜を植えており、一番うまく育てられる野菜は、「大根！」と答えた。

二〇代最後の年の一九四九年には、木下恵介監督の「お嬢さん乾杯」、今井正監督の「青い山脈」、小津安二郎監督の「晩春」に出演した。「お嬢さん乾杯」はさしずめ日本版メラニー、「青い山脈」はスカーレット、「晩春」はメラニーの装いのスカーレットか。それぞれ、ふんわりしたユーモア、するどい台詞＝口上、微妙に心理を表出していく目の演技と、日本的な映画女優のレベルを超えた演技に特色を発揮している。

このころ、飯島正は、次のように原を評している。

「吉村公三郎さんのつくった『誘惑』で、ぼくは原さんの進境におどろきましたが、その後あまりパッとしないようです。しかし、ぼくは、原さんを信用しています。ずいぶん大根だ大根だといわれながら、すこしもたじろがず、今日にいたった原さんの一種生活力ともいうべき演技の性質には、むしろ最大の敬意をはらっています。こういう女優さんは、大してどれがいいどれがわるいということもなく、段々とのしあがり、大女優になるのじゃないかとおもわれます。ことしの春だったか『殿様ホテル』という映画で、ほんの端役程度の彼女を見ましたが、いまおもいだしても頭に浮かぶのは、実に原さんだけなのです。そりゃ身体が堂々として、スタイルがよく、顔がうつくしいからそうなんだというひともいるでしょうが、それだけでは決してない。じわじわと出る――ガマのアブラみたいで恐縮ですが――彼女の個性的な放射物、それが問題なんです。芸だけではどうにもならない全人的な発露、これは映画にとって非常に貴重なものだとおもいます」(「近代映画」一九四九年八月号)

同じ意味のことを小津安二郎も、こう言った。

「長い間いろいろな監督の間で揉まれ、そして大根大根と散々たたかれながら、サルがドングリを拾うような誰にだって出来る下手糞な演技の真似事をしなかったところに、原節子の偉さがある。大根と誰がいったか知らんが、実に無礼だ。あの人は喜怒哀楽の表情以外のものをもっている」(「映画ファン」一九五二年一〇月号)

原の女優としての社会的特性、そのキャパシティの広さ、ボルテージの高さ、存在の強烈さが、認められた。一九四九年の三作品に出演した原は、しかし、すでに若さ、美しさの峠を越していたことは否めない。若さ、美しさに代わるものが、演技力。

原は、日本で人気、演技とも、頂点に立った一九五一年に、自身のアイデンティティについて、こう語っている。

「もうかなり長い映画生活、私もこの辺でアッといわせるような仕事がしたいわ、今年は日本映画も国際コンクールに出品するとかいうでしょ、世界のひのき舞台で一、二を争うような映画に出たい

わ、それも日本独特の味わいのあるもの（後略）」（「日本経済新聞」一九五一年一月四日）

この年、原は、黒澤明監督「白痴」、小津安二郎監督「麦秋」、成瀬巳喜男監督「めし」の三作品に主演、日本映画の世界への登場に、期するものがあったにちがいない。

この一九五一年、さらに、日本映画について、原はこう指摘していた。

「日本映画そのものに、ハッキリとつらぬくような個性がないですもの。そして世界観が乏しい。リアリズムも底が撞けないか、あるいは詩がないのよ」（「近代映画」一九五一年七月号）

「そうだ！」と、女優、男優、製作者、監督、批評家、観客が、ひそかに思っていたことだろうが、ズバリと指摘した女優は、空前絶後。

個性、世界観、底を撞くリアリズム、詩情。明確かつ強烈な視点、指標ではないか。

それまでの二〇年あまりの女優生活で、この展望、あるいは深さに達したことに、おどろかないわけにはいかない。ときに三一歳。そこに原節子という女優の特異さがある。

世紀を超えて、二〇一五年、原節子の死去が公表された年の暮、「東京暮色」「秋日和」で共演した有馬稲子さんと、私は、追悼する機会に恵まれた。有馬さんは「別格の存在、二度とあらわれない女優」と追悼していた。

「めし」にもどりたい。

作家・林芙美子は、映画が公開されたこの年六月二八日、過労による心臓弁膜症のため、四八歳で急逝した。「めし」は「朝日新聞」に連載中で、当日も執筆しており、文字通り命を懸けた小説。林の突然の死のために、一五〇回予定が九七回で絶筆となり、プロデューサーの藤本真澄はすぐ映画化を企画、川端康成が監修、田中澄江・井手俊郎のシナリオが完成、千葉泰樹監督、原節子・上原謙主演と発表された。

ところが千葉監督が病気になり、成瀬にバトン・タッチされた。千葉泰樹、成瀬巳喜男の監督人生の運命を分けた、といわれる交代になる。

林の小説の映画化は、ここで実現した。

原作は、結婚から六年後の夫婦を妻側から描いており、原作の冒頭も、刺激的。

「夫婦生活というものは、妻が、良人の、餌食になって、吸収されてしまうことだろうか。三千代は、激しい愛情に、飢えていた。昔のように、寄り添っていさえすれば、幸福だった頃は、大阪へ来て以来、何もかもかき消えて、いまは、生活にいじけてしまっている。夫婦の、最も甘美な、第一幕は、すでに終わってしまっている。細君は一色だけのもので、たとえてみれば、妻は、犬小屋のようなものだ。犬は常に、小屋から離れたがり、鎖をうるさがっている。犬の良人は、逃げたが最後、どろどろになるまで、遠くをうろついている。やっと、探し出されて、戻った時は、小屋のなかで、ただ、ぐっすりと、眠っているきりだ」

林芙美子ならではの、ぎょっとさせる夫婦のイメージ。

映画化が決まり、監修の川端は「とにかく、映画作者が林芙美子氏を弔う心もこめて、未完の絶筆に忠実であろうとした『めし』の成功は、私たちも期待している。原作は人間の機微をうがって、夫や世間を巧みに描いている、浅くはない。映画の成功も、成瀬巳喜男監督の、この機微の生かせ方によるのだろう」と、成瀬に期待という圧力をかけた。（「映画ファン」一九五一年五月号）

めし

製作・藤本真澄　原作・林芙美子　脚色・田中澄江、井手俊郎　撮影・玉井正夫　美術・中古智
音楽・早坂文雄　録音・藤好昌生　照明・西川鶴三
東宝　一九五一年一一月二三日　九七分　№58　ベストテン二位

＊

初之輔（上原謙）と三千代（原節子）は、恋愛結婚、駈け落ちまでした夫婦。いま五年目。東京から大阪に移って二年目、夫の初之輔は証券会社に勤めている。夫婦は、天満宮の長屋に住む。子供はいない。姪の里子（島崎雪子）が家出して叔父の初之輔夫婦のもとに居候。アプレ気味の若い里子が転がりこんだことから夫婦に波風が立つ。初之輔と里子が大阪見物に出かけた。三千代が同窓会の日、帰宅すると、鼻血を出した里子を初之輔が介抱していた。里子は谷口のおばさん（浦辺粂子）の子の好太郎（大泉晃）と遊びまわり、三千代は叱った。初之輔は同僚のもってきた儲け話にも乗らなかった。三千代はあれこれ気が鬱《ふさ》いで、帰京。里子は、三千代の従兄の竹中一夫（二本柳寛）をさそって、三人一緒の汽車に乗った。三千代の実家の矢口家は佃煮屋をしている。母（杉村春子）と若い夫婦、信三と光子（小林桂樹、杉葉子）がいそいそと働く一家。久しぶりにゆっくり寝た三千代。東京で働こうかと思ったが、職安の群衆に圧倒された。たまたま会った同級生（中北千枝子）が戦争未亡人として一児をかかえて必死に生きている姿に気圧《けお》された。ある夜、雨に降り込まれて泊まるところがなかったからと矢口の家へ転げ込んだ里子は、信三に叱られてしまう。一夫のさそいを断わった三千代、思案しているころ、矢口の家に、初之輔が上京してきた。ふたりは、ふたたび大阪へ向かった。

林文学の映画化を期してから一五年目、成瀬は心中、「やれば何か手があるみたいだな、という感じはありました」（前記）と、手ごたえを感じていた。ついにチャンスが来た。

大阪ロケの初日、原、上原謙、島崎雪子に、プロデューサーの藤本真澄、カメラマンの玉井正夫が加わって、成瀬は「めし」の世界を語りあっている。

成瀬　日本の女性の中で、一番平凡な考え方の女性ですね、三千代って。

原　成瀬さんに手とり足とりで教えていたゞきますわ。その為に、なるべく白紙で居ようと思ってますの。

成瀬　うまく逃げちゃうね（笑）。僕は三千代の考え方に対する答えはあり得ないと思います。

藤本　林さんは初之輔と三千代の二人を肯定して描いている。作者は三千代を愛していますよ。やっぱり女性だからでしょう。大多数の奥さんのタイプは三千代なんだ。

原　昔でも居たかもしれないけど、今はああいう条件の人が多いでしょう。一万五千円の月給で地味に暮らしてきて、あきたらなくなった女の人が。（前記）

成瀬はときに、三一歳の原をして、結婚のあとの女性の生活と心理に焦点を当て、人生の充たされない思いを描く。

大阪と東京の街と人とのモザイク模様が入り組んで、成瀬の言う「御夫婦の間に悶着があると云うのは、どこの家庭にもあることなんです。だから御夫婦が駄目になって、サヨナラと別れてしまっては、『めし』を噛みしめたことにならない」(「映画ファン」一九五一年一二月号)との見方を、緻密に描いていく。

導入から夫婦、特に妻・三千代の心理をつぶさに描く。その心理の起伏が眼と動作の演技によって、平凡な日常生活と夫婦の異相として鋭角的に対置された。

大阪から東京への二都物語に移り、都市郊外の活気、三千代の実家の杉村春子、杉葉子、小林桂樹の扮した人物による佃煮屋の生活の活気など、日常と心理を活写する。

「めし」(東宝　1951)

終局、妻は東京の戦後の生活に圧倒されて、夫婦の生き方も、実は相似の心理と人生ではないかと、とむすんだ。

展開によどみなく、特に東京に移ってからのエピソードと俳優個々、脇役に至るまでの配置が構造化され、人物像、演技力に、喝采を叫びたいほど。

中古智のセット、ロケーションの入り組んだ迫力、玉井正夫による画調の明度のコントラストが時代の雰囲気をよくあらわし、カメラの焦点の明確さが、画面からみなぎる生きた町と人の呼吸を躍動させた。成瀬調が一変したようなフォトジェニック(写真に魂、生命があるという説)な世界があらわれた。

コンセプトと環境と俳優のアンサンブルがいきわたった、

成瀬の最高傑作のひとつの登場だろう。「めし」は好評、小津の「麦秋」とベストワンを競って、準じたものの、敗戦後の再建期のネオリアリズムが日本から登場した感すらある。

その価値を高めたのは、両作品に主演した原節子の存在感と現代性にほかならない。

成瀬は、「原さんははじめてなので、さぐりさぐりやっていました。あの人がいたため……、どのシャシンの場合もそうですが、演出家一人が頑張っても駄目なんでして、いろんな条件がそろいました」（「映画ファン」一九五二年五月号）と、原をはじめとしたスタッフのアンサンブルのよさに、成功の因をおいている。

原も、成瀬に感謝して、謝辞を述べている。

「私はこの映画も私のやった三千代と言う役も大好きでした。『めし』の撮影が終わった時、成瀬さんが『上等な白米なのに、どうも薪も悪いし、焚手も悪くて、おいしい、御飯にたけなかったかも知れませんけど……』と、おっしゃったことがありましたけど、その時、『良い薪を使って頂いて丁寧にたいて下さったのに出来が悪いので調べたら、白米、と思っていたのが、実は玄米だったなんて言われるんじゃないかしら……』と言って笑ったことがあったのです。『めし』は私が白米とまではゆかなかったにしても玄米ではなかった、と沢山の方から、おほめの言葉を頂いたことをうれしく思い、それに、私を白米に近づけて下さった成瀬さんの御指導に感謝して居ります。それに、もう一つうれしく思っているのは、成瀬さんの良いお仕事に私がすこしでもお役に立てたと言うことが、何よりうれしく、又機会があったら御一緒にお仕事をしたく思って居ります」（前記）

原の説いた、日本映画への希望、ハッキリとつらぬく個性、世界観、そして底を撞いたリアリズムと詩情が、「めし」に結実した感がある。「めし」は、戦後の成瀬にはじめて栄光をもたらした。
成瀬は、自信をもって、戦後日本について述べている。
「『めし』なんか自分たちの生活でしょう。庶民生活というのは何をみても、聞いてもわかるんです。現在の監督の生活は貧困でたかゞしれています。だからそういう生活はわかります。わかるというのは知っているということでしょう。それはやりいゝんです。贅沢な生活をしていたら、名士のあれが多いとかなんとかいうと、そうはいきません。勿論、単にそれだけでなくて、映画を見る階級がそういった人達が多いので、共鳴を呼ぶのでしょう。正しいことだと思いますね」（前記）
「大体、われわれ日本人というものは、生活的にいっても、世界的なことを少しも持っていない。戦後はますます狭くなった島国の中で、依然として、なさけない生活をしている。金持はほんの僅かなのに貧乏人はたくさんだし、文学にしろ何にしろお茶漬けみたいなアッサリした味が、日本人的なもの、あるいは日本的なものとして尊ばれているんですからね。大部分の日本人の姿がそうだとしたら、われわれはやはりその生活に即したものを作るより仕方がないということになりますね」（「キネマ旬報」一九五二年五月下旬号）
成瀬にはめずらしい、成瀬的な豪語といったところ。社会（観客）と作品、作品と監督、それをつつむ日本を統一してとらえる視点に達した、ということにほかならない。
ついに、時代をとらえた。

ネオリアリズム

［一九五二年（昭和二七）／四七歳］

この年、アメリカが水爆実験をし、冷戦があらたな緊張感を生んだ。

映画界は、黒澤明監督の「羅生門」がアメリカのアカデミー賞名誉賞（外国語映画賞）を受賞、吉村公三郎監督の「源氏物語」の杉山公平カメラマンがカンヌで、溝口健二監督の「西鶴一代女」がヴェニスで、あいついで受賞、世界からさらに脚光を浴びた年になった。特に、様式性の高い時代劇が一躍注目を集めた。

そこで、東宝は、所属の歌舞伎界の若いスター大谷友右衛門主演の企画を、成瀬に供した。

成瀬は「普通のは出来ないんだから、変わったものを撮ろうとした」（「自作を語る」）と挑戦、しかし、「はじめ友右衛門が出るならなにか町人物はないかと探したんだけど、どれもいいものが見つからない」（「キネマ旬報」一九五二年五月下旬号）ため、谷崎潤一郎の「お国と五平」を選ぶ。

大谷は二枚目の優男タイプ。役柄のないところが役どころ。期待はされたが、今ひとつキャラクターが立たない、むずかしい立場。

主演は木暮実千代。当時三四歳。一九三八年にデビューした戦前派。戦後「酔いどれ天使」（一九四八）、「青い山脈」（一九四九）、「雪夫人絵図」（一九五〇）、「源氏物語」（一九五一）と出演し、ヴァンプ役にかなった容姿と言動のモダニティ女優という独特なキャラクターから、人気を集めた。成瀬作品には、敗戦直後の「四つの恋の物語」に主演していたが、短編で今ひとつの成果だった。再度の成瀬作品登場は、木暮の日の出の勢いと、「お国と五平」の、火宅を背負った路上のドラマ、セックス・アップの時代劇という異色作に見合う、との判断からだろう。

谷崎は、自作の映画化について、原作を超えた表現が見たいと所望する作家であり、たしかに、キャスティングと成瀬からは、異色作との期待はあった。

しかし、予想通り、キャスティングがアンバランス。モダニティが持ち味の木暮にとって、お国は

お国と五平

製作・清川峰輔、宮城鎮治　原作・谷崎潤一郎　脚色・八住利雄　撮影・山田一夫　美術・中古智　音楽・清瀬保二
東宝　一九五二年四月一〇日　九一分　No.59

＊

お国（木暮実千代）は、夫の伊織（田崎潤）を友之丞（山村聡）に斬られたため、若くして後家になった。友之丞は、かつてお国と言い交した仲。だが、お国は、遊堕な友之丞を避け、伊織を選んだため、友之丞は伊織を闇討ちする。いま、お国は若い忠義者の五平（大谷友右衛門）と仇討ちの旅。仇をもとめて、五年。故郷では噂も絶え果てたという。お国は病に倒れて、五平は看護に。お国は癒えた。祭りの夜、この主従は結ばれる。お国の心はゆれ、仇討への懐疑が生じ、五平との世界に生きたいと願った。五平もゆれる。秋の日、路傍で休んでいると、友之丞の尺八が聞こえ、姿をあらわした。五平が斬り付けた。友之丞はふたりの仲を知り、お国もじつは自分に身を任せたのだと告げた。お国はすでに掟を為し遂げたと五平に語り、五平は混乱、あげく、お国の脚にひれ伏した。お国は得心、国元へむかった。友之丞の尺八がむせび泣く。

もっとも遠いキャラクター。映画育ちの木暮、歌舞伎の大谷、新劇系の山村では、集約する場がない。観客の反応が、岸松雄との対談のなかにある。

岸　僕は試写会で見たんだけれど、山村聡の友之丞が二人の前にあらわれて、忠義もつらいものとのみ云えない。恋しい女と旅をしていられるなら、たのしいかも知れない、と云うあたりでドッとわらうのには、呆れましたね。

成瀬　舞台でやった時も、笑ったそうね。里見（弴）さんが演出したのだが（後略）

（「キネマ旬報」一九五二年五月上旬号）

原作者・谷崎のモティーフを、スクリーンや舞台で、討たれ役が、見透かしたようにのたまうのだから、笑いたくなるのは、もっとも。テーマは表面的には敵討ちだが、実態はセクシュアリティ（性の在り方）。

その心理的山場を、笑われると困るとしても、白昼のレイプを時代劇のスタイルで下剋上のきわみのように撮った「羅生門」のあとだけに、「お国と五平」のレベルでは、もう持たない。「源氏物語」のような情緒を狙ったとしても、観客に笑殺されては、すべがない。

批評も、「話は、折角見せ所になって、尻ツボミ」と問われ、「三人三様の複雑微妙な気持の表現も、舌足らずなものになり、結局男女の愛欲の心理劇は描けず、底の浅い情緒劇になっている」（大黒東洋士「キネマ旬報」一九五二年六月上旬号）と、サジを投げた。

成瀬はうかつに手を出して、大失敗したことを認めた。

「髪をつけると顔が動かない」ため「心理描写もよく出ない」「それから間ですね、主従の話でしょう、礼儀正しいのでテンポが遅くなるのですよ。はじめ気がつかなかったが、現場でそれを知りましたね」「出来た作品は嫌いじゃないが、成功とはいえませんなあ。もう時代劇はあまりやりたくないのですよ。武士の出ない、長屋ものとか芸道ものならいいが」(「自作を語る」)と、弁解に終始する。

歴史的作法に固執して、成瀬の、時代劇の現代性への感覚の弱さが出た。大恥の体。

田中絹代と香川京子の「おかあさん」

次は、一転して現代の市民生活に戻った。それが「銀座化粧」の田中絹代、香川京子を再起用した「おかあさん」。

子供の作文をもとにした文集に、脚本に水木洋子を抜擢、成瀬作品でははじめての女性脚本家単独によるノンフィクションからのシナリオ。

田中絹代を母親役に、香川京子を長女役として、直談の世界をあらわしてみせた。火宅と路上のドラマ構成が、全編オープンセットで撮られた感を与えるスタイル。

岸松雄にコンセプトを話している。

「(前略)あかるい感じを出そうと思ってね。引揚げとか、戦災者とか、そういうカセも、やめて、出来るだけ単純に、子が母に感じる愛情をグッと太い線で描いて行く。そのためには、場所もどこって限られた地域の話にしないで、日本全国どこでもいい、母と子の話として通じるものをつくること

にするつもり（後略）」（「キネマ旬報」一九五二年五月下旬号）

第二次大戦後半のイタリアで、戦争で被災した場所、人、事件などを再現的なドキュメンタリーのスタイルで劇化したネオリアリズム。日本では、新藤兼人（一九一二生）が監督として挑戦した「原爆の子」（一九五二）により名をはせることになるが、それに先駆けた、ネオリアリズムの成瀬バージョン的な作品となった。火宅と路上の展開によどみない。狭い家屋のセットと道路の使い方が親近感とネオリアリズム的なアクチュアリティを生んだ。

母親の田中絹代の表情をキーポイントにして、いくぶん不安な心理をぼんやりさせ、日常生活をベースに、不安や喜びをあらわし、舌足らずに戦後日本を説く明るく快活な長女の香川京子で、バランスを取った。

不安気な幼い次女（幼い日の江波杏子）、疲れた風情だが、明るく仕事に打ち込む夫の三島雅夫、病弱な長男の片山明彦、美容師研修にいそしむ従弟の未亡人・中北千枝子のけなげさ、助っ人役の加東大介の職人の心意気、露店商いの仲間の沢村貞子の屈託なさ、パン屋の親子の中村是公と岡田英次のユーモアなど、キャスティングに市民生活を点綴、風情を盛った。

批評も、「要するにしっかりものの母の愛情を中心に、ほほえましくも侘しい小市民の生活風景を描いたもので、ほんの小さな出来事が笑いをよび涙をさそう。ドラマティックな強調は意識的に避けられ、（中略）いわゆる母モノのどぎつさがなく、全然ちがった市井劇のジャンルに属する作品になっているのは脚本＝監督のお手柄であろう」（双葉十三郎「キネマ旬報」一九五二年七月上旬号）と、コンセプト、アンサンブル、すなおな哀感表現をたたえた。

おかあさん

製作・永島一朗　脚本・水木洋子　撮影・鈴木博　美術・加藤雅俊　照明・佐藤快哉　音楽・斎藤一郎　録音・中井喜八郎

新東宝　一九五二年六月一二日　九八分　No.60　ベストテン七位

＊

朝、小柄なおかあさん（田中絹代）が掃き掃除。朝食だ。おとうさん（三島雅夫）は、今は守衛、ラシャ工場で胸を病んで臥してる長男・進（片山明彦）、まだ小さな次女の久子（榎並啓子）、伯母の子で、あずかっているてっちゃん（伊東隆）、そして長女の私、年子（香川京子）の一家。母は露店を出し、私も手伝っている。近所の平井パン屋の信二郎（岡田英次）とは友達。夏になって、療養院に入っていた進が母のもとにいたいと脱走してきた。しかし、まもなく進は亡くなった。守衛をしている父はクリーニング店をまた開くと張り切っていた。だが、開店するもまもなく、父も病に倒れた。父の弟弟子だった、シベリアから帰った木村さん（加東大介）が手伝いにきてくれた。京子は、「私は十八歳」「もう婦人の女性」と信二郎に屈託ない。祭りがきた。のど自慢で「金襴緞子の帯しめながら」と歌った。おとうさんは母に、昔店をはじめて出したときが人生で最良のときだったとなつかしがって、息を引き取った。お通夜で、伯父さん夫婦が、久子を自分たちの娘に引き取りたいと話していた。信二郎と久子とてっちゃんで、ピクニックに行った。かれのオリジナルのパンが楽しかった。母の再婚相手と噂の出た木村さんは、母に仕事を教えていた。私も失敗しながら仕事にはげんだ。久子がもらわれていく前に、家族でピクニックに行った。美容師を目指しているてっちゃんの母（中北千枝子）が練習で、私に花嫁衣装の着付をした。信二郎は誤解して、両親に告げ、母（本間文子）が飛んできて、大笑いとなった。久子は去り、母の再婚相手と誤解していた木村さんも自分の店を開くために去った。母は今日も私たちのために働いている。

これが、敗戦直後に出てくれれば、と思わせる。戦後の監督人生もまったく別のものになっていたはず。

ジョルジュ・サドールの『世界映画作品事典』は、「イタリアのネオリアリズモに近い作品で、悲惨でも、過度に感傷的でもない」と、成瀬の戦後の代表作にあげている。

コメディエンヌのような役回りを務めた香川京子は、このとき二〇歳。

成瀬は「京子ちゃんみたいに癖がないということは監督としてはやりにくいんですよ。個性のはっきりしているのはやりやすいんです」と言い、香川に女優の生き方を説いている。

「若いうちで止めちゃうっていう人ならいいけど、どこまでもやる心算だったら、自分がオバアサンになった時のことを見極めて行かなけりゃあ。どういう場合にはどうってことを考えてね。年代によっては勉強もちがうけど、生活の勉強も必要ですね。それと顔っていうのは、生活によっても、教養によっても変わって来ますからね。三十歳になっても、十八歳の知能しかない顔に見られたら困りますからね（笑）。三十の人が芸の力で二十に見られるのはいいけどね（笑）」

「途中抜いて、後でよくなる人とか、若いうちは良くて年取ってダメになる人とかいますね。それとたえず使われている人もいます。二十から二十五になっても二十五から三十になっても使われているってことは、年と共に成長しているっていう意味になるんでしょうね。ダメとほっぽり出されることがないようにしないとね」

「一年間何事も経験しないでいると、肉体だけが年を取って行くということですからね」（「映画ファン」一九五二年一一月号）

女優のみならず、ライフサイクルを説いて、だれにでも参考になる。少年時代、教師を目指した成瀬、年を重ねた、その人らしいことば。

だが、先立っては見えない。「そこが見えればねぇ」の人生、世界。人生のむずかしさ、面白さ、くやしさがあるのかもしれない。

香川はこのあと、小津の「東京物語」の次女、溝口の「山椒太夫」の安寿、同「近松物語」のおさんで主演するなど、癖のない素直な女優として、次世代を担っていくことになる。

「おかあさん」は、成瀬流ホームドラマの成功作となり、水木洋子起用の女流シナリオ作家のよさが評価され、以降、成瀬は女性シナリオ作家とコンビを組むことが多くなる。

女性シナリオの特色を、成瀬は自分の作風に合っていると、語ることになる。

「ぼくのようにこまかい描写をする人間は女の細かさが、よく出るようになっているんです。狙っているものが、日常生活的なものは女性の方がくわしいし、男の見るものは一方的であるともいえますから、材料としてもね。着想でも男には思いつかないようなところがあるんで（後略）」（「丸」一九五三年一一月号）

「おかあさん」（新東宝　1952）

女優に加えて、女性シナリオ作家が、成瀬の名声を確立させることになった。

高峰秀子の「稲妻」

この年の秋、成瀬は大映多摩川撮影所におもむいて、林芙美子の小説「稲妻」を撮った。発案は成瀬、シナリオに田中澄江を起用。

小説「稲妻」は、一九三六年に刊行された戦前のもの。

「（前略）朝から陰気な空あいで、雪の前触れのように雷が殷と鳴り始めた」が冒頭、「空に、白い稲妻が一筋二筋一瞬の早さで遠く走って行っている」が結語。

日中戦争が全面化する盧溝橋事件直前の、逃げ場のない日本の行き詰まりを象徴したような小説。父親のちがう三人の姉妹。その三人をひとりの男が籠絡していく。当時の日本でこの映画化は、できなかったはず。

これを戦後に置き換え、東京の下町に舞台を据えた。人物を描きわけ、際立たせ、画調に陰影をつけ、リアリズムのレンジ（範囲、度合い）に、成瀬らしい風合いを浮きだたせ、謳い上げた一編となる。

南部圭之助（映画評論家）の撮影レポートは、成瀬の監督ぶりを描いている。

「監督はカメラのわきに、大げさにいえば盤石の様な重さでひかえていて、俳優のこまかなしぐさは、一切口を出さない。母親がセリフをまちがえると注意する。そのついでに、こんなことでもいいという様な注意をする。『どうせ脚本にある通りのセリフなんか云わせませんからね』と彼はさっき云っていた。

稲妻

企画・根岸省三　原作・林芙美子　脚色・田中澄江　撮影・峰重義　美術・仲美喜雄　録音・西井憲一　照明・安藤真之助　音楽・斎藤一郎

大映　一九五二年一〇月九日　八七分　No.61　ベストテン二位

＊

はとバスが東京・銀座をゆく。ガイドは小森清子（高峰秀子）、二三歳。バス停で下の姉・光子（三浦光子）の夫が、知らない女性と一緒にいるのを見た。実家には、母おせい（浦辺粂子）と南方から復員してブラブラしている長男・嘉助（丸山修）がいる。上の姉・縫子（村田知英子）は、夫の龍三（植村謙二郎）が横山町の店を手放して失業中のため、やり手の後藤綱吉（小沢栄）と共同の店の算段。後藤は実は清子に執心しているが、清子は毛嫌い。洋品店を営む光子の夫が帰宅しなかった。夫は妾宅で死んだ。家族だけの葬儀、後藤も来て、縫子は妙に興奮していた。清子はこの姉も好かない。後日、光子の夫の妾だったと田上りつ（中北千枝子）が赤ん坊を背に訪ねてきた。光子は実家に戻った。光子は清子を連れて、深川へ、りつを訪ねた。手切金二〇万円という申し出に、五万円を払った。清子は憤慨していたが、光子にはその子が夫そっくりに見え、不憫がった。光子は縫子と後藤の渋谷の料亭に手伝いへ行った。そこへ、縫子と後藤に捨てられた龍三が酔って、怒鳴りこんでくる場面に出くわし、実家にもどってしまう。清子は実家のごたごたがいやで、世田谷に下宿した。おばさん（滝花久子）も、隣の家の住人の兄妹（根上淳、香川京子）も品よく別世界のひとに見えた。光子は後藤の世話で神田に喫茶店を開く。縫子が逆上した。母おせいは、清子の下宿に来て、光子が失踪したという。清子は「四人ものちがう男との子を生んだ」と母を難詰して、ふたりとも泣きだした。稲妻が光り、雨がやんで、「光子が帰宅しているかもしれない」と母は帰る。途中まで、清子は同行、母を見送った。

然しそうした注文を出したり、キャメラ！とかける声をきくと、之はこの内気らしい監督とは似てもにつかぬ太く、重い濁音で、私の感覚形容でいえば『髭ムジヤの声』なのである。
カメラのわきに奥深くしづまって、口数少なく注文を出し、しかもその声が之では、俳優はいやでも落ち着きと安心感をおさめるのであろう」（「映画の友」一九五四年一一月号）
高峰は成瀬演出の怖さを語っている。
「演技指導も監督さんによってはずいぶん神経質な、微に入り細をうがつ、といった気の配りようをして、けっきょくこちらも気疲れしてしまうところがあるのですが、成瀬さんはそれをなさらない。できないことを強いないという演出ね。至極おうようでサッパリしていらっしゃる。それが出来上がった作品となると、いつのまにか極め手をおさえている。ものをあまりおっしゃらないが、ちゃんと俳優をつかんでらっしゃる。俳優はそういう監督さんがほんとうはこわいと感じるんです。（中略）これからも何度でも成瀬さんの作品に出していただきたいと思います」（「キネマ旬報」一九五二年七月下旬号）
この「こわい」理由こそ、出演した俳優のこぞって言うこと。
シナリオから俳優を見て、演技させて、判断し、個々の演技から、全体の遠近法というべきもので、適否を決めていく。それを一瞬でしていく、というスタイル。
ロール・キャスティング、ドラマの世界の人物に役者がなること、その成否が映画を決定する、ということに連なる。日本人の動作、その表現、演技を、コンセプトにしたがって、俳優が表現するという成瀬流の演技指導。

その適否、演技の適正さ、クオリティを見定め、決める。それが、俳優にはわからない、という怖さだろう。「できないことを強いないという演出」、これが成瀬作品の、成功、不成功の死命を制したということになるのではないか。

プロデューサー金子正且も、「できる役者」を起用した、と回顧している。

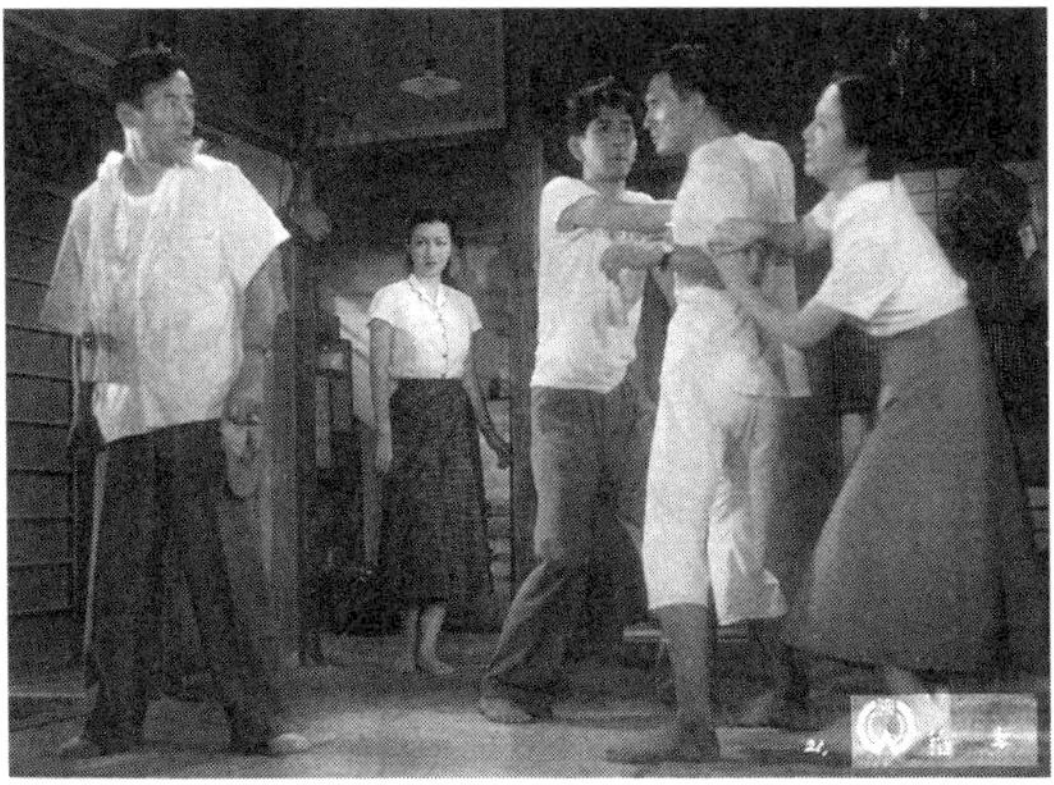
「稲妻」（大映　1952）

「役者にオーバー・アクションを許さない人だった。これは小津さんもそうだけども、凄い気持ちをこめてやるという演技をさせないのね。大体成瀬さんは、演技っていうものをほとんど役者につけないですよね。あのひと、『役者って、なんか背負ってなくちゃね』と言うんですよ。だから、素人なんか出てきたって駄目なわけよ。出来る人じゃないと駄目、素人は使わず役者もお決まりの人が多かった。原節子さん、高峰デコ、中北千枝子さん……、成瀬さんに選ばれる俳優ってみんな何か持っているんだよね。そうじゃないと駄目だった。俳優はいい名誉ですよ、成瀬映画につかわれるってことは」（『プロデューサー　金子正且の仕事』）

そこから「女性映画」とは、行きつくところ、「女優映画」になる。演技力をどう引き出すか。観客は、それを見ている。映画の醍醐味だ。

「稲妻」は、まぎれもなくそれを発揮した一編にちがいない。さりげなく市民の多様な人間図鑑を描出していく趣向、成瀬演出の独壇場。

原作の母は、林芙美子の母がモデルという。その母を浦辺粂子が演じ、どの子もみな可愛いというものの、本人がいちばんかわいいのかもしれない。だから四人の夫と四人の子をもうけ、その人のよさを救いとしている。母親賛歌かもしれない。

長女（村田知英子）は、夫とは異種の男を見てからの、昂揚した性《さが》がいじましく、せつない。

次女（三浦光子）は、母譲りのお人好しで、愛人宅で赤ん坊を見て、ほだされる心理、男にあっさり籠絡される（映画には見せない）いきさつにつながっている。

三女（高峰秀子）は、若く、潔癖さから、自分の住む世界を腐っていると避ける。その裏にある不安、母とのつながりに対するアンビバレンツ（二律背反）な感情に、母との異質さと同質さをのぞかせる。

男たちも三者三様、長男（丸山修）は、南方ボケと自称してふらふらしている、腑甲斐なさを絵に描いたような人物、身につまされる。

長女の夫（植村謙二郎）は、商店主だったというプライドだけの、いくじなしになり下がった男。妻に見限られ、弱り目にたたり目の体。

他方、それとなく一家に近づいた男（小沢栄）は、やり手。下手に出て、三姉妹に接近しようとする、物欲・色欲一致の男、好々爺に見せているところがにくい。

映画では、ほとんど登場しない光子の夫が死に、一家全員と後藤が加わった通夜のシークェンスでの、それぞれの心理の輻輳した描出、それは快感すらおぼえさせるほどあざやか。

場所を重点的にしぼって、多くのショットでそれぞれの心情を的確に描き、交錯させ、立体化していく。島津保次郎、五所平之助を通して身につけた「十五段返し」といわれる表現方法が、さえわたった、名人芸。

父親がちがう三姉妹の性格というものは、最後のシークェンスで母親がもらす台詞で、しんみりさせた。なるほど、子どもそれぞれの性格は母親にしかわからないのかもしれないと。

「稲妻」評は、戦前の原作を戦後に置き換えたことの当否と、山の手の人物を極端に品よく見せたこと。

たしかに、原作通り、戦前のままで描いたならば、「稲妻」に東京の下町から見えた歴史のシンボルがあらわれたかもしれない。

山の手の描写は、下町描写の対比。下宿するなら、やはり当時新興の街となった東京の西部、新しいダウンタウン、異文化的な雰囲気でいいのでは。そこにはそこのえげつなさ、エスタブリッシュメントを目指す人たちの、があったとしても。

三女役の高峰秀子は、このとき二八歳。成瀬の戦前の「秀子の車掌さん」、戦後の「浦島太郎の末裔」などにコメディエンヌに近い役で出ていたが、ここから、演技派へと前進しはじめた。

家族周期へ

［一九五三（昭和二八）／四八歳］

一九五三年三月、五所平之助が「煙突の見える場所」、溝口健二が「雨月物語」を、一一月に小津安二郎が「東京物語」を公開した。それぞれの頂点を極めた作品かもしれない。これらは、日本映画の二〇世紀の頂点と、二一世紀に世界から見なされることになる作品だ。

溝口は、女性映画の第一人者として、戦後は古典世界において、封建社会下の女性のありかたを取り上げ、漂泊の人生を凝視、白黒撮影による陰影の映像美学を極めた。

小津は実に、一九二〇年代のデビュー以来、家族周期を一貫して描き、「東京物語」でその頂点に達した。家族周期とは、家族には周期があり、五段階にわけると、次頁の表のようになる、ということ。一般に「小津は家族を描いた」と評され、この五つのステップを、二〇世紀の歴史のなかで、ゆさぶられながらも、ほぼ一貫して描いてきた。小津は、家族周期を、遍歴した監督である。

「東京物語」では、5のステップの最終段階、親の老年期から、4の子供の独立期に臨み、周期の最終イメージを提示した。二一世紀に入ると、世界の映画人の評価がたかまり、いわば二〇世紀の世界最高作品として、世界の映画人によるベストワンに上り詰めていく。

成瀬は、溝口健二のように、この五段階すべてに、家族がくずれる原因が潜んでいるということを、女性の側から描いてきた監督だろう。女性の人生を、家族周期に収めなかったことに特色がある。

この年の作品「夫婦」と「妻」は、夫婦の危機がテーマ。1の世帯形成期以降、子供がいない場合、どう「危機」があらわれるかを描く。

成瀬は、夫婦のクライシスについて、こう見ていた。

「夫婦が毎日暮らしている一般の家庭生活というものは、お互いの愛情に直接につながりのない、ほんの些細な出来事の連鎖である。いはゆる日常茶飯事の連鎖というべきものである。しかし、そのなかにも、夫婦としてのさゝやかな愛情がほのかにでもある。恋愛から結婚に入った当時のそれにくらべると、楽しいことよりも随分とつらいことのほうが多い。一たびくづれて落ちては又積み重ねていく、つましい二人だけの絶えざる努力。こういう夫婦は、市井の庶民生活の中に、いつでも見かけられる姿である。この映画に登場してくる主人公達の姿もこれに近いものである。（中略）夫婦の生活、もしくは生活する夫婦が必ず通過しなければならない実態である。つまらないことでいさかい、つまらないことで和解する。愛情とか嫉妬とかいう言葉では説明がつかないようなことが多いのである。愛するもの同士の繊細な情愛が、生活にひしがれながらも一途に生きてゆく、悲しくも美しい夫婦の

		おもな事柄
1	世帯形成期	結婚
2	育児期	第一児誕生以降
3	教育期	義務教育から高等教育へ
4	子供の独立期	子供の卒業、就職、結婚、夫婦は円熟期へ
5	老年期	定年、老化、死亡

（『社会心理学用語辞典』中森正純）

夫婦

製作・藤本真澄　脚本・水木洋子、井手俊郎　撮影・中井朝一　美術・松山崇　音楽・斎藤一郎
録音・下永尚　照明・石井長四郎
東宝　一九五三年一月二二日　八七分　No.62

＊

久しぶりの東京。デパートの屋上で菊子（杉葉子）は同窓会の帰り。夫の中原伊作（上原謙）は電気商会のサラリーマン、この夫婦は東京への転勤の身。妻は一足早く実家にきて、荷物を待った。実家は郊外の蒲焼屋。長男の茂吉（小林桂樹）が嫁をもらうので、長居はできない。貸間も見つからず、夫の同僚で最近妻を失った竹村良太（三国連太郎）の家に同居させてもらった。やもめとなった竹村、これさいわいと菊子の世話になる。伊作は内心おもしろくない。クリスマスから大晦日と、伊作はへそを曲げ、夫婦喧嘩に。茂吉の新妻の世話で、新居が見つかった。二階だが、ふたりきりの生活に戻った。菊子は妊娠、部屋は子供のいないことが条件だったので、焦った。また引っ越しをしなければならず、生活はきつい。伊作は「産むのはよそう」と言う。菊子は「嫌よ、嫌よ」と泣いた。夫に押し切られて、菊子は堕ろすため産院へ。一緒に行った伊作は、入るやいなや、引き返してきた妻に、「帰ろう」と言い、「なんとしてでも育てよう」と話しかけた。

姿が画面ににじみ出てくれゝば幸いである」（「近代映画」一九五三年三月号）
夫婦関係、特に若い夫婦は、たったふたりだけの関係。展開に、見通しがきくようで、実はききにくいという、難しさをはらんだ世界ということになる。
成瀬は「夫婦」で、当時二三歳の杉葉子（一九二八生）を抜擢した。杉の相手は、成瀬の夫婦もの

女性映画で夫役を演じてきたベテラン上原謙（一九〇九生）、当時四四歳。とぼけた味の青年を演じた三国連太郎、シャキシャキした杉の妹役・岡田茉利子の新鮮さとともに、展開にメリハリを付けた。
映画評論家・山本恭子のセット撮影見学でのインタビューで、女性シナリオ作家の妙と、シナリオの後のコンティニュイティについて、こう語っていた。

山本　水木洋子さん、田中澄江さんなどの女流脚本家と組んでよいお仕事をなさっていらっしゃいますけど……
成瀬　女の人には、生活の面で、やはり男には思いつかないようなところがあるんですね。それで私には大変参考になるし、面白いと思う。
山本　やはり、コンテは前もってきちんとお立てになるのですか？
成瀬　私は、その場で変えることもあります。まあ、午前中の撮影の場面は、前の晩に考えておき、午後からのは昼休みに考えるという程度です。その場になって都合がわるいことがあれば場割も変えますし、台詞も言いやすいように変えることがよくあります。
（「映画の友」一九五三年三月号）

文芸評論家の平野謙が「女房的リアリズム」といったリアリズム世界。林芙美子の小説には、その世界が横溢しており、心理描写に感嘆させられる。
監督が、シナリオライターのシナリオをどう扱うか、成瀬の場合を金子正且が教えている。

「夫婦」（東宝　1953）

「成瀬さんの仕事の大きな特徴は、脚本を削ることよね。直すってことは絶対しない。削っちゃうの。それで水木洋子さんなんかとは、しょっちゅうトラブル。水木さんは豪傑だからね、くってかかるの。『成瀬さん、また削ったのね！』とかね。脚本家としては凄いひとだからね。そうすると成瀬さん、『ううーん』とか言って誤魔化していたけどね。（中略）打合せでOKしていて、あとでなおしちゃうなんて監督多いけど、成瀬さんはそんなことはない。ただ削っちゃうの」（『プロデューサー　金子正且の仕事』）

製作プロセスにかえると、成瀬流の表立てないテーマ提起で、「女房的リアリズム」のシナリオを、シンプルに統合するということだろう。

コンティニュイティとは、シナリオから、セットなどを見て考えた、撮影用台本。絵入りで描かれる場合もある。カメラと人物、事物の関係など、具体的な一画面の明細が記される。

「成瀬さんは、自分のホン（脚本）を絶対他人に見せないのね。だからデコなんか、成瀬さんが便所に行ってる隙にそっと見たなんて言ってね（笑）。『見ちゃった、見ちゃった』なんて言ってたことがある」（前記）

スタッフ、キャストに、コンテを見せない監督として、「いじわる爺さん」視されたが、成瀬によると、キャストやスタッフに見せて、段取り制作に流れることを避けたいから、とした。キャスト、スタッフの創造意欲が失われるということにあった。

新東宝時代の助監督・石井輝男も、成瀬のコンテについて回想している。

「明日先生どう撮るかなって二輪（彰）〔助監督〕とやるんです。コンテやるんですね。二人でおたがいに見せないようにやって、どうだこうだって討論するんですけど、二人ともはずれましてね。全然違うんですね。こっちのコンテの方がよかったってことは、いっぺんもないんです。全部が負けです。完敗って感じでね。やっぱり偉大な方だな、かなわないって、どうやっても。ワンカットぐらいありそうなものだと思うんですけどね、全然歯が立たなかったです」（『石井輝男　映画魂』）

ひとつのシナリオを一〇〇人の監督に撮らせると、一〇〇通りの映画ができるというルーツのもとにコンティニュイティがある。コンティニュイティは、演出家のエキスであり、画家のデッサン、音楽家の楽譜かもしれない。

ちなみに、大学ではシラバスといって授業細目をあらかじめ提示するが、それを読んで学生がさぼる対応に全力を挙げることに似ている。そこで、私は、映画・映像の授業で、成瀬システムを逆用、学生にコンティニュイティを制作させることにした。学生が喜んで書くことに、驚愕した。映画の演出ということが、ショットのコンティニュイティ制作、採録で理解できるというのだ。二一世紀の学生は、映像体験が豊富だから、むずかしいことではなくなっている。

戦後の家、部屋不足を背景に、子供を産むか、堕ろすか、若夫婦にとって最大の気掛かり、これがなに気なくはじまった「夫婦」の主題。タブー視される地味な題材をてらうことなく取り上げている。

家族周期の、1の世帯形成期…おもな事柄・結婚から、2の育児期…第一児誕生以降への時期にあたる。

水木と井手のオリジナル・シナリオは、ダイアローグが少なく、若い妻の心理に重点を置いている。この時代の新婚生活は、こういうものだった、という生活風景がうかがえる。

成瀬は、表情を細かいショットの積み重ねで展開、成瀬ならではの一編に仕立てた。杉葉子は「めし」での好演から起用したものだろう。初々しさ、幼さが生きて、キャスティングの勝利が物語の地味なニュアンスを救っている。

批評も、「上原謙と杉葉子は、生活に疲れた夫婦の淡い感情をまことによく出している。しかし、脚本も演出も、二人を地味に殺しすぎたきらいがある。そのため、劇的にはいささか退屈なものになった。けれども、その地味で退屈な夫婦感情を感傷に流れず劇的に浮上らず、地味で退屈なままに、市井の雰囲気に包み込んだのは、さすがに抒情派成瀬巳喜男の演出のたしかさである」（登川直樹「キネマ旬報」一九五三年二月下旬号）と、指摘している。

成瀬のこの世界は、ほぼ完成、女優も一巡した。

高峰三枝子の「妻」

林芙美子の原作で、「めし」のヴァリエーションだが、夫に愛人ができたというところが新趣向。高峰三枝子の再登場となり、シリアスな「夫婦の危機」に一歩踏み込んだ。

「舞姫」の高峰から、ヒロイン的な装いをはぎ取って、既婚女性の空虚さ、図太さが同居するさまを見据える。

女優の美貌にはなんの意味も認めず、演技力で見せる成瀬の真骨頂がでた。

妻

製作・藤本真澄　原作・林芙美子　脚色・井手俊郎　撮影・玉井正夫　美術・中古智　照明・森茂

録音・三上長七郎　音楽・斎藤一郎

東宝　一九五三年四月二九日　九六分　No.63

＊

結婚一〇年目の中川（上原謙）は会社勤め。妻の美穂子（高峰三枝子）は家で内職をしている。子供はいない。夫婦とも味気ない生活の日々だった。二階を下宿にしており、画学生の谷村（三国連太郎）、失業中の松山（伊豆肇）とバー勤めの栄子（中北千枝子）の夫婦がいる。この夫婦には亀裂があり、栄子は夫を置いて家を出た。中川は会社のタイピストで子持ちの未亡人・相良（丹阿弥谷津子）に親しみを覚えた。親しくなったものの、相良は退職して大阪の実家に帰った。大阪出張のとき、中川は相良と会って、一夜をともにした。松山が帰郷したあとの部屋にはバーのホステスが入り、パトロンがときどき来た。美穂子は、夫の行動をいぶかり、問うと「相良が好きだ」と告白され動揺、「絶対別れない」と泣く。美穂子の友人・桜井（高杉早苗）が仲裁役として間に入ったものの、むしろ美穂子は夫が許せないと強固になって、実家へ帰った。相良が上京し、待ち合わせた日、義父が「どうするつもりか」と会社を訪れた。美穂子は、妹の妙子（新珠三千代）になだめられて帰宅したものの、夫と相良の逢引きを知って、相良の宿を訪ねて呼び出し「別れて」と難詰、相良は不承不承、承知した。相良は中川に手紙をおいて、帰阪していった。和解のないまま、夫婦はひとつ屋根の下で生活し、それぞれ、どうすればいいのか、思案していた。

「妻」（東宝　1953）

一九二三年生まれの三国連太郎、一九二四年生まれの丹阿弥谷津子、一九三〇年生まれの新珠三千代と、戦後派俳優が脇に入って、作品に新風と変化を与える。

夫婦仲が冷えているころ、夫が愛人をつくり、妻が別れさせたけれども、夫婦仲はもとにはおさまらない、という展開。なぜ夫婦仲がこじれたのか、ここが発端だが、描写不足、そうなると、ご都合主義と見られて、評価を下げた。

上野一郎評は、夫婦仲が冷えたという前提に「既定の事実として存在していて、そこから話は出発してゆく。たいへん巧妙であるが、一面またずるい」と言い、「この夫婦破綻の原因はそんな形而下的なものではなく、もっと性格的な根の深いもの」とシナリオの浅さを指摘、「『妻』の夫婦はどこかよそよそしく、観客にあまり親近感を与えない」（「キネマ旬報」一九五三年六月下旬号）と説いた。

山本恭子も「『めし』『夫婦』『妻』と、庶民的夫婦生活を扱った作品を撮りつづけてきて、いよいよ堂に入った感じである」と完成した作風と見つつ、「ただ、成瀬監督の境地はいまや芸術であって欲しく、生活読本になってもらいたくないと思う」（「映画の友」一九五三年七月号）と、次のステップを期待した。

成瀬も、それは十分わかっていた。

「一応これで『夫婦の危機』ものはおしまいにしようと思ってます。今度は老夫婦の危機の番だな、と冗談には言いますがね。大体夫婦なんてものはすべての時期が危機なのですからねえ」（「丸」一九五三年一一月号）

「性格の一致」を期待して結婚するものの、やがて「性格の不一致」に気づく。もともと「性格の不一致」なのだから、当然だろう。危機がどこにあって、いつくるか、わからないところに、ふたりはある。それがわかって結婚すればいいかもしれないが、そうもいかない。小津安二郎、野田高梧のシナリオ風に、笠智衆の父親の台詞流に言うと、「うまくできている」というところ。

成瀬は、ここから、家族の危機に移った。

京マチ子の「あにいもうと」

次に成瀬は、大映に行って、京マチ子の主演で、室生犀星の小説「あにいもうと」（一九三四）を映画化する。

すでに「あにいもうと」は、一九三六年、木村荘十二監督がＰＣＬで、竹下千恵子のもん、丸山定夫の兄、小杉義男の父、英百合子の母、堀越節子の妹、大川平八郎の学生で映画にしている。農村を舞台にしたトーキー・リアリズムの異色作となり、コンパクトにまとめ上げて好評だった。

リメイクは成瀬の発案。京マチ子によって、前作に挑戦するかたちになった。

京マチ子は、一九二四年生まれ、このとき二九歳。大阪生まれで、大阪松竹少女歌劇団を経て、戦後一九四九年、大映に入る。うりざね顔で豊かな肢体、長身、ダンサー出身という独特なルーツの女優は、敗戦後のセックス・アップ女優になる十二分な素質があった。

一九五〇年、黒澤明監督の「羅生門」で、戦前なら国家検閲に全面的に対峙する題材で、貴族の夫(森雅之)のふがいなさから、白昼、盗賊(三船敏郎)に誘拐された妻を演じて、にわかに注目を集め、モダニティと野性が混在した京のとらえがたいキャラクターが躍動した。

その個性は、リアリズムよりロマンティックな時代劇に存在感を発揮し、吉村公三郎監督の「源氏物語」(一九五一)を経て、溝口健二監督の「雨月物語」(一九五三)でふたたび貴種のセクシュアリティを怨念として開示、日本映画のフィールドを広げる女優として脚光を浴びることになる。

日常生活に密着したリアリズムの成瀬にとって、京は、不得手なキャラクターだが、成瀬はあえて、リアリズム作家・室生犀星による都市近郊の農村を舞台にした地味な小説で臨んだ。

リハーサルと製作スケジュールを成瀬自身が語っている。

記者　リハーサルに力を入れていますか。

成瀬　絶対大事なんですが、実際にはやったりやらなかったり、結局、時間がないんです。日数がクランク・インからアップまで実数残業といわれる三十五、六日、だから三十日ぐらいしかないんです。二十日から二十五日ぐらいで撮らされる人もいるんです。僕は几帳面だから早い方だけれど最低三十日かかるんです。

記者　一日何カットになりますか。
成瀬　平均二十カットです。合計六百カットになればいいわけですから。フィルムにして一万五千フィート。これを整理して八千フィート。上映時間にして一時間半になる計算です。
（「丸」一九五三年一一月号）

「あにいもうと」では具体的にこうなる。

四月二七日　打合せ
五月一一日　第一稿（シナリオ）
六月　一日　第二稿
六月一五日　スタート
七月三〇日　クランクアップ
　三一日　夜に編集
八月　一日　完成
この期間雨が多くて十三日も休んでいます。ロケからセットに変えることも実際できず、三十二日間かかった。ところが、ロケが二日間全く行って撮れなかったので、実数三十日しかかけてないことになるんです。
八月　三日　音楽打合せ

四日、五日　ダビング徹夜
七日　完成試写

（前記）

平均一日一九ショット、全一万二〇〇〇フィート、使用七六〇〇フィート、タイトル二〇〇フィート、計七八〇〇フィート。

ほぼNG（No Good＝不使用）なし、という驚異的な撮影！　編集は、したがって、シーン、カット順につなぎ合わせれば完成する、という。監督として生き残ったのは、この技のためだと成瀬が「豪語」する、原則通り。アンビリーバブル！

「成瀬さんは、テストも何度も何度もやらないからね。編集も自分でやっちゃうしね。編集の人もついているんだけど、ほとんどツギハギの手伝いですよ。成瀬さんが目分量でやってましたからね。昔の職人気質ですよ。大変な職人です。ただセットなんかは静かでしたね。みんなヒソヒソ話よ。スタッフ一同低い声でね。小津さんもそうだったけど」（『プロデューサー　金子正且』）

小津安二郎の撮影は、「通夜のようだ」と評されたが、成瀬のそれは告別式か。

「あにいもうと」の父母は引退後の日々。長男が家業を継いだが、すでに多摩川の治水は、堤防が完成、仕事の意義も失われており、失意のなかにある。長女は出奔、次女は勉強にはげむ。こうした閉塞状況から、前の生活空間、いわば文明が消失しつつあり、次の生活空間への踊り場に、この家族がいる。

家族周期の五段階のうち、次女に3の教育期…義務教育から高等教育を割り当て、長男と長女に4

あにいもうと

企画・三浦信夫　原作・室生犀星　脚色・水木洋子　撮影・峰重義　美術・仲美喜雄　照明・安藤真之助　録音・西井憲一　音楽・斎藤一郎
大映　一九五三年八月一九日　八七分　No.64　ベストテン五位

＊

玉川（多摩川）堤防はコンクリートとなり、蛇籠に石を入れた川師の時代は昔の話となった。その親方だった赤座（山本礼三郎）は引退して、無聊をかこつ身。妻のりき（浦辺粂子）は川端で茶店を開いている。息子・伊之吉（森雅之）は跡を継いだ石職人だが、未婚で遊び癖があった。次女・さん（久我美子）は町の看護学校へ通っていた。そんなおり、長女のもん（京マチ子）が、東京で学生の子を流産し、帰ってきた。兄の伊之吉は世間体が悪いともんに当たった。実際、さんの恋人で製麺所の息子の鯉一（堀雄二）は、親（潮万太郎、本間文子）から、「母親りきは髪結い、だから娘は自堕落」と、交際に釘を刺されていた。もんは家を出た。ある日、その学生・小畑（船越英二）が謝罪にきた。りきは「子供は流産」と教え、赤座は「罪作りはやめるこった」と引き取らせたが、伊之吉は小畑の帰路、あとをつけ、可愛がっていた妹を駄目にしたと、罵声を浴びせて、殴り倒す。鯉一は親から見合いと結婚を強要され、さんと駈け落ちしようと迫ったが、さんは土壇場で断わった。もんが来て、伊之吉はこれみよがしにもんをあざける。もんは、兄が小畑に会って、打擲したと聞き、「勝手なことをするな」と摑み合いの大喧嘩となった。「たいへんな女におなりだ」とおろおろする母、見つめる、さん。お盆の夕、灯籠が川面を流れていくのを、鯉一は新婦と見ていた。さんは、そのふたりを淋しく眺めた。もんは、また都会へと去っていった。

の子供の独立期…就職、結婚を配置、夫婦の円熟期に対置した。

静かで、空虚な空間に、帰省してひとり空転する長女、方途を見いだせない長男と、踊り場の家族周期、そのありさまを、見せつける。

家族周期は家族ひとりひとりの人生、ライフスタイルが絡み合うから、家族の危機は複雑にならな

「あにいもうと」(大映　1953)

いわけにはいかない。いわば長男、長女が、踊り場で踊る。

長女は、ふがいない長男のかわりに家を出て、長女をかわいがっていた長男は帰省した長女と相食む。両親とも、このふたりの子に、なすすべがない。

道路、茶店と、おもだった場所を限定している。季節の移り変わりに多摩川の風景を点綴しているものの、主体は居間。

この広い居間は歌舞伎の広間に、道は花道に見える。限定された場所での重点的なシークェンス（挿話）描写になって、撮影も複数の人物を入れたフル・ショットが軸。ショットに分割する成瀬のいつもの方法は消え、台詞も心理の説明的な長い台詞。俳優の演技、とくに京マチ子と森雅之をたっぷり見せる趣向。京のもんの関東莫連女《ばくれんおんな》という特色もさりながら、映画セットのリアリズムを生かした舞台の印象がつよく残る作品に仕上がった。大映のセット技術のリアリティからだろう。

総ショット六〇〇の八六分、そのわりに長く感じられる。テンポがゆっくりしているためか。

父の失意は、長男と長女に影のようにおおっている。次のステップへ、長男を筆頭に、どう踏み出すかが焦点となるが、気質か、臆病か、父への気兼ねか、家を出ることも、新たな仕事に就くこともできない兄。この兄の行く道を代行するように家を出た長女は、都会の生活と恋愛の破たんで失意の帰郷。かろうじて、末娘が自分の道を見つけているように思われたものの、姉のように恋人に裏切られてしまう。

みたされない人生が輻輳する感があらわれてくる。

セットと京マチ子で、前回の「あにいもうと」を更新した感は与えるものの、成瀬作は、家族の逼塞から、危機をシルエットのように浮かびあがらせた。ひとつの生活空間が消失したのに、次がはじまっていないのだ。広く見ると、経済成長と呼ばれることになる次の文明への踊り場だった。それは文明をささえた表現のリアリズムの踊場でも、おそらくあった。二一世紀から見ると、そこがもっとも感得されるところ。

この作品で田中絹代が、自身が監督としてデビューするために撮影に同行した。溝口健二でもなく、小津安二郎でもなく、五所平之助でもなく、成瀬に志願した。

成瀬は田中の体力を心配していた。私は、田中の晩年にインタビューしたことがあり、たしかに田中は、ほっそりして上品、小柄なことに驚いた。

成瀬が心配したのも当然だろう。成瀬は、田中の体力消耗を危惧、アドヴァイスし、さらに助監督に自分の助監督経験のある石井輝男をつけさせた。石井は、田中が若き日に結婚していた清水宏監督の助監督だったから、田中の性格や振る舞いを聞いていた。

そして、「監督やっているとその芝居〔監督の意図に忠実な模範的振る舞いをするということ〕はできないんですすね」という姿を目撃することになった。

「もう、死ぬか生きるかでしょう、自分がね。だからね、全部出ましたよ。清水先生云った通りのヒステリーでね。なるほどなって。顔もシワだらけ、ぼろぼろになりましたね。やっぱり疲れるんですね、監督やると（笑い）」（『石井輝男　映画魂』）

田中絹代自身は、男性スタッフだけのなかで、リーダーシップをとることの難しさをあげている。それはたしかにあるだろう。それがあっても、だからこそか、田中絹代は、女性監督のパイオニアになった。

成瀬は、この秋、家族とそのリアリズム描写について、こうくくっている。

「リアルなものにはたしかに救いはないですね。しかし『妻』のような実例数が多いといいながら観客の中にあれとそっくりなものはないでしょう。似たものはあるかもしれないと思うかもしれないけれど、これは危険だと思う点を出してやることは、また大切なこともあるとかんがえますね」

（「丸」一九五三年一一月号）

そこで、家族周期にかえると、次のステップ、家族関係へ移った。

家族周期の終わり

［一九五四年（昭和二九）／四九歳］

冷戦は、第五福竜丸の被爆と自衛隊発足をもたらした。

黒澤明監督が「七人の侍」を、木下恵介監督が「二十四の瞳」を公開、一九一〇年世代の監督による男女の異相を対比した年でもある。

成瀬は、原節子を再起用、川端康成の「山の音」に挑戦する。

原節子の「山の音」

川端康成の原作は一九四九年に掲載がはじまり、この年四月に完結した。

映画化の発案は成瀬自身。掌中の世界の気配。

「山の音」（東宝　1954）

テーマは、家族の危機。「あにいもうと」よりもきわめて抽象的、渋く、よく映画化されたと感心する。シナリオは水木洋子が担当、「私は理屈の嫌いな成瀬さんに、『テーマは……?』などと言いかけると、いつも『なにか出るさ』と言われるだけで、討論の相手にはならなかった」（「思い出すこと」）と、成瀬流のスタイルを語っている。セットは当時の川端康成の家を模して作った。

美術の中古智には、スタッフが川端家を訪問したときの印象が強烈だった。

「ハンティング初めのころ、プロデューサーの藤本さん、成瀬監督、キャメラマンの玉井さん、照明の石井さんと私などが、原作者の川端さんの鎌倉の家を訪問しました。ところがこれが無口な方で何もいわれない、成瀬さんも無口な方ですから、ちょっといたたまれないような感じで、制作の藤本さんが一人で場をとり持っておられたのを覚えています」（『成瀬巳喜男の設計』）

この雰囲気は映画にあらわれていると思う。中古は、成瀬邸内の見学に行き、そして、庭を眺めて、川端の原作と正反対のある着想を得た。

「私はこの魁夷な巨岩の下の水の下は、神話的に表現された、魔神に占領された池の水で、この水

山の音

製作・藤本真澄　原作・川端康成　脚色・水木洋子　撮影・玉井正夫　美術・中古智　照明・石井長四郎　録音・下永尚　音楽・斎藤一郎

東宝　一九五四年一月一五日　九四分　№65　ベストテン六位

＊

尾形伸吾（山村聡）は、専務を務める東京の会社から鎌倉の自宅に帰った。長男の修一（上原謙）はその社の社員、帰宅が遅い。愛人がいるらしい。修一の妻・菊子（原節子）は舅と姑の保子（長岡輝子）に仕え、伸吾は菊子を不憫に思い、いとおしく、大事にしていた。が、保子の心境は穏やかでなかった。保子は、夫が慕っていたのは早世した自分の姉であることを知っていた。ふたりの長女・房子（中北千枝子）は、夫の相原（金子信夫）のもとから幼いふたりの子供をつれて飛び出してきた。房子は「きれいでないわたしは、夫にも父親にも愛されていない」と、菊子を引き合いにひがんでいた。修一はみんなの前で「菊子は子供だから」と皮肉まじりに、菊子をいたぶる。伸吾は、会社の谷崎（杉葉子）から、修一の愛人のことを聞き、修一をそれとなくいさめるものの、修一は反抗的で聞かない。房子は相原のもとに戻ったが、信州にある保子の実家、今廃屋へ逃避したという。菊子は体調が優れなかった。修一はなんでもないと言うものの、じつは妊娠していて、修一との関係がこのままでは産めないと、悩んでいた。菊子は中絶、実家に帰った。伸吾は、修一の愛人・絹子（角梨枝子）に会った。戦争未亡人で、修一とは別れたと言い、妊娠中の子供は自分が育てると言う。修一はこの愛人も、いたぶっていたのだ。憮然とする伸吾。保子は菊子を「剛い」と言ったが、伸吾は、菊子の心情を察した。菊子からの電話で、伸吾は菊子に会い、「修一と別れる」との言葉に、「修一の自業自得」といたわり、自分たち夫婦は信州に引き上げると告げるのだった。

をくみ上げるポンプを見ていて、山の音を聞いているという作家の感覚の中で、深い底力のある山の音の所在がなんとなくわかってきたような気がしてきたのです。小説のことはいざ知らず、成瀬映画の『山の音』では、問題の『山の音』は死後の告知どころか延命の予兆とも信吾は感じとっていたに違いないとおもえたのです」（前記）

山の音を死の予兆と見るのは、川端の実体験か、小説のための設定か、微妙。

映画は、死の予兆としてのニュアンスをあらわさずに、生（性）へのテーマも控え、成瀬らしい設定としている。

父親の役を演じた山村聡は、「嫁へのオブセッション（妄執）」が、ドラマの核だとして、「妻の姉への妄執、その変容した嫁への愛情」を演技するかと尋ねたところ、成瀬はそれを拒んだ、という（村川英編『成瀬巳喜男演出術』）。

このため、「嫁へのオブセッション」「嫁への愛情」はいくぶんあいまいに描かれ、能面をめでるというエピソードを挿入、暗喩する程度にとどめた。それが自然主義的なリアリズムの抽象化であり、徹底性を欠くと評される原因ともなっていく。主題の解釈、表現、演技指導が微細、むずかしいところ。

原節子は「めし」のモダニティから一転して、セクシュアリティを抑制する妻へ変わった。これも成瀬でなければ、むずかしい設定だろう。ここまで変えるか、変わったかと、驚かされた。「めし」とは、別人になった感すらある。

タイプ・キャスティングとは、俳優本人のキャラクターを生かした役作りのこと。小津の「晩春」

「麦秋」「東京物語」がその感を与えたし、原の演じてきたタイプ。これを成瀬は、役柄に徹底する、家族関係、夫婦関係からの離反というかたちで、逆転させた。

成瀬は、セット造りから撮影所にあらわれて、演出プランを練っていた、と中古が語っている。

「成瀬映画では、できあがったセットはキャメラの視覚内に入らなかった例は極めて稀で、『山の音』のようなセット――信吾の家をふたつのステージに分離して、それぞれにステージいっぱいつくり、長期に撮影に要するような大セットの場合、最初につくられるセットの『荷重』の敷き終わった段階から成瀬さんはひとりで道具方の作業中のステージに入って、『荷重』の置いてない空間は庭に、その空間に対して立ち上がった『荷重』の端は縁側になる――そこで具体的に図面の縁側の長さ、ホリゾンとの距離を知ることになります。柱が立ち上がったころは、プランは頭の中にありますので、部屋割りはわかります。私の簡単な説明で納得したようにステージを出ていきますが、この段階から演出プランも徐々に固まっていくようでした。セットプランの点検を終え、さらにセットの造形中の現場に現れて演出プランを練る成瀬映画で、莫大な経費費用を用いるセット運営に、自然、無駄なところはつくれないし、つくらないという前提があるわけです。セットに対する関心が特別深い監督であったことはおわかりになると思います」(『成瀬巳喜男の設計』)

成瀬流の演技指導を、この作品で、ライトモチーフ的な娘役を演じた中北千枝子は述懐している。

「何十回ってテストはやるんですよ。でも、どこをどうしろとは言わない人なんです。本当にあれは俳優泣かせでしたね。あたくしは長いこと出ているから、大体カンで分るんですよ。先生がどういうものを要求しているか。初めての方は皆んな泣きますすよ。ダメ出しが多いの。具体的な理由は何にも言わないで、『もう一回、ハイもう一回』。それだけですよ。でも、『どこが悪いんですか』って訊けませんよね。俳優として」（「常連女優が語る、成瀬巳喜男の演出術」）

その理由は、成瀬のことばでは、「つまり注文をあまりしないのです。ですからやりたいことをやってもらえれば、それをこっちで拾ってつないでゆくというやり方なんですね。特にこういう演技をしろ、こういう格好をしろという注文はしないのです。外の人からもらうのが相当あるということです」「自分の意地を張るところはあるのだが、しかし大部分は、なるべく貰いたい」（「映画の友」一九五五年五月号）というところにあった。

職場や学校などの研究会で発表する人が主体となる実践の演習スタイル。

「山の音」の登場人物たちは、すべて人生へのみたされない思いをかこち、自分の運命にのたうちまわっている。家族の複雑な心理が相関、輻輳。それぞれの関係、その葛藤は、「あにいもうと」のように激しい言葉の応酬とはならず、冷たい言葉によって、静かに冷酷に進んで、相食む。

深層意識を背負った息子や嫁、さらに娘への、父親としての心理の追究に物足りなさも残るものの、父と母、その家族へつらなった人々の影がここに穿たれ、凝縮したシンボリズムがあらわれた。成瀬の人生観の深まりを見てとれる作品といえる。

「山の音」のポイントは、つぎの三点かもしれない。

(1)自然主義的なリアリズムの抽象化

(2)原節子を代表として、タイプ・キャスティングからロール・キャスティングへの移行、徹底

(3)家と家族の密閉化、みたされない人生の心理の連鎖、凝縮、シンボル化

異端、異相の愛をシンボル化した能の世界と、ここで通底する。

成瀬の撮影スタイルの独特さについて、玉井正夫カメラマンは、振り返った。

「編集につきましては、成瀬さんはね、もう撮影のときやっている。ですから、あの方は必ず順番通りに撮るわけです。ほかの監督は、やっぱり中抜きというものをやりまして、早撮りするわけです。だから、一人の人物を撮れば、そればっかり続けてねらうわけです。でまた、相手の人物もそればっかりねらって、後で編集でつなげるわけです。しかしこれはね、編集してぎくしゃくしますね。計画性がない。成瀬さんの場合は、次から次のカットに移る、そのメカニズムを出すために必ず順番通りに撮るわけです。私も順番通りに撮ってもらわないとね、光のリズムというものを出せない。成瀬さんはだから、必ず順番に撮る。それで『よーい、はい』から『ストップ』までですね、ストップしたら、そこをハサミで切れば次のシーンにちゃんとつながるわけです。普通の監督はストップしてから、次のシーンにつなげるために、どこを切るか、ハサミでズタズタと切ってね、ただつなげるわけです。編集者は非常に楽だと言ってましたよ。そのままつないで、黒コマだけ——キャメラを止めたときに、黒コマだけ取ってつないでしまえば、もうそれでいいんだと。あの方の場合は編集が要らないわけです」(『季刊リュミエール』6)

シナリオ読みから撮影までに、全ショット(一ショット一〇秒とすると、一〇〇分で六〇〇ショット)が順序通り、黙示、イメージされていることになる。

名匠、ここにあり。

杉村春子の「晩菊」

「山の音」に自信を深め、家族のなかの女を離れて、ひとりの女が晩年へどう向かうか、その日々を凝縮、そのさまを描く作品に挑戦していく。

原作の「晩菊」は、一九四八年、林芙美子の四五歳の小説。進行する現在と、回想の過去とが、自在に交錯する、濃密な中編。ひとりひとりが人生の今から、過去をかみしめることになる。

たしかに、成瀬好みの世界。登場人物は絞られて、俳優の演技力をふるいにかける、俳優と監督の力量を見せる作品となった。

成瀬流の女優キャスティングを、こう言う。

「僕は美人系統は好きじゃない。どこにもいる女ですよ。黒澤君もそうらしく、女は得意じゃないようですが、女の見方は特異ですよ。だから、僕の場合、材料も日常茶飯事的なもので美人も出ない。そこで人間を描くことで突っ込むんです。生活から出てくる人間性、それに何か方向性を持たせたい。ありのままを描いてどうしてくれるというより、目的がいるのじゃないですか」（「丸」一九五三年一一月号）

役者はその人生の環境から作られているということであり、映画製作、演技指導にはコンセプトがあり、その両者のスタニスラフスキー・システムを生かしたキャスティングになり、演技指導の方針になる、との信条。

成瀬演出論、とくに演技指導の微細な局面に入ってきた。

田中澄江と井手俊郎のシナリオは、林芙美子の他の小説「水仙」「白鷺」を挿入した。

晩菊

製作・藤本真澄　原作・林芙美子　脚色・田中澄江、井手俊郎　撮影・玉井正夫　美術・中古智
照明・石井長四郎　録音・下永尚　音楽・斎藤一郎
東宝　一九五四六月二二日　一〇一分　No.66　ベストテン七位

＊

倉橋きん（杉村春子）はかつて芸者だった。いまは金貸しをしたり、土地を売買したりしながら、聾啞の女中・静子（鏑木ハルナ）との静かな暮らし。芸者仲間だった中田のぶ（沢村貞子）は、ぐうたらな亭主（沢村宗之助）と飲み屋を、小池たまえ（細川ちか子）は、ひとり息子の清（小泉博）を育て上げた。ホテルの女中・鈴木トミ（望月優子）は、美しいがどこか影のある娘・幸子（有馬稲子）を育て上げ、娘から嘲られながら雑役婦。きんは彼女たちから利子をとりあげているおり、のぶから、きんが昔無理心中までしようとした関（見明凡太郎）が会いたがっていると聞いたものの、もう色恋い沙汰に無縁だった。が、昔燃えるように恋をした田部（上原謙）からの手紙には心が躍った。その夕、いそいそと化粧して待った。しかし、田部は昔語りもそこそこに、金の無心。きんはすっかり興醒めた。たまえの息子の清は、めかけ稼業の栄子（坪内美子）の、つばめとして小遣いをもらっていた。たまえにはそんな子が遠くなっていくようで、いたたまれなかった。トミのひとり娘の幸子は麻雀屋で働き、客の中年男と結婚すると勝手にきめてしまう。それがつらくて、トミは羽織を売って、のぶの店で飲みつぶれた。清は栄子と別れの杯をあげ、北海道へと就職の途につく。幸子も新婚旅行にと去った。きんは、のぶから関が警察に引かれていったと聞いても、頓着せず、不動産の見立てに赴くのだった。

四人の女優が選ばれた。

杉村春子（一九〇六生）は、広島出身。新劇女優。トーキー以降脚光を浴び、母親役など重要なわき役に成長、戦前では島津保次郎、戦後になると、小津安二郎、黒澤明、木下恵介など戦後の代表的監督、代表作に助演して、日本の演劇・映画の代表的女優となった。このときまでの成瀬作品では、原節子の母親役の「めし」に出演。

細川ちか子（一九〇五生）は、東京出身。長いキャリアを持った新劇女優。成瀬作品には、「乙女ごころ三姉妹」「桃中軒雲右衛門」の妻と、戦前に主演している。

沢村貞子（一九〇八生）は、東京下町の出身、歌舞伎作者の家に生まれ、大学卒業後、新劇界に入り、左翼演劇から映画界に移り、わき役を重ねた。成瀬作品では「おかあさん」で、田中絹代の働く友達として登場している。

望月優子（一九一七生）は、横浜出身、軽演劇の踊り子からスタート。下積みが長く、前年、木下恵介監督の「日本の悲劇」で一躍脚光を浴びた。

当時三〇歳代、四〇歳代の地味なロール（ドラマの個性・性格）・キャスティングが、タイプ・キャスティング（俳優の個性・性格）にも見える、とびっきりの演技派女優たちにちがいない。

カメラを担当した玉井正夫は、詳細な映像設計を、「撮影の準備と方法」と題して発表しており、その要点は七つ（『現代映画講座第二巻　技術編』）。

a．コンポジションとカメラアングル
b．季節と各シーンの時間設定

c．照明効果
d．各シーンの画調の性格の分類
e．レンズ処理
f．フォトグラフィ
g．現像の目標
専門的になる。だが、映像から成瀬調のアウトラインを知らせてくれる。
「a．の場合―成瀬のコンポジションは狭い日本の家屋に於けるカメラ、だからカメラの移動ショットは少ない。人物の動きがコンポジションの主なファクターとなる。人物即ち演技の動きが一つの流れとなり、これが画面の連続となってリズミカルに画面が流れてゆく。画面のサイズも、人物を主としたものであり、演技を正確にとらえるカメラアングルが必要である。きわだった特異なカメラアングルは絶対禁物である」
人物＝俳優の動きに集中した描写となる。
bの季節感と時間設定。これもロケーションとセットとの関連があって、微妙、微細。
「画面に季節感を表現する事、及び各シーン毎に朝、昼、夜の時間的感覚がフォトグラフィにあらわれるように撮影設計する。即ち、野外撮影の場合、各画面に太陽光の方向や角度を選択し、又フィルターの使用によって、光の強弱を調整し画調上に効果的雰囲気を作る。屋内撮影には、人工光線によって、時間的表現の配光を工夫する」
cの照明は、「暗い日本家屋のリアリティを表現する」ことになる。

「元来日本間は洋間と違って殆ど間接光による構造となり、明るい障子や庭からの反射で部屋の明るさを採り入れたものである。それは日本固有のものであり、幽玄とか、陰々たる部屋とか言われる所以でもある」

この前提から、「陰影の深さ」が生まれ、映像として描出技術力が必要になる。

「ややもすれば採光不足からフラットな画面になり陰影のニュアンスを失ってしまう恐れがある。それに適度のフィルム・デンシティ（濃度）が必要である。そのためには適度の撮影露出が必要であり、これにともなう照明が難しい」

eのレンズ選択は、「作品内容」を読み取り、反映させるため、「使用レンズはバルダー〔メーカー名〕とした。このレンズの持つ、重厚な味と、克明な写実感はこの作品のリアリティを表現する条件に先ず及第」だから、と見た。

fは、トータルな狙い、コンセプトの意味。「侘しい庶民生活の実態が画面に写実的に、にじみ出て、その内に陰影の美しさを表現することが今度のフォトグラフィの狙い」だから。

gの現像の目標は、グラフィティの目標の定着であり、成瀬の美学を決定した。

「各画面の性格に応じて明暗の調子の変化を狙ってゆき、劇的ムードに順応したトーンを各シーン毎に作り出してゆく事にした。要約すれば、墨の黒さは一定であるが、その書き方、筆の大小、黒白明暗の度合いが各画面毎にタッチを変えてゆく事である。このような画面の起伏はその為、劇的な盛りあがりを一層効果的なものとするのである。（中略）成瀬演出のコンティニュイティはもめんのようにきめ細かく、糸が縦横に美しく織られているようなものである。カメラの描き方もこれに沿ったカメラタッチで、しかも、人物の心理をえぐり出すカメラアイで微細な表現をなさなければならない」

環境によって人物がつくられるというスタニスラフスキー・システムの演技論、その映画カメラによる実践、創造である。

「晩菊」は、綿密、細密な表現が、女優の演技と相まって、それが見事にあらわれた一作となった。いわば未明のとき、未明の局面、未明の心理の陰影の濃淡、それが女性描写のベースとなり、象徴ともなり、見る側に強烈な残影として残ることになる。

成瀬の映画を思い出すとき、即座に〈成瀬イメージ〉が、こうしたショットとして浮かぶわけはここにある。撮影した玉井の醍醐味だったとともに、見る側の醍醐味でもあった。地味で、渋いという成瀬の特質は、この残影だろう。

玉井は、晩年、自身と成瀬の映像美学について、こう証言、自負した。

「私は、強いコントラストはだめなんです。あくまで軟調というものを採り入れて光と影の効果というものを表現してという方法を私は取っているわけなんです。成

「晩菊」（東宝　1954）

瀬さんの作品に合っているんじゃないかと思いますね。コントラストでは、成瀬作品では、黒澤や溝口健二なんかとはちがったものになりますけれども」（『季刊リュミエール』6）

「晩菊」とはコーホート（同世代の、あるいはおなじ職場の一団）のライフスタイルの晩年のこと。四人の人物、女優とも、一九一〇年代から一九五〇年代の日本を環境として、体得し、形成されたことを、表現していたように思わせる人生と演技。

いわばスタニスラフスキー・システム、環境によって作られる人物を表現。二〇世紀初期から、中期までの、老年期のはじまりが、透視される。このキャスティング、その役をひとつずつ変えても面白かった、と思わせた。それぞれ別の味わいを醸して、女優業の意義を知らせたはず。

同時代の映画批評を見ると、驚きのひとこと。

「然し老女ばかりを扱った映画なぞ、いまだに誰も試みたことがなく、冒険極まる企画を活かしてこれまでに仕上げた担当者の勇気と熱意は買われてよかろう。俳優達も老練な演出にこたえてみな好演している。玉井正夫の撮影もいつもながら鮮麗だ」（飯田心美「近代映画」一九五四年七月号）

二一世紀から見ると、「老女」とは、とても言えない。この時代に映画を見ていると、そう言いたくなったにちがいない。見る側の深浅を問われる作品である。

飯島正は「この作品を見ていると、成瀬巳喜男もここまできたのかという感慨を覚えた」という（『世界の映画4　1954』）。

飯島は、そこから、成瀬の特質について、「人物・無生物の日常生活的なディテイルを特に摘出するのではない全体的な把握でうつし、そこから自然・かつ必然的にわきだすものを待つという方法」

だと、分析している。

それが成瀬の映画製作のエッセンスだった。

「右のような成瀬の方法的特徴は、『山の音』や『晩菊』にもあきらかであった。彼のショット内の人物の動きとその人物のいる場所を見るだけで、精神の動きが見るものに伝わってくるのである。その意味で或るショットはほとんど半独立の内容と表現をそなえていたとさえいうことができる。しかもそこには目に立つ様式的なものは、なに一つ感じられない」（飯島正「成瀬巳喜男の芸術」）

人物が環境の狭い空間のなかに凝縮され、動かしがたい状況や、歴史と女性の心理が構造的に把握された、ということにちがいない。いわば点を描いて、全貌を描き出すという、リアリズムの普遍化だろう。

セットを見てからコンティニュイティをたて、最終の演技指導にいたる、という成瀬の方法はこのためであったことも理解できる。

飯島のすぐれた指摘であり、深い洞察にちがいない。

人物、時間、空間、行動をできるだけ絞って、シンボリズムにしていく方法。リアリズムのミニマリズムが能になった感さえする。

飯島の同時代評は、「そこにこの作品の『のっぴきなさ』の原因があり、一種の『行きづまり』を見るひとに感じさせるものがあるようだ」（前記）と、リアリズムの最深部あるいは頂点に達したことを示唆していた。

それは一方では、ひとつの文明、生活様式、映画リアリズムという表現スタイルが、歴史的終焉にきたことを知らせた。

二一世から見ると、経済成長のはじまり、テレビの放映開始とともに連動して、それまでリアリズムといわれた芸術表現の基盤の文明が転換しはじめた。

高峰秀子の「浮雲」

秋、成瀬が「林文学の集大成」と言う、林芙美子原作の「浮雲」に着手、「私としても林さんの映画化する最後の作品になるだろう」と位置づけた。

「『浮雲』は、林さん晩年の大作である。この作品には、虚無の淵からあえぎ、あえぎ、ぬけでようとする林さんの息づかいが感じられる」

「幸田ゆき子という主人公の生き方のなかには、人間のいとなみのはかなさ、いい知れない女の哀しみというものがしみわたっている。私は、この主人公を通じて、女のはかなさというものをしみじみと描いてみたいと思っている」(「東宝スタジオメール」№26)。

きわめて高い調子のメッセージであり、期するものがあったのだろう。

成瀬の意気込みは、脚色を担当した水木洋子にも伝わった。

「『浮雲』の成瀬さんは台本を受取るやいなや、意外にも最初の一行から議論をしようという姿勢だった。徹夜で宿に居座るつもりらしく、一語々々にイチャモンをつけようという態度で、『いいえ』という女の答えを何故『ええ』と言わないのだというあんばいで、プロデューサーの藤本真澄氏が、先ず逃げ出しかけた。私も、これはいけないと思って『徹夜は苦手だから、よく読んでおいて戴きたい。明日来ますから』と、二人とも退散した。成瀬さんの気難しいところを始めて感じたのだが、あきれたことに、スタッフを集め既に撮影を準備していた」（「思い出すこと」）

こんな成瀬の意気込みは、はじめて。

さらに、このとき二五歳で、結婚を機に引退も考えていた高峰秀子の心境があった。成瀬は言う。「これは話題になったけれども、最初まだこっちが準備をはじめたかはじめないうちに、テープレコーダーにセリフを全部入れて、ちょっと聞いてくれといって自分でもってきたのですよ。それを藤本プロの事務所で聞いたけれども、そのセリフだけでうまいなあと感心してしまった」（「映画の友」一九五五年五月号）

高峰の意気込みに成瀬も驚かされた。

女の一生

［一九五五年（昭和三〇）／五〇歳］

戦後一〇年となったこの年、社会党と自民党が結成された。日本映画は製作本数が四〇〇本台に入り、アメリカのシネラマが公開され、日本映画の拡大と、アメリカ映画の対テレビ対策が明確になってきた。

成瀬初の歴史的構成の「浮雲」は、一二三分の大作として登場した。仏領インドシナ半島から東京、屋久島まで、全編、火宅と路上の構成。

「浮雲」はスタッフや専門家たちが、圧倒的に評価した。

製作の藤本真澄は、小津が成瀬に手紙を送り、成瀬を喜ばせたエピソードを追想している。

「生前、小津安二郎氏は『日本映画で私の心服した作品が二本ある。それは溝口健二氏の『祇園の姉妹』と成瀬巳喜男氏の『浮雲』である』と言われた。小津さんは『浮雲』を見て、成瀬さんに手紙をおくっている。尊敬する小津さんに『浮雲』をほめられた事を成瀬さんは心から喜んでいた」（「成瀬巳喜男氏の事ども」）

小津はたしかに「浮雲」を絶賛した。

「この間『浮雲』を見たが、いいね。大人の観賞に十分たえる、大変なもんだ。そのすこし前に、『狂熱の孤独』ってフランス映画を見たんだが、問題じゃない。『浮雲』の成瀬のうまさ――長足の進歩をとげているね。中編的な監督から、雅懐のある大物になったという感じだ。そりゃ、二三、の欠点はある……それをいれても、いままでの日本映画の最高のレベルをいっているよ。あれを見たんで今年の仕事はのびちゃった。『浮雲』だよ、なんていったってね……あ、いけねぇナ、なまけちゃいけねぇナ……とおもったね」（「シナリオ」一九五五年六月号）

「雅懐《がかい》」とは、対象を愛でる、落ち着いた心の意味。「東京物語」を作り終えた、小津自身の内心のように聞こえないでもない。

小津安二郎が「中編的な監督」と成瀬を評しているのを見ると、小津の成瀬観がわかる。

小津のあげたフランス映画、イブ・アレグレ監督の「狂熱の孤独」は、一九五三年のヴェネチア映画祭優秀作品賞受賞作品。伝染病が発生したメキシコのひなびた漁村を舞台に、フランスからの旅の途中、夫を病死で失った人妻（ミシェル・モルガン）と、妻をお産で失った失意から酒浸りの医者（ジ

浮雲

製作・藤本真澄　原作・林芙美子　脚色・水木洋子　撮影・玉井正夫　美術・中古智　照明・石井長四郎　音楽・斎藤一郎　録音・下永尚

東宝　一九五五年一月一五日　一二三分　№67　ベストテン一位

＊

昭和二一年の冬、南方から引き揚げてきた幸田ゆき子（高峰秀子）は、富岡（森雅之）を訪ねた。病身の妻・邦子（中北千枝子）がいぶかしそうに挨拶した。ふたりの関係は戦時中、仏領インドシナ半島の外地の明るい光のもとではじまった。農林省のタイピストのゆき子は、単身赴任の技師・富岡と愛し合うようになる。妻と別れるという言葉を信じて富岡のもとを訪ねたが、富岡ははっきりしない。行き場を失ったゆき子を救ったのはアメリカ兵、そのオンリーのようなパンパンになった。やがて訪ねてきた富岡をなじったはてに、よりをもどして、伊香保に行った。そこで清吉（加東大介）、おせい（岡田茉利子）夫婦と知り合う。富岡と若い奔放なおせいは惹かれあい、帰京すると富岡はおせいと同棲していた。ゆき子は新興宗教で金を儲けている義兄の伊庭（山形勲）を訪ねて金を借り、中絶した。その頃清吉は嫉妬に狂って、おせいを捜し出し、殺す。ゆき子はとうとう、若い日に犯された伊庭の囲いものになった。ある日、富岡がおちぶれて、「妻が死んだ」とゆき子のもとを訪ねてきた。死をひそかに決めたゆき子は伊庭の金を持ち出して、「死ぬ」と富岡を温泉に呼び出す。富岡は、屋久島へ林業技師として行くという。「連れてってくれ」とゆき子はすがった。屋久島へ渡る鹿児島で発病したゆき子は、雨のなか屋久島に渡ったものの、富岡が山に行ったあとの宿舎で、ひとり血をはいて絶命した。

「浮雲」（東宝　1955）

エラール・フィリップ）が、猖獗をきわめる伝染病のなかで孤独からひきつけられていく、道行きのドラマ。

映画批評家では、飯島正が「『浮雲』は一般の評価と同様に、ぼくも成瀬の傑作であるとおもう」としたうえで回想、「かねてから人間の業《ごう》が成瀬作品の中軸にあったことは事実であるが、この際それは個個の人物・個個の人間を離れた玲瓏玉のごとき抽象として出現したということである」（「成瀬巳喜男の芸術」）と言った。

みたされない人生の歴史と抽象化が、構造として提示されたことになるだろう。

技術者の専門誌は、「浮雲」のスタッフ、美術、照明、撮影のアンサンブルを讃えた。

美術を担当した中古智は、仏印の明朗・高温多湿の風土から日本内地の敗戦後の陰鬱な風土へと変わって、屋久島の果てしない雨で終わる「浮雲」の展開について、戦中と戦後の隠された巨視的ヴィジョン、日本と日本人への厳しいパースペクティブ、アジアに侵略した日本人の歴史的「業」を示唆していると見ている。

「農林省の役人が、ベトナムに出かけて行き占領政策として最初にやったことは米の掠奪でした。そのため、ベトナム人は飢餓で数十万人が餓死したのです。『浮雲』の作者林芙美子はベトナム帰りの役人の男女を主人公にし、戦後生活を書いたわけですが、何か山へ出入りする営林署の役人のように仕立ててはいますが、戦時中の侵略者としての責任を償わなければならないという観念は、作者には当然あったと考えられます。ですからダラットと屋久島は二人にとっては繋がっているんですね」（『成瀬巳喜男の設計』）

「朝日新聞」の映画評を担当していた津村秀夫は、翌一九五六年に亡くなった溝口健二に「浮雲」を推奨したときの溝口の言を、こう記している。

「あの人は非常にうまい人ですが、作品にキンタマのないのが残念です」（「成瀬巳喜男の世界」）

溝口の表現は、具体的な意味がはっきりしないが、津村は笑い、さらに推奨したという。

成瀬作品に、歴史的パースペクティブが薄いとの意味か、男性描写の歴史的・社会的ウェイトの少なさの指摘か、自然主義色の濃淡を薄くしたリアリズムの作風か、性格、世代、撮影所のちがいの意味か、表現のリアリズムのパラダイムをめぐって、たがいの異質さを指摘したなにかが、広く深く潜在している。

ふたりの異質さ、そのルーツはどこにあったかは、たしかに一言では言いあらわしにくい。評伝を書いても、書き尽くせない世界になる。

「浮雲」は、一九五五年一月に公開され、戦後一〇年目の年のベストワンに選出された。

のちに、藤本が、その時代を追想している。

「『浮雲』を製作していた頃は日本映画の観客動員も頂点の頃であり、内容的にも秀れた作品が多く、『浮雲』はその中のピークの作品であると思う」（「成瀬巳喜男氏の事ども」）

映画製作マップに戻ると、観客との応答がきわめて大きいことがわかる。

「浮雲」は日本のリアリズム映画のピークを飾るとともに、終わりを告げた作品になった。一九五三年に、五所平之助が「煙突の見える場所」、溝口健二が「雨月物語」、小津安二郎が「東京物語」を、一九五四年に黒澤明が「七人の侍」を、一九五五年に成瀬が「浮雲」と、それぞれの作風、それぞれのリアリズムの頂点に達した。成瀬は、その掉尾に位置していた。

一九五〇年代中盤から後半へ移行するとともに、歴史は白黒スタンダードサイズの、リアリズムの時代を終え、次の時代、文明へと動きはじめ、日本映画を、成瀬をつれていくことになる。

製作プロセスの地図は、パラダイムの大枠を、映画製作を取り囲む世界の動向に左右されている。

第二次大戦での「空白」は、そのパラダイム・シフトを成瀬に教えていた。

そのはじまりが「浮雲」につづく「くちづけ」（第三話）。

成瀬の助監督だった筧正典と鈴木英夫の三人によるオムニバス映画の三話のひとつ。

「ここから少し息抜きの作品が出る感じですね、これなんかまさにそれです」（自作を語る）と回想する一編だ。

監督の作風とは、どこが頂点になるのか、アスリートと同じように、自身にわからないものかもしれない。成瀬のリアリズムが最初に変貌を見せた作品であり、経済成長による市民生活の変化をうかがわせた。

東京近郊に医院を開業している金田育三（森雅之）と妻の朋子（高峰秀子）。妻がふと、看護婦キヨ子（中村メイ子）の日記を読むと、夫への恋心が書いてあり、ここを発端に、キヨ子が結婚するまでを描いた。

　高峰と森はくつろいだ演技、中村メイ子の看護婦をめぐって夫婦がやりあう場面があり、ここだけ「浮雲」の高峰にもどる。

　たしかにこれは「息抜き」の短編だが、監督の転機とは、おそろしいものだ。もはや、「浮雲」の作風、密度、ボルテージに二度と達することはできなかった。映画製作は、かかわった人だけで左右できない、歴史心理の働く一期一会の世界ということかもしれない。

　成瀬自身は、この変貌をどう感じていたのか。夏、夢とリリシズムの喪失について、語った。

「結局、むかしの若か若かしさがなくなったとか、リリシズムが欠けたとか、はげたとかいわれるが、それはしょうがない。こんどはなにがでてきたか、それが出させるか出せないかのちがいじゃないかと思う」(「シナリオ」一九五五年一〇月号)

　文明の変貌を、感じていた気配はある。テレビが普及のスピードを上げる直前の頃にあたる。シナリオ作家の水木洋子は、「たった一つ、テレビの将来について、熱海の宿で大議論したことがあって」と、成瀬とテレビをめぐって激論をたたかわせたと、成瀬の没後に回想している。次作のシ

くちづけ（第三話）

製作・藤本真澄　原作・石坂洋次郎　脚色・松山善三　撮影・山崎一雄　美術・中古智　照明・大沼正喜　録音・下永尚　音楽・斎藤一郎
東宝　一九五五年九月二一日　全巻一一五分　No.68

ナリオ制作中のことだろう。

「〔成瀬は〕どうしてもテレビを認めず、それがやがては映画の次に来るものとして、民衆の生活に密着するだろうという私の意見に感情的なまでに反対した。その論争は相当激しかったために、その時居合わせた井手俊郎さんが一周忌の時印象強かった思い出として、『あれは成瀬さんの負けね』と囁いた」（「思い出すこと」）

テレビジョンは、一九世紀にすでに構想あるいは想像されていたが、一九〇〇年に発明が予告され、一九三〇年代にほぼ完成、第二次大戦で中断した。

アメリカでは、大戦後に〈平和の配当〉と期待されて放映開始、一九五〇年代に旋風を巻きおこし、世界へ波及し、経済成長による文明の転換を、映像の分野で、あきらかにしていく。

フランスの監督ルネ・クレール（一八九八―一九八一）は、テレビの台頭をアメリカで見聞、「今後は、〝映画芸術全史〟の第一巻は、一九五〇年に終わったと認めるべきだ。テレビ時代が始まったのは、まさに二〇世紀の真ん中のことであった」（『映画をわれらに』）と、とらえた。

テレビの普及に先行したアメリカでは、映画界がテレビに対して、一九五〇年代前半は黙殺、中盤に3D、ワイドスクリーン、カラーで対抗、後半に一転してテレビ制作に参入した。

一〇年遅れて、日本でもアメリカ同様、この黙殺、対抗、参入の歴史を繰り返す。日本の映画人も、テレビの初期にはこれを軽視するか、黙殺した。成瀬もこの軽視あるいは黙殺に加わった。

一九五〇年代に生きていた人は、成瀬と同様、テレビが映画を駆逐するなどとは思えなかったのも、無理もない。映画と比較するのもはばかられるほど、画面が小さく、内容はラジオ系統の放送か、かっての短編シリアル（連続）映画だったから。

水木は、成瀬を追悼した先の文に、こうつづけている。

「私は成瀬さんがそれほど純粋の映画人だったと思うのだ。時の流れにキョトつかず、自分の肌で知ることを、自分の言葉で、さらりと述べる。それは絶叫やハッタリのない姿勢で、多くを語らず、キラリと鋭い感性を示すだけである。大人と言えば、これほどの大人は稀ではないかと思う」（「思い出すこと」）

日本の対応は、一九五〇年代後半に、ワイドスクリーンとカラーを採用、日本映画の黄金時代を一段と華やかにしてみせた。

一九五〇年代後半は、映画産業の踊り場になった。リアリズムの表現は、この踊り場に立たされた。製作者から、監督、俳優、観客と、制作スタイルまでもが。いわばブラックボックスのなかに吸い込まれていくことになる。

［一九五六年（昭和三一）／五一歳］

女性の社会進出

この年、青年層の反抗をテーマとした〈太陽族映画〉が世論と衝突、映画倫理委員会が、映画企業から第三者の組織へ転換、世代対立の予兆となって、文明の転換をも予兆した。

文明の変貌は、女性をめぐっては、専業主婦から、就業、社会進出の形であらわれていく。女性の就業人口は、一九五七年に五七〇〇万人だったが、一九七〇年に二三〇〇万人へと劇的に変化する。一

驟雨

製作・藤本真澄、掛下慶吉　原作・岸田国士　脚色・水木洋子　撮影・玉井正夫　美術・中古智
照明・石井長四郎　録音・藤好昌生　音楽・斎藤一郎
東宝　一九五六年一月一四日　九〇分　№69

一九五〇年代後半は、そのさきがけのときにあたる。

成瀬は、専業主婦、パート就業、仕事専業（自営）の三態で対応した。

この三態に、Plan-Do-See で臨むことになる。

一月一四日、東京郊外のサラリーマン夫婦を描いた「驟雨」を公開した。

原作は岸田国士《くにお》の戯曲。メインとなった「紙風船」は一九二五年の作品、時代を現代の大都市・東京郊外へと置き換える。

岸田戯曲の軽さと、前年までの「山の音」「晩菊」「浮雲」の、孤独な女の重い心理追跡の余燼をいくぶん残しつつも、「くちづけ」とおなじように、ボリュームダウンはいちじるしい。文明転換が、フェードイン、フェードアウトするような、しないような、薄明りにいる趣き、ぬるさ。

主婦業と、はたらくことでの社会進出という二面の旋回運動のはじまりだった。

原節子の自立へのボルテージの高さと、佐野の下町のダンディとノンシャランさ（無頓着）が、なんともかみあわない。新しい時代、地域、夫婦関係の雰囲気に、成瀬が、間を取りそこなっている感じ。この中編「驟雨」を、テレビのホームドラマとすれば、シリアル映画のモデル、そのテスト・パ

イロット作品として十分適応したかもしれない。

北川冬彦の批評は、「内容に何処か一貫性がなく、スター・ヴァリュにも何か決定的なものが欠ける」とクレームをつけ、「ユーモラスな明るさはあるが救いはない」「いやな後味」と指摘。夫婦関係に「何かはっきりした線を出すべき」であり、「観客は紙風船でだまされたりはしない」(「キネマ旬報」一九五六年二月下旬号)と締めた。

次作「妻の心」は、井手俊郎のオリジナル・シナリオ。

舞台は、経済成長へ向かう東京から、リアリズムの風土が残る地方都市へ転回した。

関東北部の都市、町いちばんの旧家といわれる薬屋・富田屋も時代の波にさらされている。跡を継いだ次男の信二(小林桂樹)は商売下手で、仕事に身が入らない。嫁の喜代子(高峰秀子)は打開策として空き地に喫茶店を計画、見習いにキッチンはるなに通った。

名家といっても、もはやスーパー攻勢による危機にあって、立ち往生している。失業した長男一家の帰郷、夫の芸者遊びと、家族のなかの夫婦の危機は、これまでのワクから離れたように見せる。

妻は喫茶店開店で打開しようと、三船敏郎の扮した友人の兄と交渉して、よろめきかけ、作品の地味な色合いをいくぶんでも緩和させる趣向で見せようとしている。しかし、家族のアンシャンレジーム(旧体制)のほうが強すぎて、高峰の妻ひとり、浮き上がってしまう。

二一世紀から見ると、これでは地方都市から、商店から、人は逃げ、寂れる一方だと思わないわけにはいかない。結果として、地方都市の衰退、老舗の商店の閉塞、後継ぎの夫婦の行き詰まりなど、厳しい前途をすでにあらわしている。

妻の心

製作・藤本真澄、金子正且　脚本・井手俊郎　撮影・玉井正夫　美術・中古智　照明・石井長四郎
録音・藤好昌生　音楽・斎藤一郎
東宝　一九五六年五月三日　九八分　No.70

「驟雨」と「妻の心」とは、大都市への地方都市からの人口移動、就業構造の家族自営から企業の労働者（サラリーマン）への変化と、経済成長にともなう日本の大規模な、生活のあり方の変貌の表裏をすかして見せていた。

たしかに、「シンのある女性」へ、ヴィジュアライゼーション（視覚化、映画化）できるかが、成瀬「女性映画」の新しい課題になった。

山田五十鈴の「流れる」

この年さらに、明治の文豪・幸田露伴の娘の文《あや》が、一九五五年に発表した小説「流れる」を監督した。女性たちの自営、専業の提示という、成瀬流のコンセプト。

原作は、幸田文自身が東京・柳橋の花柳界に女中として住み込み、四ヵ月間、見聞したことをもとにしている。『新潮』に連載中からシナリオ作家・井手俊郎が注目していた作品だった。

芸者は花柳界に凝縮される文化の伝承者であり、歴史や社会を彩る、異端、周縁のヒロインということかもしれない。成瀬のヒロイン像に通じている。

溝口健二は、この年の三月、遺作「赤線地帯」を発表したが、「流れる」はそれに刺激された作品だろう。

成瀬とプロデューサーの藤本は、キャスティングを楽しんでいた、という。栗島すみ子、杉村春子、田中絹代、山田五十鈴、高峰秀子、岡田茉利子と豪華メンバーなのだから、それもそうだろう。栗島は引退していたから、井手は当初、水谷八重子を構想していた。そうなると、日本を代表する女優の壮観な競演になった。

「流れる」のもとになった芸者の世界を、スタッフの女性たちの評で、ナヴィゲートしてみよう（幸田文ほか「芸者と女中と妻の生き方」）。

原作者の幸田文は、原作と同様、対象を見る視点の奥行が深い。

幸田は、芸者の寝姿ひとつをとって、そこに素人と玄人の異質さを知り、文化的ショックを知ったと告白、この世界で生き残る女は、「ただ添って流れていく柔らかさを持っている人が残っています」と見抜いて、「流れる」の表題にした、という。

シナリオを担当した田中澄江は、「幸田さんのお考えとは別かもしれないけれど、芸者さんたちの世界にも悩みも悲しみもあって、女として生きることのつらさがわかってくだされぱいいと思うわけです。結論は花柳界否定なわけですけれども、それが演説でなく出てくれればいい」と、結んでいる。

原作者とシナリオ作家は、花柳界とそこで働く女性を、対蹠的な視点から見ていたことになる。この対比が、作品の微妙なニュアンス、中和された印象感を生んでいる。

出演女優は、それぞれが演じるモデルにあたって取材、演技の糧を得て、原作者と脚本家を囲んで加わった。

田中絹代は主人公の梨花役。

町でモデルとなった女性を取材して、「どこの世界もおなじかなという一つの職場のはげしさ」として理解、女だけの世界の「女性の臭い」を感じ、「私が梨花を演ずる気持ちとしては、素人の堅気の女の愛情というものが骨になり、非常に忠実に働いているという、ただそれだけの心がまえをもってやらせていただいています」と、アシスタントとしての立場を強調した。

この立ち位置が、ドラマの遠近法を弱くしたと、私は見たい。だが、代わる立ち位置を見つけるのも、むずかしい。

山田五十鈴は、置屋の女将役。

「政治家と花柳界の結びつきが断たれない限り、花柳界はなくなりませんね。待合政治がなくなれば花柳界も変わります」と役柄とはちがって、社会的視野から説く。その社会的視点を演技に残して、否定的ニュアンスをあたえている。

高峰秀子は、芸者を失格して、稼業も嫌っている置屋の娘役。

「芸者さんの世界のことで、素人は出てくるといえば、男の人を取りっこするのが関の山、ほんとうに女同士のなかに入ってどういうものだということは、とても興味のあるところ」と、こちらは若く、役柄にあって観察者、シニシスト（皮肉屋）。それを、ネガティブな、ひねた個性として演じた。

杉村春子は、年増芸者役。

「私は、広島だけども生まれたところは花柳界だし、しょっちゅう芸者のなかにいた。（中略）年増

流れる

製作・藤本真澄　原作・幸田文　脚色・田中澄江、井手俊郎　撮影・玉井正夫　美術・中古智　照明・石井長四郎　録音・三上長七郎　音楽・斎藤一郎

東宝　一九五六年一一月二〇日　一一六分　№71　ベストテン八位

＊

隅田川（大川）に近い花柳界を梨花（田中絹代）が行く。夫と子を亡くしたという彼女は、置屋のつたの家の女中になるため訪ねてきた。主人のつた奴（山田五十鈴）の家は、姉おとよ（賀原夏子）への借金の抵当に入っていた。おとよは妹に旦那を持たせようとの算段だか、つた奴は乗り気でない。芸者なみ江が姿を消すと、叔父・鋸山（宮口清二）が給金がまともに支払われていないと強談判に来た。つた奴は困り果て、昔のあねさん芸者で、今踊りの師匠や置屋を営んでいる水野家のお浜（栗島すみ子）にすがった。つた奴の娘・勝代（高峰秀子）は、昔芸者に出たが、役たたずで、廃業。芸者や置屋を嫌って自活したがっている。つた奴の妹・米子（中北千枝子）は子持ち、つた奴板前の夫と離婚して、家事を担当しているものの、これも役たたずの方。お浜はあっさり、つた奴の金策を引き受けて、一〇万円を届けた。鋸山の談判が警察沙汰となり、その金で片がついた。つた奴の面目がつぶれ、家をお浜に買ってもらって、姉へ借金を返し、借り受けることで難をのがれた。勝代と喧嘩のはて出ていった芸者・染香（杉村春子）は詫びを入れて、この家に舞い戻る。若いなな子（岡田茉利子）はちゃっかり住み替えてしまった。梨花は、お浜にひそかに呼ばれて、「つた奴の家を、料亭にしたいから、女将として切り回してくれ」と申し出られたが、断わった。なにも知らぬつた奴が三味線を子供たちに教えていた。梨花は、さらに、なにも知らないこの家の人たちの行く手を思った。今日も大川を船が行く。

「流れる」（東宝　1956）

芸者には小さいときからよく会って、いろいろな内幕を小さいながらにもよく知っているので（中略）あれも一つの女の生き方だと思う」と、体験から語り、さすがに、その見聞、体験が、作品に掌中の世界として躍動させ、生気と哀感を放って大向こうをうならせる。

岡田茉利子は一番若い芸者の役。「いわゆるいまの芸者さん」のドライねぇちゃん振り、とさっぱり。持ち味そのものを持ち込んで、現代性を見せて、ユニーク。

特別出演の栗島すみ子は、「なんどり」と呼ばれる花街の顔役の役。

「私のうかがったモデルさんはとても立派で芸者衆が側にもよりつけないくらい権威があって、なんでもおできになる、それも口だけでなしにほんとうにやっていける方」と見、芸者の行く末について「堅気の奥さんになる人もあるし、料理屋や置屋の主人、旅館、料理屋の女中になり、身よりのない人は、係人《かかりうど》になって死ぬんでしょうね」と評した。

芸者の人生図鑑を圧縮、見事な要約に、おそれいりました。

十返肇（文芸評論家）は、原作小説と比較して、田中絹代の梨花役に物足りなさを指摘、総じて、演技派のヴェテラン女優の演技力の競演となり、花柳界の裏面への描写不足、成瀬流の恬淡なあじわいを指摘した。

田中絹代に、その知性を隠す演技はできるが、見せる演技は荷が重い。

成瀬も、芸者の仕事自体を追究するスタイルは苦手、無理だったにちがいなく、ドラマとして対象肉薄のボルテージが落ちはじめたことを、すかして見せたように思われる。

溝口の酷烈な「赤線地帯」と好対照な一作となった。

闘う女

［一九五七年（昭和三二）／五二歳］

一九五七年、映画各社はいっせいにワイドスクリーンを採用、映画は黄金時代の勢いを見せた。経済成長への移行下、女性映画はどこに向かうのか。

成瀬は、「流れる」からさらに、ひとりの個人の仕事へ突き進む女の世界へ向かった。

それが徳田秋声の「あらくれ」（一九一五）。

「あらくれ」は、貧しい農家の出で、男運の悪かった主人公お島の、逆境にあってひるまず自立していく闘いの人生を、男性的な力強い文体で、切れ味するどく描きだした歴史的評価の高い一作。

あらくれ

製作・田中友幸　原作・徳田秋声　脚色・水木洋子　撮影・玉井正夫　美術・河東安英　照明・岸田九一郎　録音・三上長七郎　音楽・斎藤一郎
東宝　一九五七年五月二二日　一二一分　№72

＊

大正のはじめ。お島（高峰秀子）は、酒屋の後妻に入った。夫の鶴さん（上原謙）は二枚目のやさ男。だが、お島が養家の長男との結婚を嫌って、婚礼の晩に逃げ出した過去に疑いをもち、妊娠すると「だれの子か」と攻めた。夫には芸者の愛人がいて、ことあるごとにお島をなぶる。とうとうお島は逆上、夫婦喧嘩のはて、もつれて二階から落ち、流産、離縁。兄に連れられて旅の途中、寒村の旅館・浜屋に宿代がわりに居残りさせられる。この宿の主人（森雅之）は、妻が実家で療養中、お島に手を出した。主人の母（清川玉枝）は、世間の手前、山奥の旅館にお島を送った。主人は手がでなかった。お島の父親（東野英治郎）は、娘の身を案じて連れ戻した。お島は東京に戻り、仕立ての内職の腕を見込まれて工場に入る。掛け合いに秀で、職工の小野田（加東大介）と所帯をもち、一軒の店を構えた。かつての夫・鶴さんの幼なじみで、お島が鶴さんとの仲を疑っていた棟梁の娘おゆう（三浦光子）と出会って、鶴さんが落ちぶれたことを聞き、「男に振り廻されちゃダメだよ、こっちが一人前の男にしなくちゃ」と意気軒昂たるもの。店は、小野田の身の入らない仕事や夏枯れで店仕舞。夫婦別居生活となったものの、また本郷近辺に店を開いて、盛り返した。結核になり東京で療養する浜屋の援助もあった。繁盛してくると、精力家の小野田はおゆうを囲った。お島は、兄から、浜屋の容体の悪いことを聞いて、見舞いに行ったが、すでに亡くなっていた。帰宅したお島は、小野田の別宅へ行き、おゆうを咎めて打擲。かねてからの計画を実行すべく、自宅に電話して、若い使用人・木村（仲代達矢）を呼び出し、新しい店を作ろうと駅で待った。

ただし、四〇年前の小説であり、どう表現するか、できるか、課題はここにある。

成瀬は抱負を語っている。

「原作には、お島の生理異常がかなり書いてありますが、そういう風にはしたくない。特殊な人間というものを避けたい。いったい、お島は勝気で行動的ですね。浮雲の幸田ゆき子とは反対みたいな女、そこに力点をおきたい。そして、現代女性の勝気は、お島の勝気とはちがってきていますが、形をかえて、ああいう女が現代に生きていると思います。そこに今日との共通性があるとおもいますね」（瓜生忠夫「あらくれ問答」）

徳田は、お島の並はずれた行動力は、性的不全感がバネになっていたという意味合いをもたせている。

成瀬の言う意味は、生理的、セクシュアルな不全感ではなく、お島の人生上の満たされなさ、そこから出る行動力をこそ描くのだという意味。自分の人生は、男や夫の伴侶としてではなく、自分で切り開きたい、ということ。

フランス一九世紀の小説家フローベール（一八二一―一八八〇）の代表作「ボヴァリー夫人」（一八五八）のヒロイン、ノルマンディの農夫の娘エルマ・ルオーの一生を思わせる。エルマもお島も男性社会のなかにあって、自立を求めた女性の生き方を示していた。

原作から半世紀、時間を経て、お島の行動と意味を、美術・装置だけでなく、歴史的に再現できるか、これがポイントだった。

プロットのつなぎかた、展開に見所があったものの、肝腎のお島の行動力の表現に成功したとは言いがたい。自立へ向かう、闘う女性の意気という点で、浮上してこない。

『浮雲』を強引にポジティブにした印象になる。

成功しなかった理由のひとつは、高峰秀子のキャパシティ（器）。

「私ね、原作物は、それでいつも困ってしまうんです。『あらくれ』のときも牛のような女だっていう。私はねずみ年だから牛にはなれない」（『婦人公論』一九六二年七月号）

ごもっとも。賢い高峰秀子は笑わせてくれる。

これは表面的には、モデルとその女優が、体型で合致しがたいことだが、さらに追究すると、「俳優の肉体的なもろもろのキャラクターには限界があり、その役のひろがりを不可避的に制限しないわけにはいかない」（『オックスフォード映画事典』）ということ。当然、内面に、行動に、波及しないわけにはいかない。

企業―撮影所の俳優のスター・システムが、タイプ・キャスティング、その俳優に合った人物を選択したとしても、ロール・キャスティングに耐えきれるかどうか、を突いている。スターはスターによって創造する人物になり、成功している場合はいいとしても、「型」にはまっていかざるをえない。おおむね、脇役はタイプ・キャスティングで固めたとしても、限界はあらわれてくる。高峰秀子のお島は、その例になった。

一九六〇年代以降になると、田中絹代が高齢女性の役へ、高峰三枝子がテレビ司会者へ、山田五十鈴が舞台へ、原節子がひそかに引退するなかで、高峰秀子が成瀬ほかのベテラン監督の作品に出演して奮闘することになるが、ロール・キャスティングの限界が、ここにあらわれていた。

岩崎昶（映画評論家）は、高峰にふれず、「成瀬巳喜男の近作『あらくれ』の失敗は、成瀬巳喜男の作家的あらくれの必要を強く感じた」（『日本映画作家論』）と、成瀬その人が「荒くれていない」と辛辣に指摘した。

成瀬には、たしかにそれはない。成瀬も「あらくれ」の失敗を認めないわけにはいかなかった。「むしろ今の時代のあらくれにする方が、共感できたのかもしれない」（荻昌弘「聞書・成瀬巳喜男論」）

そのとおりだろう。

「あらくれ」から六年後、一九二六年生まれの今村昌平は、企業―撮影所―スター・システムが崩壊しはじめた一九六三年、「にっぽん昆虫記」を作る。左幸子（一九三〇生）によって、戦中から戦後の、いわばお島を造形して、その年最大のヒット作品と、批評家のベストワンというふたつの部門のトップになるという史上初の快挙をはたし、社会的現象にすらなった。

成瀬の見たように、そして今村のしたように、時代を同時代にし、おそらくドキュメンタリー的に自身で取材調査し、適切な女優を選抜し、類型を脱することが要請される。企画において成瀬は先行したが、人物・環境を造形できなかった。

このあと、五二歳の成瀬は、荻昌弘に、来し方と行く末を存分に語った（「聞書・成瀬巳喜男論」）。森鷗外の小説の題名を借りると、「なかじきり」だろう。

自身の「暗い」少年時代、松竹蒲田時代を語り、戦中へと飛んで、さらに映画監督業と自身の性格について、こう見る。

「映画監督って、何でもやらなくちゃならない立場にあるのですよ。自分にいい状態がつづけばいいけど、映画界はいつも世界の大きな動きの中に投げこまれているでしょう。そういう時、会社からあれこれやってみろ、これをやれと言われてじゃやってみようと手を出すのが僕らの立場ですね。外の方が見て、僕がスランプに落ちてたのはこういう時なのですね。実際、やりたいものをやれない監督が多いのですよ。それに、この脚本ならこれだけのものは出せる、って脚本はナカナカないものですね」

スランプは、なぜくるのか、成瀬の弁明。その時期に今あることを語っていたのかもしれない。

「自分に出来ないと思えばやめる、という強い態度がとれなかったのですね。ちかごろ、ようやくそのような選び抜く態度がとれるようになったわけです。若いころは、その不満を映画技術で克服しようとして、まぁ、今の若い人がやるようなことも一通りはやったのですね。内容がないのをカメラを振りまわすことで補う（中略）結局、なんにもならないのですけど。それで一応は見せられるものがつくれる、という自信もできてしまったのですね。ちかごろは、あらゆる意味で、動かない。いや、動けなくなりました。もう動かない、と意識しはじめたのは、確かに『めし』（中略）その前の『銀座化粧』のあたりからですね」

たとえ原作を選べる立場にいるとして、演出できるかどうか。演出への不満足も素直に語っている。

「映画というものは、機械をつかってつくることと、多人数でつくるせいもあるのでしょうね。完璧を期そうとするとぼくはかならず余計なものまでつけ加えてしまうんです。うんと前の作品を見ると、自分で自分がつくったような気がしないからいいけど、一、二年前の自分の作品は、その余計なものが目について、たまらなく不満ですね。かりにロケーションに行っても、充分に風景をいれなきゃ、という気になってとり入れる。あとでふりかえってみると、それがまったくつまらない余計なことなのですね」

「技巧的なものを避けて、すなおに観客に見せようというのは、ぼくのねがいなんですけど……さだまったかたちができてしまうのですね。小さなことのようですが、装置のきめ方にもかたちがうまれてしまって、人物がこっちから入るとかならずあっちへでていく、という風な……。演出しているときは気づかない、ラッシュを見てから、しまった、とおもうことばかりです」

「つまり、どこかが、誰かが悪いのじゃないか。そこをなおせば、この人間や生活のどこかがよくなるのじゃないか。そういう気持ちはしだいに強くなってきたように思います。作品には、けっしてその解決はあらわれないものかもしれないのですけどね。それこそ年齢でしょうねぇ。今はそれだけをとつく《（ママ）》り返し、ひつく《（ママ）》り返して考えてる状態です。ひとつの作品をつくると、さぁそこから一歩でろ、といわれるわけですね。そうもゆかないのですよ。ひとつのモノさしがひとつの作品で出切《（ママ）》る、ということはありえないのですね。ぼくはむしろ、ひとつの作品をつくると、それをもう一度撮りなおしていきたい、とおもうくらいでしてね」

マンネリズムに陥ったが、マンネリズムは変えられない、との自白か。踊り場でのむずかしい心境、むずかしい立場だ。

「若いころから色々のものを手がけて後年落ち着くのもいいでしょうし、いくつになっても色々なものを手がけて、それが出来る人はそれでもいいでしょうね。ですけど、人間、最後はひとつことしか出来ないのではないか、ぼくはその点、かたくななのです。映画をつくるときは、ほかの人も存在するし、それだけに、自分の存在が不明瞭になってしまうのですけど、逆にぼくが小説を書いていたら、もっと狭い世界しか書けなかった男だ、と思うのですよ。手細工の職人だったら、案外いい細工物をしたと思っている」

映画という総合芸術、興行という背景を背負った世界にあっての、リアリズムのミニマリストらしい、自負心、成瀬らしい。

日本映画の方途については、悲観的だった。

「これが自由に外へ出られたなら、日本映画はもっと広くなるのですよ。その点、ぼくは今の若い人たちのハバの広い仕事を見ると、ぼくなどよりそっちの方がずっといいとおもう。が、一方、この狭い日本ではその人たちが新しい映画の世界にハネを伸ばそうとしても伸ばす場所もないんじゃないかという哀しさを感じて……」（以上、前記）

一九二〇年代に、日本の映画界は世界進出を意識、ヨーロッパにアクセスしたものの、村田実の現代劇「街の手品師」（一九二五）が不評、溝口健二の「狂恋の女師匠」（一九二六）がフランスからの購入依頼と、明暗をわけた。二〇年代後半、衣笠貞之助は「十字路」（一九二八）を携えて渡独、高評価で迎えられ、滞欧費をまかなった。

一九三〇年代のトーキー化の遅れで、世界から遅れ、一九三〇年代中盤にトーキー化、成瀬の「妻よ薔薇のやうに」のアメリカでの公開、田坂具隆の「五人の斥候兵」（一九三八）のヴェネチア映画祭での受賞があったものの、日本の孤立と大戦の勃発で後退、戦後を待つことになる。

一九五〇年代前半、黒澤、溝口の高評価は、歴史的経過のように時代劇からはじまった。ネオリアリズムの時代劇、古典劇的な作品だった。

一九五〇年代中盤になると、現代劇へ移行する。しかし、市民生活のリアリズムは後退、経済成長期へ移り、ヌーヴェルヴァーグの時代へと移ることになる。

以降、二〇世紀後半から二一世紀の日本映画は、映画館上映からテレビ放映、さらに一九九〇年代にヴィデオ、二〇〇〇年代にかけてＤＶＤ、さらにインターネットに接続したパソコンへと映画を世界に送る回路が飛躍的に拡大していく。成瀬の悲観的展望をくつがえしたのかどうか、映像メディアの交代、世代の交代によって、それが試されていくことになる。

一九五〇年代中盤、リアリズムと成瀬は踊り場に達した。

「世の中のうごきについては、わたくし、もう達観しております」「過去になにものこしたものもないのですけれど、棺桶にはいるまで、仕事をしつづけるだけですよ」（前記）

仏教のことばでいう〈脱落《とつらく》〉（悟りの境地）の心境に近いことを感じさせる。

「映画界はいつも世界の大きな動きの中に投げこまれているでしょう。そういう時、会社からあれこれやってみろ、これをやれと言われてじゃやってみようと手を出すのが僕らの立場ですね」（前記）

という認識は、ここから経済成長による文明の変貌期へ入って、戦中・戦後とは様相を異にして、また厳しく迫ってきていた。

踊り場の終わり

［一九五八年（昭和三三）／五三歳］

経済成長に伴う生活スタイルの変貌、文明・文化の変貌、それにともなうテレビの拡大、映画の変貌が、だれの目にも明らかになってきた。

映画界はフランスやイタリアの新しい、若い監督の作品が登場、世代交代を印象づけ、日本にもその傾向があらわれてきた。

一九五八年春、室生犀星の自伝的長編小説「杏っ子」（一九五六年から五七年に新聞連載）に着手した。自伝的小説のために、ひるんだことを成瀬は述べている。

飯島正は、「映画監督とは付き合わないことにしている、批評するときに、私情が出てはいけないから」と直に話されたことがあったが、それは監督にもあるのかもしれない。

敗戦後の避暑地・軽井沢と東京という舞台の展開、娘夫婦の危機と、新趣向。

当時二七歳の香川京子、三五歳の木村功のキャスト。「おかあさん」に主演した香川を、かつて「京子ちゃんみたいに癖がないということは監督としてはやりにくい」（「映画ファン」一九五二年一一月号）と言っていた成瀬がどう対処するか、見どころ。

軽井沢での疎開生活の部分は、目新しく、空間描写に見所がある。

本体のドラマは、作家として自立できない夫に、対応できないで苦しむ妻、手の施しようのない父と、うごきのとれないまま終始していく。

北川冬彦は、詩人・室生犀星の文体と、成瀬の演出を期待したにもかかわらず、「興味は外されて、つまらなさばかり目立った」と書き出し、「一体、作者はどちらの立場に立って描きつづけているのかわからないところから来ている。見た感じではどうやら娘の方に同情しているようである」と言い、「どうしてこんな男に杏子がいつまでもくっついて行くのか、疑わしくうつる」という印象を強めて

杏っ子

製作・田中友幸　原作・室生犀星　脚色・田中澄江、成瀬巳喜男　撮影・玉井正夫　美術・中古智
照明・石井長四郎　録音・藤好昌生　音楽・斎藤一郎
東宝　一九五八年五月一三日　一〇九分　No.73

＊

一九四七年、軽井沢。疎開以来過ごしていた作家・平山平四郎（山村聰）、妻りえ子（夏川静江）、娘の杏子（香川京子）、息子・平之助（太刀川寛）の一家。息子は、近所でラジオを直す、作家志望の漆山亮吉（木村功）を手伝っていた。杏子に縁談があり、相手の伊島（土屋嘉男）が訪ねてきた。それを知った亮吉は、伊島と戦地で知り合いだったが、許せない男と杏子に教えたうえ、平四郎に杏子をほしいと申し出た。杏子はそれを受けて、一緒になった。二年後に上京して、本郷に居を構えたが、漆山は作家志望の夢をかなえられない。生活は荒れはじめ、杏子の苦悶の生活がはじまった。平四郎は、出版社への仲介をするなど杏子の苦労をいたわったものの、亮吉は行き詰まった。自宅に住まわせると、亮吉の劣等感はさらにつのっていき、酒を飲んで、庭を壊すなど八つ当たり。居を変えたものの、ノイローゼと妻いじめの日々はつづいた。平四郎は、そんな夫に仕える杏子をいたわりつづけるのだった。

しまう。「成瀬巳喜男の自然主義の演出は、ここに行詰りを来したと見るより外ない。自然主義でゆく以上、その頂点『浮雲』を抜くことはできない。自然主義の脱出こそは、これからの成瀬巳喜男の課題である」（「キネマ旬報」一九五八年七月上旬号）

作家という職業のスペシャリストとしての特性を、ホームメイド・スタイルの作風では制御できないこと、これがあらわれた。演出思想・方法まで、ダメをおされた。〈脱落〉の心境が、作品にあらわれた、ということもないとは言えない。

一時代遅れた感の深い「杏っ子」の興行的失敗は、監督生命の存在理由を問われることになる。美術担当のコンビを組んでいた中古智は、この作品の失敗によって、成瀬は藤本真澄プロデューサーの管轄下、そのリーダーシップのもとに入った、と見ている。

成瀬も、自作を取り巻く文明の変貌を自覚していたはず。

淡島千景の「鰯雲」

成瀬は、白黒、スタンダード、ローキートン（暗い画調）のリアリズムから、カラーへ、ワイドスクリーンへ、さらに俳優の世代交代へと、文明変貌に対応した転調をはかった。

その第一作は、和田伝の一九五七年の小説「鰯雲」の映画化となる。

シナリオライターも、女性作家から、社会性と人間性の関係に持ち味を発揮していた橋本忍に変えた。

脚本が橋本となった結果、男女関係に的を絞って「循環的」に描く女流作家の視点から、男女関係は相対化されて、それぞれの世代と人生を多面的に、展開を直線的に提示する方向にひろげられた。ジェンダー的シナリオの特色を、辻万里（「シナリオ」「ドラマ」編集人）は、そう指摘する（直談）。

ロケーションも、農村地帯へと展開、徹底した。

場所と人物造形のロカリザシオン（地方化）を徹底、かつて地主だった一家の長男と長女の農地解放からの十余年経過した今を、現出させる方法であり、ドラマ構成となった。

初の色彩、ワイドスクリーンを生かそうと、空間を広くとった画面構成になっており、白黒撮影、スタンダードのスクリーンサイズを一新、拡大した作風の感が強い。

「鰯雲」（東宝　1958）

初期カラーの難点は、原色が強く出るためにフォーカスのポイントを定めにくいことだったが、この作品は不自然な感じを与えない。

ワイドスクリーンもフォーカス点が定めにくく、空いた空間ができることに難があったが、これも、東京近郊の風土がクリアしている。

カラーによるロングショット空間のよさが画面全体に、親近感、好感を持たせた。

淡島千景（一九二四生）をはじめ、スターの農家の生活ぶり、とくに淡島の農作業は批

鰯雲

製作・藤本真澄、三輪礼二　原作・和田伝　脚色・橋本忍　撮影・玉井正夫　美術・中古智、団真
照明・石井長四郎　録音・藤好昌生、宮崎正信　音楽・斎藤一郎
東宝　一九五八年九月二日　一二九分　カラー・ワイド　No.74

＊

東京近郊、厚木辺の農村。八重（淡島千景）の家に新聞記者・大川（木村功）が取材に来た。八重は夫を戦争で失い、義母とひとり息子と生活している。八重は大川と町の食堂に入ったところ、女学校時代の同窓生・千枝（新珠三千代）の店だとわかった。八重の兄・和助（中村鴈治郎）は戦前は大地主であったが、今の土地はその五分一以下になった。親子九人の大所帯。老いと時代の波が和助に寄せてきていた。八重は、兄の長男・初治（小林桂樹）の結婚相手を調べに在所へ行く。取材したいという大川も同行した。相手のみち子（司葉子）の継母とよ（杉村春子）は、和助の最初の妻とわかった。農家にあわないと、和助の父から家を出されたのだ。八重と大川はバスに乗り遅れて泊り、大川には妻子があったが、結ばれた。和助の次男・信次（太刀川洋一）は銀行員、町に下宿している。分家の浜子（水野久美）は信次のもとに足繁く通っていた。初治とみち子の新婚夫婦は、千枝の旅館の裏二階に所帯をもった。八重は、和助ととよを会わせた。しみじみ来し方を語りあうふたりだった。浜子は信次とでき、三男の順三（大塚国夫）と浜子を一緒にさせようという和助のもくろみは、あっさりくずれた。その順三は自動車整備士になりたいという。とうとう和助は折れ、初治夫婦は家をとよから貰い、信次は浜子と結婚する。田を売って、順三には資金を作ってやった。大川の転勤を聞いた八重は動揺、和助から「お前が頼りだ」と言われても、自信がなかった。八重は、大川の出発の日、駅にも行かず、鰯雲の下で田を耕していた。

評家にからかわれたりして、やはりみんなそこを見ていたかと言われそうだが、スタイルがよく、ちょっと照れた感もあり、新鮮だった。

淡島は、東京・日本橋の出身で、宝塚に入り、演技力の評価が高く、その力量を映画界で発揮したタカラジェンヌ屈指の女優との声望に応えた。

ぼやきまくる中村鴈治郎も、歌舞伎名題がいじましい元地主を好々爺に見せ、哀感をかもし出し、こちらも好演。

前年の今井正監督の「米」（一九五七）は、土地なき農民たちの暗澹とした生活を描いたのにたいして、「鰯雲」は経済成長下の、豊かな農地、農家の位置、世代交代、一家共同体の解体、個人それぞれの生き方を開示して、農村のこのときを彷彿させた。

東宝というモダニズムの企業が、農村を取り上げたことに驚くとともに、成瀬の大都市近郊の農村レポートに、日本と日本映画が変貌していく魅力があった。

当時一〇代半ばで見た私は、それが忘れられない。

この作品評価に気をよくして、舞台を地方に据えて、つづく「コタンの口笛」に着手した。

［一九五九年（昭和三四）／五四歳］

カラーによる変容

一九五九年に、フランスやイタリアの新しい監督の作品が続々公開された。

その陰で、日本映画は観客の減少がはじまった。テレビは、皇太子と民間人との婚約、結婚パレー

コタンの口笛

製作・田中友幸　原作・石森延男　脚色・橋本忍　撮影・玉井正夫　美術・中古智　照明・石井長四郎　録音・藤好昌生　音楽・伊福部昭
東宝　一九五九年三月二九日　一二六分　カラー・ワイド　No.75

ドがあって、普及（白黒）に拍車がついた。

「コタンの口笛」の公開は、日本映画界がもっともうるおっていた年にあたり、千歳川のオープンセットに驚かされる。カラー化によって、児童向けの小説ともとれる地味なドラマにバランスをとった。

だが、セットの大がかりなことと、派手な色彩は、逆にドラマのリアリティを殺いでしまった。父、子供たち、周囲のアイヌの人たち、対置された日本人、そのドラマを描きだすのはむずかしく、表面的なものに終わった。アイヌと日本人のディスコミュニケーション（断絶）というテーマは、児童文学的に、抒情的に語るだけではすまず、日本人が避けたい主題でもあったのだろう。

このとき一五歳で見た筆者も、ラストシーンに映るだだっ広い学校のグラウンドをどう評価したものか、考えあぐねた。

のちに高峰秀子は、成瀬の演出にふれて、カラー化は成瀬の作風を微妙に変え、転調のひとつの理由になった、とこう述べている。

「成瀬巳喜男は、風景も演技も、自然以外のすべてを嫌った。特にカラーフィルムを嫌い『周りの色が邪魔でかんじんの芝居が見えない』と言っては、俳優の周りにある額とか花とかいう小道具を取り除かせた」(『私の渡世日記』)

世界の多くの映画監督は、初期のカラー化を好まなかった。カラー化は、ワイドスクリーンとともに、違和感、凝集感覚の欠如、フォーカスポイントの設定の困難さ、を生んだ。このため、一九六〇年代に、徐々に、進展せざるをえなかった。

「一九六〇年代になってはじめて、テレビジョンや雑誌やアマチュアの写真に色彩が行き渡るようになって、ナチュラリズムとしてスクリーンに受け入れられるようになった。デザイナーやキャメラマンは、以前の〈色彩は自然にあらず〉という頭に染み付いた考えから転換し、白黒の中間的な灰色で、カラーと同じようにリアルといえないスタイルから発展させ、場面の当該の対象に対する、観客の注意を乱す色彩を抑えた、色合いに気を配った」(『オックスフォード映画事典』)

成瀬巳喜男は、まぎれもなく、そのひとり。

白黒画像、スタンダード映画の時代は、文明の交代とともに後景へ引きはじめた。

成瀬は、戦後三度目の映画の変貌の場に、立ち向かうことになる。それが、最後の一〇年となった。

5 文明変貌、孤立

《一九六〇年代》

「ひき逃げ」（東宝　一九六六）

一九五七年に、成瀬が「映画界はいつも世界の大きな動きの中に投げこまれている」（荻昌弘「聞書・成瀬巳喜男論」）と述べた動きが、ついに日本でもあらわれた。ほかでもない、経済成長による文明の変貌という動きであり、敗戦によって立ち遅れた日本にも、到来してくる。

すでに、映像のセクションでは、戦勝国アメリカで大戦の終わりとともにあらわれており、一九五〇年代に大々的に展開したテレビの普及による映画産業の後退だった。

これを目撃して、フランスの監督ルネ・クレールは、その原因を「テレビが映画の衰退を招いたと好んで言う人間がいる。しかしこの衰退原因は、〝民主的安楽〟と呼んでよい傾向のせいだと言った方が、より正確だ。自動車と同様、テレビもこの傾向の主要な要素だ。この点に関して、映画人口がガソリンの消費の増加と反比例して減少したことにそれほど注意が払われていなかった」（『映画をわれらに』）と、経済成長、さらに文明変貌のなかで指摘することを、わすれなかった。

変貌はまず、ヨーロッパにあらわれた。映画産業の規模が小さいヨーロッパ諸国で、変革へののろしがあらわれたのは偶然ではなかった。それがフランスから登場したヌーヴェル・ヴァーグ（新しい波）。一九五七年、フランソワーズ・ジルーというジャーナリストの命名した言葉が世界を席巻していく。ジルーは映画界に起きた若い世代の登場を、そう呼んだ。

ヌーヴェル・ヴァーグに理論と実践で、批評家から監督として登場した人が、ジャン＝リュック・ゴダール。

その論点を整理すると、こうなる。

(1)観客の減少による企業製作映画の後退（撤退あるいは解体）、結果として監督の映画へ。とくに一九二〇年代、一九三〇年代生まれの監督への世代交代。
(2)それまでの基盤となったリアリズムの表現が、文明の変貌に対応して後退し、新たな文明に対応した、製作―表現スタイルの採用。
(3)新しい文明のなかに生きるひとを、その文明とのコミュニケーションの断絶、疎外としてとらえる作品の提示。
(4)観客の交代、成人層のテレビへの移行と、映画の若い観客層への特化。
ゴダールの主張は、先駆的に、映画と映画産業がおかれていた位置をひろく構造的にとらえており、グローバルに広がっていく（千葉『映像史』）。

成瀬の作風が全否定されるものにちがいなく、成瀬のみならず映画人にとって、これまでの製作スタイルを逆転させるたぐいの驚愕の映画論になった。

観客にとっても、特に、観客が若年層に特化するとゴダールが説いたそのなかのひとりの若者だった私にとっても（一九六〇年代が一五歳から二五歳まで）、思ってもみなかった変動に圧倒されることになる。

アメリカを見ると、一九四六年に、四六億人というとてつもない人数を示して以来、下降しはじめた観客数は、底の知れないまま、カラー、ワイドスクリーンと転換させても、下降しつづけていた。

ショックを目の当たりにしていたジョージ・キューカー（一八九九生）は、ハンガリー系アメリカ人。演劇からスタートし、トーキーの到来とともに、ハリウッドに入り、成瀬とほぼ同時に監督になった。俳優指導に定評を得、シナリオを重視し、映画表現の独自性もあらわし、アメリカでの〈女性映画〉監督の第一人者と呼ばれることになる。

その女優陣は、グレタ・ガルボ、ジョン・クロフォード、キャサリン・ヘップバーンから、「風と共に去りぬ」のスタート時点での監督であり、ヴィヴィアン・リー、オリヴィア・デ・ハビランドの信頼が厚く、大戦後の新星たちを指導、六〇年代には、オードリー・ヘップバーンの「マイ・フェア・レディ」(一九六四)で、アカデミー作品賞・監督賞などを受賞した。

成瀬より六歳年上のキューカーは、映画監督の秘訣を、長いキャリアから、こう説いている。

「年齢を重ねると鈍くなっていく人がいる。徐々にしぼんでいって消えてなくなってしまうように思える人がね。かと思うと、華々しく登場して将来を嘱望されながら急にダメになる人もある。野心に欠けるからか、知性に欠けるからか、あるいはまた生来の何かが災いしているのか? おそらく生来の何かなのだろう……ともかく重要なのは、度を失わないこと、萎えてしまわないこと、そして身にそぐわないと感じる時代の猿まねはしないことだ。わけのわからない時代を理解しようと努めるのはいいだろう。でも、頑張っていくにはこれまでどおり自分の脚で一歩一歩踏みしめていくよりないのだ」(ギャビン・ランバート『ジョージ・キューカー、映画を語る』)

「おそらく生来の何かなのだろう」という言葉は、成瀬に照らしても、意味深い。

日本は、映画の観客が一九五八年にピークを打って一一億人を超えていたものが、年に八〇〇〇万人平均で下降しはじめた。ここからの十数年、減少はとどまるところを知らなかった。

その日本で、二〇世紀史上もっとも大きな文明変動に遭遇した映画産業にとって、またスタッフにとって「わけのわからない時代」に、どう「女性映画」を展開していくのか。それが、企業映画の周辺にいた、作家監督、成瀬の焦点にならないわけにはいかない。

映画興行のフィナーレ

［一九六〇年（昭和三五）／五五歳］

戦後からの冷戦がつづいて、この年に日米安保改定をめぐって世論が激化し、岸信介首相は退陣、池田勇人首相は経済成長政策によって、冷戦下の政治から経済への転換を主導していく。

映画界の動向を、『映画年鑑』の総説からみたい。

「五九年下半期から六〇年上半期にかけて緩慢ながら映画界の相対的な不況はさらに進んだ。（中略）不況の原因は、テレビの普及および各種の娯楽の発展にともなう大衆娯楽の映画の相対的位置の後退であると結論されて、各種対策が検討された。また近い将来に予測される為替貿易の自由化に対して、強大な外国資本との激しい競合も予想して対策が検討された」（一九六一年版。この年鑑は出版時期のため、各年度、前々年の下期と、前年度の上半期の記述になる）

映画界は二年前の史上最高の観客数を受けて、この年は、映画館は七四五七館で史上最高を、製作本数は五四七本で戦後最高を示した。

観客増大を当て込んだのか、期せずして、一九六〇年が日本映画の黄金時代のフィナーレとなった。

これを受けて、成瀬は、三本と二分の一本を監督していく。

正月一五日に「女が階段を上る時」、ゴールデンウィークに「娘・妻・母」、夏休みの前に「夜の流れ」、一〇月一日に「秋立ちぬ」と、いわば成瀬への期待感がピークに達した年になった。

女が階段を上る時

製作・脚本・菊島隆三　撮影・玉井正夫　美術・中古智　照明・石井長四郎、宿原一郎　録音・藤好昌生　音楽・黛敏郎

東宝　一九六〇年一月一五日　一一一分　ワイド　No.76

＊

八代圭子（高峰秀子）は銀座のバーの雇われマダム。マスター（山茶花究）から売上が落ちていると責められた。上客の美濃部（小沢栄太郎）が、このバーにいたホステスのユリ（淡路恵子）に店を出させて、寄りつかなくなったためだった。マスターは暗に体を張るように強いた。圭子をこの店に招いたバーテン小松（仲代達矢）は、ひとり身の圭子に思いを寄せ、マスターの挙動に心配気。独立したユリは、周囲には陽気に振る舞っていたものの、店は火の車、狂言自殺のつもりが、睡眠薬の量を誤って死んでしまう。圭子は胃潰瘍にかかり、月島の実家で休養した。甲斐性のない兄（織田政雄）が子の手術費用をねだり、がさつな母（賀原夏子）がそれをとりもち、休養もままならなかった。圭子は復帰、奉加帳をもって歩き、新しい店を小松と出すという。が、実直そうな客の関根（加東大介）にほだされて結婚したものの、関根は姿を消す。じつは妻子持ち、町工場を放り出して逐電していた男だった。銀行の支店長・藤崎（森雅之）は転勤の前夜、圭子と一夜をともにして、株券を置いて去っていった。小松は圭子をなじりつつも結婚してくれと言うが、圭子は小松の若さを思って受けつけない。今日も圭子は銀座に林立するバーへ、狭い階段を上っていく。

その第一作は、「コタンの口笛」不入りのため、シナリオ作家の菊島隆三がプロデュースとシナリオを買って出た「女が階段を上る時」。

銀座のバーを舞台にした、グランドホテル仕立て。高峰秀子を主演に、森雅之、仲代達矢、加東大

介、中村鴈治郎、小沢栄太郎の男優陣、淡路恵子、団令子の女優陣を配した。

十年一昔、「銀座化粧」のつましい生活、ほのぼのとした人情世界は、見事にくつがえされる。一転、ヒロインと人物群とのあいだにコミュニケーションが失われていく（ディスコミュニケーションの）さまを、入念に見据えた。

当時三六歳の高峰秀子と、三七歳の淡路恵子のホステスが見せるコントラスト、小沢、加東、森、仲代、中村と男優陣の演技力の競演の感が深い。

「女が階段を上る時」は、夫婦、家族にヒロインを置いた作風からのあざやかな転換となり、ひとりぼっちの女たちと、企業戦士としての男たちの立場を浮き彫りにした。ヒロインを軸とした構成で、経済成長、文明の転換の社会構図を圧縮、孤立する女の追究が、一九六〇年代の成瀬の最大のテーマとして浮上してくることになる。

「女が階段を上る時」（東宝　1960）

作品の評価もよく、成瀬は、菊島の健闘とともにたたえられ、以後の男性のシナリオ作家への転換を決定づけた。
次いで「娘・妻・母」では、逆転して、拡大家族という一家の大型ホームドラマ。
母に三益愛子、長男夫婦に森雅之と高峰秀子、次男夫婦に宝田明と淡路恵子、長女に原節子、次女夫婦に草笛光子と小泉博、三女に団令子を配した、オールスター映画のキャスティング。

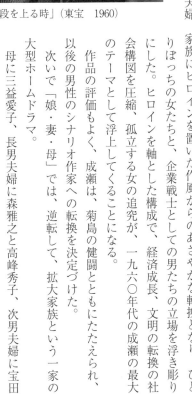

娘・妻・母

製作・藤本真澄　脚本・井手俊郎、松山善三　撮影・安本淳　美術・中古智　照明・石井長四郎
音楽・斎藤一郎　録音・藤好昌生、下永尚
東宝　一九六〇年五月二八日　一二二分　カラー・ワイド　No.77

＊

東京、山の手の坂西家には、母あき（三益愛子）と、長男の勇一郎（森雅之）、妻・和子（高峰秀子）に一児。末娘の三女・春子（団令子）。商家に嫁いだ長女の早苗（原節子）。教師と結婚した次女・薫（草笛光子）。次男・礼二（宝田明）は妻（淡路恵子）と共稼ぎ。早苗は夫の交通事故死によって、家に戻った。未亡人となった早苗に、葡萄工場の技師・黒木（仲代達矢）が好意をよせた。勇一郎は和子の叔父・鉄元（加東大介）から借金を申し込まれて、利子を生計の足しにと引き受けていた。早苗は友人から五条（上原謙）を見合い相手として紹介された。母の還暦祝いがなされたあと、鉄元が行方不明になったことを知らされた勇一郎は愕然とした。母に内緒で家を抵当に入れていたのだ。相続するはずの財産を失った兄弟は、母の面倒をだれが見るかと紛糾。早苗は、黒木をあきらめ、母を連れて資産家の五条のもとに行き再婚しようとした。母は母で老人ホームに入ると言う。嫁の和子は、「義理の母と思ってわだかまりがあったが、他人と思えばうまくやっていけるんじゃないかしら」と煮え切らない夫に言う。

経済成長で、拡大家族が核家族へ分解していく構成。家族の情、コミュニケーションから、個人個人の自己主張によるディスコミュニケーション（疎外・断絶）へ、テーマ、劇的なものも移った。ただ人物が多すぎて総花的。「うがった見方をすればこの一篇の立案のうらには顔見世狂言的なあ

る種のねらいがあったのではないか」（飯田心美「キネマ旬報」一九六〇年六月下旬号）との評がそれを言っている。

しかし、藤本真澄の製作コンセプトが生きて、狙いどおり、この年のヒット部門の五位をしめた。この年夏の「夜の流れ」は、成瀬より一三歳若い川島雄三との共同作品。製作は藤本真澄と成瀬。川島は一九一八年生まれ、戦争末期にデビュー。人は、生きていけばいくほど、腐敗していくという、独特なメッセージを発揮した異色の監督。黒澤明、木下恵介、今井正などの監督を輩出した一九一〇年世代だ。

だが川島は、社会派的なヒューマニズムではなく、むしろ反対に、「洲崎パラダイス　赤信号」（一九五六）、「幕末太陽伝」（一九五七）と、生活臭のする男女の、屈折した、くすんださまを、悲喜劇調で追究し、作家監督として特異な個性を発揮していた。

見せ場は、三橋達也の役。帰還兵だったルーツがあり、成瀬には登場しないタイプの男。川島の持ち味がこのキャラクターに投影して、ドラマの影の核心となっている。

母役の山田五十鈴と愛人関係にある三橋の板前にたいして、フレッシュな娘に扮した司葉子（一九三四生）を際立たせる趣向。成瀬が川島の、一種のディスパレートなトーンを、司がバランスをとってやわらかくしている感があり、川島の参画した作品としては、おだやかな味わいに仕上がった。

母と愛人のルーツ、その関係、娘の成長プロセスが描かれていないから、見るほうは、そうおもしろかったとは言えない。ラストで芸者を選んだ司に、一杯食わされた感が残り、ご都合主義は隠せない。

夜の流れ

製作・藤本真澄、成瀬巳喜男　共同監督・川島雄三　脚本・井手俊郎、松山善三　撮影・安本淳、飯村正　美術・松山崇、北辰雄　照明・石井長四郎、高島利雄　音楽・斎藤一郎
東宝　一九六〇年七月一二日　一一一分　カラー・ワイド　No.78

＊

東京下町の料亭・藤むら。女将の藤村綾（山田五十鈴）には、ひとり娘の美也子（司葉子）がいた。この店の資金は園田（志村喬）が出した。ふたりは資本家と女将の商売だけの関係。園田の娘の忍（白川由美）と美也子はいい友達だ。店の板前は、シベリアから帰還した五十嵐（三橋達也）。美也子は興味をもったが、母と五十嵐はできていて、入院見舞いに行った折、母と抱き合っているところを見て、母に反感をもつ。退院した五十嵐は「辞める」と言いだしたため、綾は出羽包丁で切りかかり、噂は街にひろがった。園田は綾を解任、綾は出奔した五十嵐の跡を追っていった。美也子は芸者になると忍につげた。忍は、父の秘書で、美也子が見合いで振った相手の高見沢と結婚して外国へ行くという。美也子のお披露目の日がきた。その着飾った表情に翳りはない。

秋に入って、黒澤明監督の「悪い奴ほどよく眠る」の併映用作品として、成瀬のプロデュース、監督による「秋立ちぬ」が公開された。

二七年前の自作「君と別れて」のリメイクかもしれない。成瀬が少年時代通った築地界隈が舞台。白黒、ワイドスクリーンの映像が、文明変貌下の成瀬のリリシズムを醸し出した。

少年時代にしか育まれない、ほのかな恋心と別れをさりげなく見せ、隅田川河口の人情も風景も、高度経済成長へ飲み込まれていくさまを透視して、せつない。

「幼いものの友情を中心にして、淡々とその周辺の人情風俗が背景に描かれているのだが、寸描的なそれが大人の世界を鋭く描写することによって、成瀬監督は少年少女の抒情をいっそう哀しく浮き上がらせている」（山本恭子「キネマ旬報」一九六〇年一一月号上旬号）

秋立ちぬ

製作・成瀬巳喜男　脚本・笠原良三　撮影・安本淳　美術・北辰雄　照明・隠田紀一　録音・斎藤昭　音楽・斎藤一郎

東宝　一九六〇年一〇月一日　七九分　ワイド　No.79

＊

夫を亡くして、深谷茂子（乙羽信子）は小学六年の一児・茂男（大沢権三郎）を連れ、銀座裏、築地のあたりで八百屋をひらく叔父・山田常吉（藤原釜足）宅に身を寄せた。茂子は近くの料亭・三島の女中として早々に働きにいった。叔父は、妻（賀原夏子）と息子の昭太郎（夏木陽介）、娘（原千佐子）の四人家族。広い道、疾走していく車に驚いた茂男、近所の駐車場で野球にくわえてもらったが、逃げ遅れて監視人にバットを取られた。淋しい茂男の相手は昭太郎と、三島を経営する直代（藤間紫）のひとり娘・順子（一木双葉）。順子とデパートの屋上へ行ったが、濁った空の下の海は遠くに霞んでいる。帰途会った母は、みちがえるほど垢抜けて、真珠商（加東大介）と連れ立って歩いていた。まもなく、母は駈け落ちして行方不明となった。ひとり残された茂男は夏の終わり、順子と埋め立てをしている海へ遊びにいった。茂男が、田舎の祖母から届いた林檎箱に潜んでいたカブトムシを順子に届けに行くと、三島は店仕舞いし、直代と順子親子もすでにいずれかへ越していた。二号だった直代は旦那に体よく追われたのだった。茂男は、ひとりぼっちになって、呆然とするのだった。

黒澤の社会派「悪い奴ほどよく眠る」と好対照の、二本立て。

劇場で見た当時一五歳の私は、親に見離された子供はこういう位置に立たされるかと、しんみりした。リアリズムのミニマリズムという、成瀬の視点が、突然、子供に仮託されて、浮かんできたから。

一九六〇年という、歴史の分岐点で大都市の一地点を描いて、孤立感を見せた。

成瀬は、この年、自分で設計図を書いて、成城に家を建てている。一九五〇年に渋谷から世田谷区鎌田町へ移り、一九五六年に同じく砧町へと、東宝撮影所を回るかたちで住みかえ、成城が終のすみかとなった。

恒子夫人は、「お父さんの部屋ということになっている部屋が北側にありましてね。そこの椅子に座って庭を見たりしていましたね」（村川英編『成瀬巳喜男演出術』）と思い出を語っている。

フィナーレの終わり

［一九六一年（昭和三六）／五六歳］

この年、経済成長は岩戸景気と呼ばれる情勢となり、レジャーブームが到来、ルネ・クレールの展望のように、映画産業の斜陽があきらかになった。

映画界では、新東宝が倒産、映画産業の危機は早くも現実になった。

「わが国の映画産業は、国の直接的な保護助成策をたのまず業界各企業の努力で、その発達をかちとってきたが、テレビの普及その他に原因する相対的な業績下降に、数年来、各種の助成政策を望んで、根強い運動を続けてきた。基本的には同じマスコミ産業として公共に奉仕している映画産業を、テレビや新聞などと税制その他の面で同列に扱えというものである。六〇年下期から六一年上期にかけては、前年期に引き続き政府の各種施策について運動が行われた。（中略）対テレビ問題も、テレビ各局と申し合わせをするところまでこぎつけ、両者協調について今後の足がかりをつかんだのは当期内の最大の収穫であった」（『映画年鑑』一九六二年版）

成瀬はこのころ、映画界について語っている。

「映画はトーキー、色彩、ワイドといろいろ変化してきました。しかし、その変化のそれぞれが映画にどんな効果をつけ加えてきたかというと、これは期待したほどのことではなかったような気がします。要は人それぞれの人間のつかまえかたである、といえるのではないでしょうか」（「キネマ旬報」一九六二年六月下旬号）

ワイドスクリーン、カラーはともに、アメリカと同様、テレビへの有効な対抗策にはならなかった。

「ぼくみたいに狭い日本の部屋のなかの話ばかり撮っていると、色彩になり、ワイドになっても、そう違ったものは出てこないのです」

「ぼくなど古いタイプの人間ですから、なんとかおなじようなことをやりながらもだんだんそれを磨きあげていく、狭い範囲の職人的な仕事をしてきた」

「こうしたぼくらの時代の映画を新しく若がえらせる仕事は、これからの若い世代の人たちに期待する以外にはないでしょう」（前記）

日本も、一九六〇年代は、「若い世代の人たち」が「映画を新しく若がえらせる」時代、ヌーヴェル・ヴァーグの時代に入っていた。企業映画、リアリズム表現、成人女性層という成瀬のバックグラ

妻として女として

製作・藤本真澄、菅英久　脚本・井手俊郎、松山善三　撮影・安本淳　美術・中古智　照明・石井長四郎　録音・藤好昌生、下永尚　音楽・斎藤一郎

東宝　一九六一年五月三〇日　一〇六分　カラー・ワイド　№80

＊

銀座のバー、カトリーヌのマダム西垣三保（高峰秀子）は、河野圭次郎（森雅之）の愛人だった。ふたりの仲は長い。河野には綾子（淡島千景）という妻があり、弘子（星由里子）と進（大沢権三郎）のふたりの子供がいた。店の名義人は綾子、月々一〇万円を払っている。常連の南（仲代達矢）から「奥さんと二号が仲がいいなんて、薄気味悪いや」と言われている。河野と三保は伊豆へ行ったが、教え子の学生に見られた河野はうろたえ、三保は情けなかった。三保は、帰京後、南のアパートの前まで行ったが、なかには入れなかった。河野が久しぶりに来たとき、泊まるように頼んだが、河野は帰り、三保は別れを決める。綾子を訪ねた三保は、「お金か店かどちらかほしい」と切り出してみたが、綾子から自分が被害者とはね返された。バーのマダムたちと集って、心中をさらけだし、母に愚痴をぶちまけて、残された道は、ふたりの子の母は自分だと名乗り出ることだと決断した。綾子は子供が生めなかったのだ。三保は進を連れ出したが、言い出せない。三保の友人・福子（淡路恵子）が進にそれを教え、進は弘子にさっそく告げ、弘子はショックを受けた。三保は結局、五〇万円の手切れ金をもらいカトリーヌを辞めた。「四〇にもなって女がジタバタしても、たった五〇万円」と荒れる。弘子は女子寮に入った。そんな弘子のもとに、家に帰ってもつまらないと進が遊びに来ていた。蟬の鳴く季節だった。

ウンドは、マイノリティにならないわけにはいかない。

この年の成瀬作品は、「女が階段を上る時」の高峰秀子を主演に、中年のひとりぼっちの女たちの「性《さが》」に焦点をあてた作品に特化する。「妻として女として」は、「女が階段を上る時」の菊島隆三シナリオを下敷きにしつつ、ヒロインの過去から現在を提示した、井手俊郎と松山善三のオリジナル・シナリオ。

淡島千景、高峰秀子の二大女優によって、育ての母、生みの母のふたりの母が、子供をめぐって相克に発展、子供ともども、みたされないまま終わる。

あらたに登場させた子供のあつかいかたには、疑問がわかないわけにはいかない。この姉弟のふたりが、もっとも大人らしい感さえする。トラウマが残るのは、おそらくこの子供たちなのだから、やりきれない。

成瀬にとって、映画も、自身のそれも、女性の方途も、ここにくると、自立、自営への選択の余地がないかのようだ。

変調

［一九六二年（昭和三七）／五七歳］

この年、キューバ危機で東西世界の対立、冷戦は現実になり、緊張が高まった。

危機が収まった後、ソ連のフルシチョフ首相がアメリカを訪問、雪解けを世界に知らしめることになる。

そのハリウッド訪問について、ジョージ・キューカーが回想している。

「二十世紀フォックスの社長が彼のために撮影所内で昼食会を催した。このロサンゼルス訪問では、フルシチョフはイライラさせられどおしだった。到着してすぐに、バカな市長が彼を侮辱した。『あなたはアメリカを地球上から抹殺しようと思っていらっしゃるかもしれないが、しかしそうはさせませんよ』といったんだ。さらに昼食会のとき、二十世紀フォックスの社長のスパイロス・スクーラスが、――彼はフルシチョフに対して終始喧嘩ごしだったのだが――『私は貧しい家の生まれだが、いまや撮影所の社長だ』といった。それに対してフルシチョフは、『私も貧しい家の生まれだが、いまやロシアの首相だ』と切り返した。しかしそのうちフルシチョフの我慢の限界を超えた。こう啖呵を切ったのだ。『私をどうしてもディズニーランドに行かせないのなら、代わりに水爆を送り込もう』」(『ジョージ・キューカー映画を語る』)

映画人のブラック・ユーモアは、どこの国のものも、けた外れにおもしろい。冷戦をめぐるブラック・ユーモアの秀作かもしれない。

キューカーは「率直にいって、なぜそうしなかったのか私は不思議に思っている」と、サゲる。このサゲは、アメリカ側から逆転させ、スタンリー・キューブリックが「博士の異常な愛情」(一九六四)で核爆弾を抱いて機外に転落していく兵士を描くことになる。

ここで注目したいのは、ハリウッドの撮影所でなく、「ディズニーランド」とフルシチョフが言ったことだろう。ルネ・クレールのレジャーの拡大が映画産業を下降させたという展望は、見事なものだった。

日本では、東京の人口は一〇〇〇万人台となり、テレビの普及台数も一〇〇〇万台に達した。映画観客は、全盛時の四年前の半分にまで急減した。

「六一年下期から六二年上期にかけて政策面での最大の課題は、入場税が改正され六二年四月から一律一〇パーセントに軽減されたことである。（中略）映団連は、テレビ対策のひとつとしてテレビ界との協調を図ってきたが、六二年一月、映団連、NHK、民放各局の首脳で構成する懇談会を設置した。映画とテレビの諸問題について調整を行い共存共栄のために協調するというものである。業界内の問題としては、専属スターなどの他社出演についての映連製作部会申し合わせが強化、実施された。六二年五月、邦画五社長会で、専属スターの他社出演は禁止する、という申し合わせが行われたものである」（『映画年鑑』一九六三年版）

成瀬は、正月向けの第二ラウンドに、「娘・妻・母」のオールスターによる大家族のドラマのリメイクともいえる「女の座」を公開した。

京都を舞台にした小津安二郎監督の「小早川家の秋」（一九六一）にたいして、東京を舞台とした東宝スターによる「石川家の夏」の趣向。父親の危篤から一族再会と、それぞれの思惑をあぶりだし、

女の座

製作・藤本真澄、菅英久　脚本・井手俊郎、松山善三　撮影・安本淳　美術・中古智　照明・石井長四郎　音楽・斎藤一郎　録音・藤縄正一
東宝　一九六二年一月一四日　一一一分　ワイド　No.81

老夫婦と長男の嫁の去就へとみちびく、家族解体のホームドラマ。

荒物屋の主人・笠智衆、後妻・杉村春子、未亡人の長男の嫁・高峰秀子、長女・三益愛子、次女・草笛光子、次男・小林桂樹、その妻・丹阿弥谷津子、三女・淡路恵子、その夫・三橋達也、四女・司葉子、五女・星由里子、その恋人・夏木陽介、後妻の前夫との子・宝田明。

父の死をめぐって、家族それぞれの思いを、どうあらわすかがポイントになる。

「小早川家の秋」では、老舗造り酒屋の引退した当主（中村鴈治郎）を狂言回しとして、家族周期の晩年を見せたが、「女の座」は視点の遠近法を欠いた。キャストがにぎやかになって、逆に、本来描かれるべきテーマを消してしまった。家族周期は成瀬のテーマでなかったといえばその通りだが、演出は低調、ハリがなく、スターもバラバラな演技、ほとんど話題にもならなかった。

すでに成瀬に、体調異変の予兆はあらわれていたのかもしれない。

この夏、「放浪記」の映画化に着手したものの、主演の高峰は、撮影中、成瀬の体調異変に気づいた。

「よくもっているもんだ」と、高峰を驚かせた。

「私は、成瀬先生が一番悪かったのは『放浪記』だと思う。目がね、ドローンと血が混じっちゃって、白目のところが真っ赤になっているんです。それで黒眼鏡をかけてね。何か風邪をおひきになって発熱して、ひどい汗だったんですけど、でもお休みにならない」（村川英編『成瀬巳喜男演出術』）

林扶美子の原作は著名、すでに菊田一夫による森光子主演の芸術座での舞台化は、森の演技で名声をはせており（一九六一）、それをもとに、高峰主演にした。

導入がリアリズム調、文壇の交友時代が東宝の風俗映画調、最後の人生への回想から死へと、舞台劇調になる。

この構成、最初こそ成瀬らしい描写。修業と交友時代は風俗映画の要領で見所はなく、晩年になると、すこぶる不機嫌な女流作家を描いて、締めくくった。統一感覚、ドラマの遠近法がなく、人生を凝縮、提出できない。高峰にも、闘う女の覇気はない。かろうじて、無理やりまとめた体。

山田和夫評は、「昭和のはじめらしいバク然たる風俗図会が展開されるが、歴史的全景ははじめからスッポリと主人公の背後から抜け落ちてしまっている。あるのはただ、極貧のなかにあえぎながら、文学のなかに人生の展望を切り開いた一女性の抽象的で、閉鎖的な世界だった」(「キネマ旬報」一九六二年一一月上旬号)と評している。

徳田秋声の「あらくれ」とおなじような、人生を切り開いていった女の一生だが、作品はしどろもどろ、あえいでいたのは、成瀬その人になる。

長い間、撮影でコンビを組んでいた玉井正夫は、林芙美子にかわる次の作家について、成瀬と話し合ったと追想している。

放浪記

製作・藤本真澄、成瀬巳喜男、寺本忠弘　原作・林芙美子　脚色・井手俊郎、田中澄江　撮影・安本淳　美術・中古智　照明・石井長四郎　録音・中川浩一　音楽・古関裕而
宝塚映画　一九六二年九月二九日　一二三分　ワイド　No.82

「私はもう離れていましたが、『放浪記』が終わったころですかね、彼も私ももう全部やり終えたという感じになったとき、成瀬さんに、永井荷風をやってみないかと言ったことがあるんですね。成瀬さんはね、やっぱり永井荷風はちょっと合わないような感じですね。自分自身でも『浮沈』という本を読んでおって、映画化しようかなと計画されたそうですが、どうも自分のものではないというふうにおっしゃっておられましたね。そのあと成瀬さんはね、志賀直哉がやりたいと言ってましたよ。志賀直哉の短篇をこれからやっていきたいというようなことをおっしゃっておられました」（『季刊リュミエール』6）

永井荷風のリアリズムはテンションが高く、幸田文の「流れる」と同様、知的な分析、構成、モンタージュ（編集）が求められ、成瀬にはたしかにむずかしい。志賀直哉は、文体は別として、テーマは間延びした感があり、もう撮り終えた世界になったのではないか。

「放浪記」（東宝　1962）

林芙美子のあとに林芙美子はいない。小説、文学も一期一会の世界だ。

文学界も一九三〇年代生まれの世代へ、映画界とおなじように移っており、リアリズム小説も変容、高度成長前後の時代を寓話とする流れが、主流になっていく。

成瀬作品の企画を担当していた金子正且は、回想している。

「成瀬さんも年間二本ぐらいやっていて、一本を仕上げると、次の時期が決まっているわけですよ。さあ、次に何をやろうかって、これが大変なの。次に何をやろうというのを持っている人じゃないから。僕が必死に本読んだり、成瀬さんに会って提案したり、そういうのを全部やらされていました」（『プロデューサー　金子正且』）

文明変貌のなか、世代交代の後塵を拝して、作家監督は方途を失った。あらたな道を見つけ出す体力が、残っていたかどうか。六〇歳を前にして、成瀬は、岐路に立たされた。

ホームドラマへ

［一九六三年（昭和三八）／五八歳］

アメリカでケネディ大統領がダラスでの市中パレードの最中に暗殺され、テレビがそのニュースを放送するという展開になった年、映画界は、自由化におびえはじめた。

「六一年下期から六二年上期にかけての政策面での最大の課題は、（一）映画金融機関の設置、（二）輸入自由化対策の二点に集約された。五八年を頂点として観客動員は年々下降の一途をたどり、特に六一年以降は急激な落勢となった。製作・配給・興行界の業績もそれにともなって著しく悪化してきた。ここに企業努力と各団体の自主性によって各種の施策を講じてきた映画界も国家の助成を頼まざるを得なくなってきた」（『映画年鑑』一九六四年版）

日本映画は変貌しはじめた。時代劇がテレビへ移行、かわってヤクザ映画が台頭してくる。観客の移動にともなう、ジャンルの変容、その特化の例だろう。

女の歴史

製作・藤本真澄、金子正且　脚本・笠原良三　撮影・安本淳　美術・中古智　照明・石井長四郎
録音・藤好昌生　音楽・斎藤一郎
東宝　一九六三年一一月一六日　一二六分　ワイド　No.83

ホームドラマも特化が必要になってきていた。

成瀬作品の原作探しに苦慮していた金子正且も、「あれは、フランス映画でマリア・シェル主演の『女の一生』を意識して、デコ（高峰秀子）でやろうとしたんだけど、あまりうまくいかなかったね。笠原良三さんが成瀬さんのホンを書くのは珍しかったんだけどね、成功しなかったなあ」（『プロデューサー　金子正且の仕事』）と嘆かせる結果に終わった。

それが、女性三代記を意図した「女の歴史」。秋に公開された。

ドラマは、東京近郊で美容院を営む一家の妻（高峰秀子）を中心に、義母（賀原夏子）と嫁（星由里子）の三代、女の歴史を見つめようとする。

女三代の半生は交錯するものの、三世代を統括、鳥瞰することは、二時間前後の長さでは至難、アイデア倒れで終わった。成瀬に、対象を凝視する姿勢が弱く、ひとりぼっちの女たちの人生を浮き彫りにできない。ありそうな話をつみ重ねただけの、趣向を整えた体。

批評も「期待させたが出来上がったものは、その期待をおさめていない」「興行価値本位に作られている」「心理の機微がハッキリしない」「部分的なよさに終わり全体をつらぬく実感がない」「『浮

雲』その他の佳作を生み出した作者とは思えない」（飯田心美「キネマ旬報」一九六四年一月上旬号）と、成瀬の低調を指摘しないわけにはいかなかった。

この年一二月一日、小津安二郎は、還暦の六〇歳を迎えたその日、頸部悪性腫瘍のため亡くなった。この年の春から、小津安二郎は「ガンモドキ」と語って、入退院をしていた。

恒子夫人が語っている。

「小津さんが亡くなる間近に病院へお見舞いに行きましてね。そして帰ってきて、とてもガッカリしていました。そして私に『イヤだね』とね。ですから家で癌というのは禁句でした」（村川英編『成瀬巳喜男演出術』）

成瀬自身が、がんであることに気づいていなかったのかもしれない。

小津と成瀬は、没後、やがて二〇世紀を代表する監督になった。

小津の代表作「東京物語」について、『オックスフォード映画事典』は、こう評価している。

「この映画はいくつかの主題を展開している。世代間の違和感（日本ではヨーロッパよりつよく強調される主題）、家族関係のもろもろの緊張、都市生活の居心地の悪さ。だが、すべては永遠の相（sub specie aeternitas）のもとに見つめられている。小津は、自作のなかでもっともメロドラマティックな作品だ、と言った。配慮されたペースは多くのヨーロッパ人にとって遅いように見えるが、かれの後期の作品の中ではもっとも近付きやすいもののひとつであり、その観察は鋭く、そこに含まれている意味の広がりに感動させられる」

この「永遠の相」が、家族周期にほかならなかった。

長崎に生まれ、イギリスの作家となるカズオ・イシグロ（一九五四生）は、敗戦後の長崎を舞台とした、最初の長編『遠い山なみの光』（一九八二年）で、主人公のアイデンティティに、家族周期による人生観を、語らせることになる。さらに、続く『浮世の画家』で、紆余曲折の戦前から戦後にいたった、語り手となる主人公の画家に、家族周期による人生観によって、敗戦後の晩年の人生を肯定、希望を語らせた。

成瀬は家族周期に収束しない女性像を描いてきたが、『遠い山なみの光』の主人公が知り合う子持ちの女性像に、その姿が投影されている。

『遠い山なみの光』は、「東京物語」の原節子が演じた紀子と、「浮雲」で高峰秀子の演じた幸田ゆき子が、全編で対話しているおもむき。その発想、趣向に驚かされる。

ルーツや歴史や、環境描写をできるだけ排して、会話による心理描出の手法が、孤立と不安をシンボリックにあらわしている。この手法が実に効果的。

イシグロは、小津と成瀬のちがいを、このふたりの女性で対比、投影している。

もとより、小津も成瀬も、そういう作家が登場してくることを知らずに逝った。

女性映画復活へ

［一九六四年（昭和三九）／五九歳］

秋、東京オリンピックが開かれ、いわばメディア・イベントとしてのテレビ・メディアの大勝利に終わることになる。映画界はオリンピックの影で、「自由化と競争」に入ることが予測された。

「六三年下期から六四年上期にかけての政策面での課題は、六四年七月から実施される外国映画の輸入自由化対策に集約された。自由化対策の第一の問題として、邦画保護という見地からスクリーン・クォーター制〔自国映画の上映を一定基準以上映画館に義務づける制度〕が通産省の産業構造審議会映画部会で審議されたが、輸入自由化実施までには結論が出ず、国会上程も見送られ無防備の状態で自由化を迎えてしまった。（中略）テレビ対策は、これまでの対抗策よりむしろテレビを利用するという方策がとられ、大手五社がそろって積極的なテレビ映画の生産体制を固め、また旧作映画のテレビ局への売却交渉も進められた」（『映画年鑑』一九六五年版）

この年早々、成瀬は、製作を藤本と兼任して、力作「乱れる」を公開した。

成瀬作品のプロジェクトは、経済成長、文明転換の下の孤立というテーマに、セックス・アップを導入して、女性映画の特化をはかった。

ファースト・シーン、トラックによるスーパー開店の街頭宣伝が郊外の農村から街へと走っていく。過去はその都度、ダイアローグで語られるのみ、年代記とはしない。

映画表現の妙味があらわれて、成瀬らしさがよみがえったかのような作品になった。この「妙味」を語った監督がアルフレッド・ヒッチコック。

ヒッチコックは、イギリスでサイレント映画からスタートして、アメリカで大成したあと、晩年、トーキー以降の演劇的な映画展開に苦言を呈した。

「なんといってもいちばん嘆かわしいことは、トーキーの到来とともに、映画がたちまち演劇的な形式に凝り固まってしまったことだ。キャメラをいかにダイナミックにしたところで、どうにもなら

乱れる

製作・藤本真澄、成瀬巳喜男　脚本・松山善三　撮影・安本淳　美術・中古智　照明・石井長四郎
録音・藤好昌生　音楽・斎藤一郎
東宝　一九六四年一月一五日　九八分　ワイド　No.84

＊

静岡県清水市で、酒屋を切り盛りしている森田礼子（高峰秀子）は、三五歳の戦争未亡人だった。学徒動員で山形から来ていた礼子を長男の嫁に迎えたのは、義母となったしず（三益愛子）。敗戦後一七年、バラックから酒屋を再興したものの、今はスーパーの攻勢にあって経営に打開策を求められていた。義弟・幸司（加山雄三）は、大学を出て勤めたものの、辞めて家に帰り、ぶらぶらしている。久子（草笛光子）と孝子（白川由美）の義理の姉妹は結婚していた。幸司は礼子を重役にして酒屋のスーパー化をはかろうとしたところ、義理の姉妹はやっかいになってきた礼子を追い出そうとする。しずは嫁と娘の間に立たされて、どうしていいかわからない。礼子に思いを寄せていた幸司は、この動きに反発するが、礼子は幸司の心中がわからなかった。そんなとき、幸司の心中をはかりかねていた礼子が、幸司に意見をすると、思いがけなく「家に帰ったのも、ねえさんが好きだからだ」と告白され、動揺する。礼子は、幸司に「嬉しかったが、思いをかなえさせるわけにはいかない」と告げ、実家に帰ると言った。その車中に幸司があらわれる。礼子の後を追ってきたのだ。ふたりは途中下車した。銀山温泉で、礼子は、家には帰らないと言う幸司のこれからを思い、幸司の願いをこばむ。幸司はひとり宿を飛び出し、居酒屋で泥酔する。翌朝、幸司の姿はなく、礼子は道を運ばれていくタンカを目にした。だれかが崖から落ちたようだという。胸騒ぎがして追うと、運ばれていくタンカからのぞく腕には幸司の時計がつけられていた。

ない。たとえ歩道に沿ってキャメラが長い移動をつづけたところで、相変わらず演劇以外のことは何もやっていない。その結果、どうなったかというと、映画的な文体がなくなってしまい、映画ならではの奔放な遊びがなくなってしまった」（ヒッチコック、トリュフォー『映画術』）

あくまで個々のショットの画面の味わい、それが映画だということ。そこから生まれるシークェンス（挿話）、さらに全体の構成によって、映画は見せるべきだということだろう。極端に言うと、台詞も音楽も音響もなしで、映像だけで表現しろということとなる。

「乱れる」（東宝　1964）

成瀬自身、それを意識していた。「乱れる」は、その成瀬流の実験的な作品に見えないこともない。

前半、小売り酒屋の火宅の世界。ふすま、障子、酒瓶の並んだ商店と、白黒ワイドにうつくしさを盛る試みがなされている。

人物が配置されると、そうした工夫にもかかわらず、両脇に空間が出ることは否定できないが、空漠感は意図したものだったにちがいない。

後半、得意の路上、道行きの世界。ワイドな画面をつかった列車の、さながら暴走かと思わせるシーンを三度も重ね、列車と霧は幸司と礼子のセクシュアリティ、エロティシズムの心理的関係のシンボルとなっている。

映画による道行表現。「十五段返し」のデモンストレーション。未亡人のクロースアップによって、〈翔ぶ〉心理を表現した。

人生を全うしたといえるのかどうか、義弟はそこを激しく衝いている。義弟はいわば中年女性の内なる問いを衝く役割。伝統的な道行きの形式のなかに、義弟への憐愍から〈翔ぶ〉のか、恋心から〈翔ぶ〉のか、濃密にあらわした。あくまで個々のショットが充実しているから、映画がリアルに見えるということ。

「乱れる」は成瀬の真骨頂をひさしぶりに見せた。よくここまで回復した、と思わせた一作となった。はたせるかな、この成功が、サスペンス映画へと導いた。

［一九六六年（昭和四一）／六一歳］

サスペンス映画へ

一九六五年、日本の映画界は、大手企業が製作本数を削減したため、成瀬作品はなく、空白の一年となる。

翌一九六六年も製作本数は減り、映画産業の衰退をさらにはっきりさせた。

「最盛期（六〇年）には三十億円台に乗せた邦画の配収も、その後は下降をたどる一方で永田大映社長をして概嘆させたように、『邦画五社の製作活動が成り立つためには、一社当たり年間五〇億円の配給収入を必要とする。ところが、現実の配給収入は年間二〇〇億円に過ぎない』という衰退ぶりは、五社の共存も危ぶまれるとさえ言われるにいたった。こうした客観性をふくめ、なかんずく六五

年上期の多様な動きは、来るところまで来た感を深くさせる」（『映画年鑑』一九六六年版）
この年早々、成瀬は、日本映画について、「日本映画のただいまの状況にはただただぼう然としています」とアンケートに答えている。
「こんなことになったのも、作る側の〝安易さ〟が原因だったのでしょう。しかし、なんとかいいものを作っていかなければならない。低俗がはやるからといって、そんなものばかり作れません。『お前さん、店じまいしちまいなよ』なんていわれても、そうはいきません。昔から売っていたものを売らせていただきます。それでダメなら、もうジタバタしてもはじまりませんや。でもね、ぼくは妥協しやすいたちだから、会社のいうこともききますよ。製作費なんか足出したことはないしね、だから会社もまあまあやらせてくれるんでしょう。一年に一本とるかとらないかですよ。それでも、年だから、あと何本もできませんよ。それに冒険もできない。自分で気のすむような仕事を、ワクのなかでやっていく。そうしていつの間にか消えていきたいね」（「サンデー毎日」一九六六年一月三〇日号）
映画企業の存続が危ぶまれ、映画の〈文明変貌のなかの孤立〉がはっきりした。成瀬は、しかし、「冒険」に出た。それが、サスペンス映画への転換になる。
すでに、「乱れる」に、そのきざしがあらわれていた。描くべき環境、事象、心理の集約点を明確にしなければならない、というドラマ作法になる。
原作も異色、エドワード・アタイヤのサスペンス小説「細い線」。原作を推奨した人は、プロデューサーの金子正且。
「ボクがエドワード・アタイヤの『細い線』というミステリーが好きで、井手俊郎さんに話したら

「女の中にいる他人」（東宝　1966）

読んでくれて、面白い、と。ちょうど成瀬さんがなにもやる物がない時期で、持っていったら、面白い是非やりたい、となっちゃったのね」（『プロデューサー　金子正且の仕事』）

主演の新珠三千代は、一九三〇年、奈良生まれ。戦中の一九四三年に宝塚歌劇団に入り、「ハムレット」のオフィリアなどを演じた娘役。一九五四年、映画界にデビュー、成瀬の「妻」は五作目。小林正樹監督の「人間の条件」五部作の妻役や、小津の「小早川家の秋」の酒屋の二代目の娘役、森繁久彌のサラリーマン・シリーズの芸者役など、京都風の柔らかみと、どこに正体があるのかわからない、ミステリアスなキャラクターに持ち味を発揮していた。当時三六歳。

金子は、新珠について、「新珠君とは随分親しかったんですよ。彼女の家に遊びに行ったりしていたからね。かなり自意識過剰のひとよ」（前記）と、異色作への新珠の起用について回想している。

映画は、殺人現場から逃走するシーンからはじまり、倒置法で展開する。サドとマゾのセクシャリティのテーマといい、この展開、成瀬には異色の内容であり、構成。夫に犯意がなく、偶然の出来事としたため、中盤から終わりが浮きだす。殺害された隣の妻のみが能動的、ほかは、夫婦にしろ、隣の夫にしろ、受け身で悩みははてない。

妻の反応に重点をおいたのは当然だが、受け身に回る人物へ、たらい回しにしていく展開になる。サスペンス映画は、心理を理詰めで展開しないと成立しない。日本人ならこうなるか、と思わせたサスペンス。

白黒映画のグラデーションと、新珠の正体不明の「自意識過剰」が生きて、経済成長、文明転換のもとでの孤立というテーマに、新たなスポットライトを当てた感を生み、異色作として脚光を浴びることになった。

女の中にいる他人

製作・藤本真澄、金子正且　原作・エドワード・アタイヤ　脚色・井手俊郎　撮影・福沢康道　美術・中古智　照明・石井長四郎　録音・斎藤昭　音楽・林光
東宝　一九六六年一月二五日　一〇一分　No.85　ベストテン一〇位

＊

梅雨時、東京・赤坂の夕方。横浜の家が隣同士の田代（小林桂樹）と杉本（三橋達也）がバッタリ会う。杉本が帰宅すると、東京に勤める妻のさゆり（若林映子）が絞殺されたと電話。電話の相手は妻の友達・弓子（草笛光子）。田代家でも、さゆりが情事の末、絞殺されたらしいと聞いて、田代も妻の雅子（新珠三千代）も衝撃を受ける。葬儀の日、田代は誰かの視線を感じた。弓子だった。弓子は、その年の春、田代とさゆりが同伴しているところを目撃していたのだ。田代はしだいに追い詰められていく。ついに、妻に告白。妻は自首を止めた。田代は悩み、杉本に告白。杉本も自首を止めた。田代は、挙句、悩みから自首を決めたが、察知した妻に毒殺される。妻は、それでよかったかと、寒々とした海を眺めて問うている。

サスペンス映画・小説に詳しい飯島正は、成瀬のサスペンス映画への転換を、こう解読している。

「成瀬が晩年の『女の中にいる他人』や『ひき逃げ』でスリラー的方向をこころみたというのも、決して不可解ではないとぼくはおもう。というのは、――『浮雲』によって抽象の完全性を成就したからには、逆にその具体的分化がそそられることも自然だからである。これは『業』の一種のロカリザシオン〈局所化〉だからである。『女の中にいる他人』や『ひき逃げ』がその意図によってつくられたとはあえていわないが、そういう自然のなりゆきがそこにあらわれていたとぼくは見たい」（「成瀬巳喜男の芸術」）

リアリズム以降の映画は、リアリズムという表現の生きる道、「特化〈ロカリザシオン〉」を求めて、サスペンスに移行する。その背景はここにあった。

その後の映画史、映像史の展開を見ると、よくわかる分析だろう。

映画ではすでに大戦後、リアリズムの完成のあとのフランス映画やアメリカ映画にそれがあらわれていた。それが、ヌーヴェル・ヴァーグの寓話的設定だったり、サスペンスやサイエンス・フィクション、さらにアニメーションへと拡大し、変貌していく。

「女の中にいる他人」は、サスペンスの第一作として、期待をもたせ、それにこたえた。

そして、高峰秀子の夫・松山善三（一九五五年に結婚）単独シナリオによる、サスペンス映画の第二作「ひき逃げ」となった。

「女の中にいる他人」から三か月後の公開という早さである。

しかし、社会的テーマに見せて、心理的テーマに転換していく構成が弱いため、自動車事故の被害者の母と、精神を病んだ加害者の妻を結びつけるプロットが強引。成瀬演出も、高峰、司もシナリオの展開に振り回されてしまう。

高峰の扮した未亡人が、加害者役の司の部屋に行くシーンは、目をそむけたくなるような、無残な演出だった。「女の中にいる他人」のように、原作があった場合は見られたが、オリジナルになったとき、惨状を呈した、ということだろう。

ロカリザシオン、特化がここにいたるのは、つらい。

「僕をふくめてたった四人しか観客のいない目黒の封切り館の寒々とした二階席で」見た白井佳夫（映画評論家）は、「底の浅い紋切型の起承転結を持ったシナリオに、成瀬監督がアクセントをつけかねて、とまどいをみせたような作品」（「キネマ旬報」一九六六年五月下旬号）と評した。

ひき逃げ

製作・藤本真澄　脚本・松山善三　撮影・西垣六郎　美術・中古智　照明・平野清久　録音・斎藤昭　音楽・佐藤勝

東宝　一九六六年四月一六日　九四分　ワイド　№86

＊

伴内国子（高峰秀子）は、中華料理店で働く、五歳の子を持った寡婦。戦後、売春婦をしていた彼女は、結婚したが、夫を亡くしていた。ある日、ひとつぶだねの子が交通事故にあい、死亡。相手は自動車会社の重役・柿沼（小沢栄太郎）家の車。柿沼は運転手の菅井（佐田豊）を説得、自首させた。運転していたのは、柿沼の妻で、情事の帰りの絹子（司葉子）だった。国子は柿沼家の家政婦となり復讐を企てるが……。

おそらく藤本真澄は、この作品をもって成瀬の異変と、その原因が直腸がんと知り、次作を花道とする決断をしたように思われる。

遺作

［一九六七年（昭和四二）／六二歳］

翌年の一九六八年には、日本のGNPが世界第二位になる経済の成長とは裏腹に、映画界は、メジャー企業が後退しはじめ、スター・プロ、独立プロ、自主配給と映画製作の環境も激変しはじめた。

「六五年下期から六六年上期にかけての映画産業の政策活動の重点は、映画産業に対する政府の各種助成策を引き出すことであった。これは六六年度政府予算においてかなり具体化し、特に業界が永年働きかけてきた輸出用映画のための政府特別金融措置が結実したのは注目すべき成果であった。その他〝文部省グランプリ〟や映画用フィルム物品税の撤廃など、直接間接業界の助けになる政府措置が具体化した」（『映画年鑑』一九六七年版）

成瀬の最後の作品となった「乱れ雲」は、気鋭の山田信夫のオリジナル・シナリオによる。箱根での自動車事故を発端として、加害者の青年と犠牲となった夫の未亡人を追跡して、青森の十和田湖近辺で終わる構成。

美術の中古智は、成瀬のロケーション・ハンティングでの思い出を語っている。

「それまでは、ロケハンに行っても必ず風呂は一緒に入っていたんですが、あのときは入りませんでしたね。もともと大がらな人ではないんですが、がっしりした体格だった。それが一緒に風呂に入らなくなっちゃたんだから、病気が進んでいたんでしょう。悩んでおられたと思います」（『成瀬巳喜男の設計』）

製作者の金子正且も、十和田湖の宿での成瀬を追想している。

「その時はもう成瀬さん、身体の調子が悪かったんですね。ロケ中はスタッフもシンドかったみたいですよ。成瀬さんは大先輩だし、スタッフたちも気を遣うのね。みんな各自の部屋に運ばせて食事するんだけど、食事がすむとつまらないのね。それで助監督の部屋に女優なんかも含めて集まりギャアギャアやっているとね、成瀬さんがそっと襖を開けてね、『何やってんの？』なんて言ってね。寂しかったんでしょうね」（『プロデューサー　金子正且』）

藤本真澄は、夏の撮影中の成瀬について、没後こう描いている。

「機嫌良く撮影している割合には何となく元気がなかった。暑い中の撮影だったせいもあるが、撮影の合い間には日陰で髪を直している司葉子を後からポツンと眺めていました。そんなシーンが今もなお私の脳裏に去来する」（尾崎秀樹編『プロデューサー人生』）

司はさらに、藤本没後、ロケでの藤本の思い出を描いている。

このとき、藤本さんが、どういうわけか、

「これが成瀬さんの最後のシャシンになるかも知れないなあ」

と大きな声でおっしゃって、八ミリを回しておられ、

「そんなことおっしゃったら先生に怒られますよ」

乱れ雲

製作・藤本真澄、金子正且　脚本・山田信夫　撮影・逢沢譲　美術・中古智　音楽・武満徹　録音・藤好昌生　照明・石井長四郎
東宝　一九六七年一一月一八日　一〇八分　カラー・ワイド　No.87　ベストテン四位

＊

通産省の役人（土屋嘉男）を夫にもつ由美子（司葉子）は、しあわせな日々にあった。夫はアメリカへの栄転を喜んでいたし、はじめての子を妊娠していた。貿易会社の若手社員・三島史郎（加山雄三）も、常務の娘（浜美枝）との婚約がなり、エリート社員だった。箱根での会議の途中、車で人をはねた。相手は通産省のエリート、由美子の夫だった。史郎と由美子は告別式で顔を合わせた。事故は不可抗力で史郎は無罪だったが、婚約は破棄され、青森支所に左遷される。史郎は、結果として夫を轢いたことをつぐないたいと、間に入った由美子の姉を通して、一〇年、毎月送金する約束をする。由美子は東京を離れ、義理の姉・四戸勝子（森光子）の営む旅館で働く。その地も青森。接待でこの旅館に行った史郎は、由美子と会う。由美子は、史郎を訪ねて、事件を忘れたいし、義務もないのだから、送金をやめてほしい、自分の前から去ってほしいと言った。孤独なふたりだった。史郎がラホールへ転勤することになって、別れに、十和田湖畔へ行く。発熱した史郎を看病する由美子。出発を前に、由美子は史郎に会いに出かけた。ふたりの結びつきを止めたものは、道で見た交通事故であり、夫を失った妻の姿だった。史郎はラホールへ発ち、ひとり由美子が見送っていた。

と止めたのですが、このあたりが藤本さんの予感の鋭さだったのかと後になってドキッとしたものです。

（前記）

中古は、公開前のエピソードを追想した。

あれは「乱れ雲」の完成パーティのあとだったでしょうかな。両方とも祖師谷、成城方面なんで、いつも一緒の車で帰るんですが、私は車に弱いんで途中で気持ちが悪くなって吐いちゃったんです。成瀬さんは、私の背中をずーっとさすってくれながら、やさしく

「もう撮影所を当てにしちゃだめですよ」

と口にしました。おや、と思って聞いていると、

「土地でも売って、あとのこと考えておいた方が良いですよ」

というんです。撮影所ってものがあと何年も持つまいという口ぶりなんで、内心、病気で弱気になってるのかなあと思いましたが、本当にそうなっちゃいましたな。あの人は、やっぱりいろいろ気が付く人なんです。いま思えば、

「あとのこと考えておいた方が良いですよ」

という言葉が、成瀬さんの遺言ですな。本当に、そうなっちまいました。

（『成瀬巳喜男の設計』）

「乱れ雲」（東宝　1967）

撮影所を当てにするなとは、東宝の映画製作部門の分社化の意味だろう。

「乱れ雲」は現代風の設定だが、風合いは、成瀬の出世作「君と別れて」（一九三三）に似て、火宅と路上の構成、展開。

出会いが加害者と被害者。この設定から、道行きの心理と情念をどう喚起するかが、「乱れ雲」の焦点になった。ふたりの周囲のエピソードを入れて、大型化したものの、焦点が拡散、「乱れる」のように集中していかない、いかせにくい。

成瀬の演出は、構成がやはり強引、焦点になるタブーを崩すための女の情念の喚起には力不足だった。加山の男性は真率さという性格だけでは、道行きの心理として不十分だろう。

無理な設定をなんとかつないだ結果、無理な道行で終わる。

南部圭之助は、「成瀬巳喜男作品のおかれている位置はたいへん困難なものだろう」「みんなで助けたい」（「キネマ旬報」一九六七年一二月上旬号）とまで言った。

成瀬は、作品批評を読む監督だが、どんな思いで読んだのだろう。

中古は、最初の入院のときのことを、こう書いている。

「最初に入院したのが成城の病院でした。（中略）あれ、成城大学の真ん前ですからね。森の前です。特別の部屋です。（中略）それで調子のいいときは窓から（中略）道路を通る人間をずっと見ているのが好きだったんです。これはね。きっと都心の大病院の個室にいるのが耐えられなかったんだろうと奥さんは話すんですけどね」（『成瀬巳喜男の設計』）

散歩して、人物や家屋から、演出メモを残して、資料とする監督だった。それを病室の窓からしていたのかもしれない。近くの喫茶店で、次作の構想を相談したりしたという。「乱れ雲」が遺作となった。遺作というものは、後景から振り返ると、なぜか残骸のような風合いに見えてくる。

闘病

［一九六八年（昭和四三）／六三歳］

ＧＮＰが世界の二位となるこの年、大学紛争が激化し、紛争中の大学が一〇〇校に達し、水俣病が公害に認定された。

映画界は、今村昌平監督の「神々の深き欲望」が公開され、アメリカン・ニューシネマが台頭、スタンリー・キューブリックの「二〇〇一年宇宙の旅」の公開と、経済成長、文明変貌による過去と未来を展望する傾向が顕著になった。

リアリズム離れと、ファンタジーによる文明論の拡大した一九六〇年代末となった。

ゴダールの言った映画の文明論への転換は、ついにここに達した。

「六六年下期から六七年上期にかけて政策活動では、前年期に政府助成を積極的に引き出したばかりのことでもあり、主として業界自身の問題に重点が置かれた。（中略）全体としては地味ではあるが、業界自身の点検活動が中心となる」（『映画年鑑』一九六八年版）

業界から監督の映画への転換である。だが、成瀬にとっては、闘病による空白の年となった。

死去

［一九六九年（昭和四四）／六四歳］

一九六〇年代の一〇年間で、六〇年と六九年をくらべると、映画館数が半減、観客は七億人が去った。

六〇年代最後の年のはじめ、高峰秀子は、成城の自宅に療養中の成瀬を見舞った。

私が成瀬巳喜男と最後に会ったのは、昭和四十四年のはじめ、再入院を控えた彼が成城の自宅で静養していたときだった。私は結髪部のさかえちゃんと二人で、見舞いにかこつけてイジワルジイサンの顔を見にいったのである。彼は血色もよく、元気で、それまでの彼とは別人のようによく喋った。

「病気なんか早くなおして、車椅子に乗ってでもいいから仕事に入ってください」

「車椅子じゃ、不便だよ」

「だって先生、口だけあれば演出できるでしょう」

「僕は口下手だからねえ」

「それくらい喋れれば結構ですよ」

彼はうれしそうに笑った。

帰りがけに、彼はふと思い出したように、玄関に降りかけた私を呼び止めた。

「？」

「ほら、約束のあれを、やらなきゃね」

彼の表情に笑いはなかった。あれはすぐにピンときた。彼の、なみなみならぬ仕事への執念をみたような気がして、私は胸が一杯になり、もう一度玄関を駆け上がって彼に抱きつきたいような衝動をこらえながら、

「じゃ、また来ます」

と言って玄関の外に出た。

（『私の渡世日記』）


「あれ」とは、白いバックの前で映画を撮ること。美術装置と俳優の演技のリアリズムで名をあげた成瀬巳喜男が、背景のまったくない、白い背景に執着したという。

白いスクリーンの前で、何を演じさせたかったのか。

この挿話は、また別の感慨を起こさせる。

成瀬自身が六〇歳のとき、はじめて語ってきかせた父親の晩年のエピソードだ。

「酒はあまり飲まない。それで非常に哀れな話だけれど、最後に病気になってからも商売にならない刺繍をやっているのです。というのは色が全部違うのだな、頭が変になってきたから……とにかく普通は使わない色をね、模様にしても。亡くなったのが五十八です。糸の色がわからない。全部色が違う。それはとって置いたのですが何時の間にかなくなっちゃった。僕は病人だから見ていて色が違うのだが、好きなことをやらしておこうと、そのまゝにしていた」（「映画の友」一九五五年五月号）

色彩を嫌った理由は、ここにもあったのかもしれない。

恒子夫人は、臨終のときも普段のように、なにも言わなかったと語り、こう追想している。

「困った時はなんでも聞くんですが、一言、それはこうしたらいいと言うんです。ですから、亡くなりましてからは、本当に困りました。困った時は『どうしましょう、お父さん』と、ずっと考えましてね。そうすると、こういうふうにおっしゃるだろうと思いましてね。で、答えが出てくるんです。不思議な人でしたね」（村川英編『成瀬巳喜男演出術』）

梅雨の終わりの季節。七月二日、午前六時五二分、東大医学部附属病院分院にて死去、死因は直腸がん。

前夜に連絡を受けた中古智は、この日の早朝、成瀬邸に出向いている。

「自宅へ朝の薄暗いうちから行ったんです。そのうちクルマが来、遺体が戻ってきたんですが、これがびっくりしました。なんとも軽いんだな。クルマから出すときにね。もともとでかい太った身体じゃないけど、背丈は普通以上にあった。これがね、ひょいと、まるで綿を持ち上げるような軽さなんで、びっくりしちゃって。中へ上げて死顔を見たら、まるで翁面のような顔をしているんですよね。太っていた時は、ふっくらしてましたがね。それが痩せ細っていい顔してるんですよ。ひげも伸びていましたね」（『成瀬巳喜男の設計』）

玉井正夫は「めし以来十年以上続いたコンビ」と自負するカメラマン、「綿密な演出計画を遂行するために、その仕事ぶりはもめんを織るような繊細なタッチで一糸も乱れぬ名工であった」（「成瀬巳喜男の思い出」）と、成瀬映画の画調を思い起こさせるたとえで振り返った。

たしかに、木綿を着た女の生活と人生が似合う監督だった。

玉井はさらに、こう残している。

「今も成瀬さんが白いワイシャツを腕まくりして、下駄ばきで、セット入りした姿が眼に残る。しかしその姿はもうない。故人のお通夜のとき、親友の藤本真澄さんが音頭をとって、酒好きの故人のことを思って日本酒で乾杯した。成瀬さんもこのとき、微笑んでいたことだと思う」（前記）

岩崎昶は、この日、たまたま東京の岩波ホールで成瀬の「浮雲」が上映され、その後に岩崎と高峰秀子の対談が予定されていたときのことを語る。

「映画が終わると、その間にホールの事務所の人たちの心づかいで大きくひき伸ばされた成瀬さんの写真を正面にかざって、みんなでしばらく黙禱をささげたのち対談がはじまるのであったが、壇にあがった高峰さんは、大粒の涙をぼろぼろとこぼし、嗚咽を禁じることができなかった。満場水をうったようであった。一人の芸術家の死という厳粛な事実を前にして、誰も彼もが日常の次元を超えて内省的になった時間であった」（「追悼・成瀬巳喜男」）

高峰は、つい隣の席に成瀬がいるような気がするとしながら、成瀬の作風をまとめている。

「成瀬巳喜男は、なにごとも控え目で、自分が前に出ることを嫌った。彼の温かさと鋭さを合わせ持った眼は、常時市井の下積みといわれる人々に向けられ、映画の題材も好んで庶民の哀歓、人生の機微を描くことに徹していた」（『私の渡世日記』）

七月七日、東宝撮影所で、藤本真澄が葬儀委員長となり、友人葬がなされた。

三年前、「そうしていつの間にか消えていきたいね」（「サンデー毎日」一九六六年一月三〇日号）と語った成瀬は、静かに消えた。

一九六〇年代の成瀬作品を思い出すと、成瀬が不得手としたロングショットによる外観を思い出さないわけにはいかない。

文明変貌を、どうとらえるか、ロングショットで思案し、漂っている趣がある。

雑誌のアンケートに答えて、自ら「ぼう然」と言いあらわした成瀬の孤立は、描かれた女性たちの自立の場に立たされた孤立でもあったにちがいない。

エピローグ

没後の翌年、一九七〇年に飯島正は、成瀬の追悼上映に「成瀬巳喜男の芸術」という文を寄せ、こう記した。

「成瀬の本領は現代の市民生活の描写にあった。彼は謙虚な態度で現実を凝視する映画作家である。しかもそれは一朝一夕に成立したものではない。青年時代から老年にかけて徐々に蓄積された生活体験が、次第に現実の奥底にあるものを露呈させて行ったと見るべきである。それは空間的にはせまいかも知れないが、時間的な奥行きを持つものであった」

成瀬作品を見つめてきた時間の長さが、この評価にあらわれている。

「時間的な奥行き」が、おおくのひとがいつか惹かれていく理由なのだろう。

飯島は成瀬と同世代のひと、成瀬伝の執筆の意欲もあったようだ。

ジョージ・キューカーが言う「他の誰のものでもないその人ならではのものを見た人は、他人をもその見方でものを見るようにさせてしまう」（『ジョージ・キューカー、映画を語る』）という映画監督にあたる日本の監督だった。

ジョルジュ・サドゥールは、一九七二年に原書が公刊された『世界映画史I』のなかで、成瀬について、こう記している。

「成瀬巳喜男は家族生活の描写に非常な熱意をこめた(『蝕める春』32、『君と別れて』33、『妻よ薔薇のやうに』35、『はたらく一家』39)。同時代の戯曲や小説の映画化は困難な条件下における新しいリアリズムの開花によって促進された。

一九三〇年の〈新しきリアリズム〉出身の成瀬巳喜男は、『おかあさん』52で人の心を動かすような誠実さを披露し、専ら小市民の生活を題材とした一連の作品を作って質朴な人たちの物語を追い求めた」

成瀬風の萌芽というべき戦前の作品に特色を見ている。

エリック・ボムズボームの『20世紀の歴史』の映画総論にある指摘に通じる。

成瀬の死後、二〇世紀の成瀬映画を上映し、成瀬の子供たち、団塊の世代に成瀬を伝えた人は、プロデューサーを経て、銀座・並木座の代表となった金子正且だろう。

「並木座の興行四本柱というのは、黒澤明、溝口健二、小津安二郎、そして成瀬巳喜男だったんです。成瀬さんというのは、一番遅れてきたんですよ。最初は黒澤、溝口、小津の三本柱だったんだね。そこへ、二十年近い前かな、フランスで凄く有名になって成瀬映画祭が開かれるほど持てはやされたのね。記事にもたくさん取り上げられて逆輸入みたいな形で成瀬再発見がなされたわけ。それで、日本国内でも成瀬さんを再認識したんですよ。それから、また三本柱にもう一本の柱として常連みたいな、年間必ず一回は月間の特集組んでいました」

「成瀬さんの映画って、今観ても古いという感想は全然受けない。内容的に今につながっていると言うのもおかしいけど、割に普遍的な問題を描いているからですね。まあ、小津さんもそうだけど」「でも、映画作りがすべてだったよ。それと、成瀬さんとその作品はほとんど距離がないのね。その映画自体が成瀬さんみたいな感じでさ。成瀬巳喜男がそこに入り込んでいて、自然な感じだよね」

（『プロデューサー　金子正且』）

期せずして、成瀬は、次世代が選んだ四大監督に選ばれたことになる。

わたしも好んで、並木座の成瀬特集に参じた。しずかな名画座で、成瀬の子供たちの世代が、やはりしずかに見入っていた印象が残る。男たちが見ていることも興味深い。

溝口、小津、黒澤では物足りない何かを、成瀬はあらわしている。

やはり成瀬の世界は必要だった。

それを成瀬の子供の世代が浮上させた。

カズオ・イシグロは、そのひとりになるのかもしれない。

ポストモダンに入ったレイト・リアリズムの世代というべきものにちがいない。

カズオ・イシグロの小説群には、日本、イギリス、中国と、グローバリズムの世界、第二次大戦から戦後にわたる舞台、時間設定と、その相貌が濃い。

二〇〇七年、アメリカで刊行された『501映画監督』は、二〇世紀から二一世紀までの世界の映画監督五〇一人の総覧。

このひとりに成瀬は、エリカ・シーリンの次のコメントとともに紹介されている。

「サイレント時代からトーキーの到来、カラーフィルムの導入にいたるまで、それぞれの時代をとぎれなくつないでいるのが成瀬巳喜男の作品だ。多作な監督で、同時代の日本の監督の中でも特に際立つ存在となった。

松竹撮影所小道具担当を経て助監督に。『押切り新婚時代《（ママ）》』（一九三〇）から単独で作品をまかされるようになる。ごく初期の長編に『腰弁頑張れ』（一九三一）がある。撮影所の求めに応じた作品で、メロドラマとドタバタ喜劇の要素が混じり合っている。

松竹を辞め、一九三〇年代には強い女性を主人公にした労働者階級のメロドラマで大きな成功を収め、初の主要作品となった『妻よ薔薇のやうに』（一九三五）で頂点を極めた。この作品は初めてアメリカで劇場公開された日本映画で、家族を捨てて芸者のもとへ走った父を持つ、若い娘の話を描いている。

これ以降、成瀬はつねに似通ったテーマを選ぶようになり、メランコリックな雰囲気は高まっていった。成瀬作品の特徴はテンポが緩慢なことにあり、そのためちょっとしたそぶりからでも登場人物たちの心理が透けてしまい、彼らが日常の様々な問題を受容しているということが見えるのだ。いくつかの作品でも主役を務めた妻の千葉早智子との離婚に長くかかった成瀬は、その後、スランプに陥る。そうしたことから戦後は人と組み、筋書きは人に任せて自身は監督業に注力するようになった。『乱れ雲』（一九六七）は成瀬の最後の作品で、彼の傑作のひとつに数えられている」

一九三五年前後のサイレント末期・トーキー初期にひとつのハイライトを置き、「強い女性」に着目するほか、「テンポが緩慢な」日常生活の描写が真の要諦であり、千葉早智子との離婚をスランプの一因と見るなど、独特な視点があって、サドゥールとはまたちがった視点がユニーク。

二〇一五年末、原節子が九五歳で没したという報が流れた。この年の九月に亡くなっていた。一九六二年にひそかに引退、背景に日本映画への失望や体調不良の説がある（千葉『原節子』）。以降、半世紀以上にわたって、一切公の世界にあらわれず、沈黙を通した。

思うに、成瀬の生涯は、「めし」のラストシーンで、原の演じた妻の、夫へ語りかけることばに託されていたのかもしれない。

生活の川に泳ぎつかれて
漂って、
しかもなお、たたかって、
泳ぎつづけている
ひとりのおとこ

二〇世紀、成瀬は、世界恐慌、第二次世界大戦、経済成長のなかに生き、女性を主にして、「平凡な市民の世界をかってないほど明らかに」（『20世紀の歴史』）した監督だった。

二一世紀、世界の町、人、あるいは映画作品を見て、成瀬が描いた世界をしのばせるときがあるのは、成瀬作品が、そのプロトタイプ（原型）を、とどめているからにちがいない。

参考文献

飯島正「スクリーン・ステージ」一九四六年六月　第三輯
――「近代映画」一九四九年八月号
――「サンデー毎日」一九五〇年五月二八日号
――『世界の映画4　1954』白水社　一九五四年
――「成瀬巳喜男の芸術」『成瀬巳喜男監督の特集』フィルム・ライブラリー助成協議会　一九七〇年
飯田心美「キネマ旬報」一九三一年九月二一日号
――「キネマ旬報」一九四八年一月上旬号
――「近代映画」一九五四年七月号
――「キネマ旬報」一九六〇年六月下旬号
――「キネマ旬報」一九六四年一月上旬号
石井輝男・福間健二『石井輝男　映画魂』ワイズ出版　一九九三年
岩崎昶『日本映画作家論』中央公論社　一九五八年
――「追悼・成瀬巳喜男」「キネマ旬報」一九六九年八月上旬号
上野一郎「キネマ旬報」一九五三年六月下旬号
内田誠『緑地帯』モダン日本社　一九三八年
瓜生忠夫「あらくれ問答」「キネマ旬報」一九五七年二月下旬号
大黒東洋士「キネマ旬報」一九五二年六月上旬号
岡村章「キネマ旬報」一九三〇年二月一日号
――「キネマ旬報」一九三〇年三月一一日号
――「キネマ旬報」一九三〇年五月二一日号
荻昌弘「聞書・成瀬巳喜男論」「映画芸術」一九五七年九月号
尾崎秀樹編『プロデューサー人生――藤本真澄映画に賭ける』東宝出版事業室　一九八一年
小津安二郎「映画ファン」一九五二年一〇月号
――「シナリオ」一九五五年六月号
金子正且・鈴村たけし『プロデューサー　金子正且の仕事』ワイズ出版　二〇〇四年
茅原健『工手学校人物誌』朝日書林　二〇〇〇年
河上徹太郎「日本映画の心境性」「日本映画」一九三九年一月号
川端康成「成瀬巳喜男監督との一問一答」「読売新聞」

一九三五年一〇月六・八・九日
岸松雄「キネマ旬報」一九三三年九月一日号
――「キネマ旬報」一九三三年一〇月二一日号
――「成瀬巳喜男小伝」『成瀬巳喜男監督の特集』フィルム・ライブラリー助成協議会　一九七〇年
北川冬彦「キネマ旬報」一九三二年六月一一日号
――「キネマ旬報」一九三三年四月一日号
――「キネマ旬報」一九五〇年三月上旬号
――「キネマ旬報」一九五六年二月下旬号
――「キネマ旬報」一九五八年七月下旬号
城戸四郎『日本映画伝』文芸春秋新社　一九五六年
栗島すみ子・岡田嘉子・夏川静枝『女優事始め』平凡社　一九八六年
クレール、ルネ『映画をわれらに』フィルムアート社　山口昌子訳　一九八〇年（原書一九七〇年）
黒澤明「芸術新潮」一九五七年一月号（『大系黒澤明』第二巻　講談社　二〇〇九年）
――「映画評論」一九五八年二月号（『大系黒澤明』第二巻）
――「エスクワイア」一九九〇年九月号
幸田文ほか「芸者と女中と妻の生き方」「婦人公論」一九五六年一二月号
五所平之助・成瀬巳喜男・伏見晁・吉川満子・飯田蝶子・岸松雄（座談）「演技のはなし」「キネマ週報」一九三四年六月二九日
権田保之助「月島調査」『生活古典叢書六』光生館　一九七〇年
佐伯秀男『映画俳優佐伯秀男』ワイズ出版　二〇〇四年
サドゥール、ジョルジュ『世界映画史Ｉ』丸尾定訳　みすず書房　一九八〇年（原書一九七二年）
滋野辰彦「キネマ旬報」一九四一年三月一日号
――「映画旬報」一九四二年一〇月二一日号
――「キネマ旬報」一九五一年九月上旬号
島津保次郎・成瀬巳喜男（対談）「映画之友」一九三五年一一月号
清水千代太「キネマ旬報」一九三七年一〇月一日号
――「はたらく一家」合評「キネマ旬報」一九三九年三月一一日号
白井佳夫「キネマ旬報」一九六六年五月下旬号
杉本俊一「成瀬巳喜男論」「映画評論」一九三三年七月号

高峰秀子「キネマ旬報」一九五三年七月下旬号
――「婦人公論」一九六二年七月号
――『わたしの渡世日記』朝日新聞社　一九七六年
田中絹代ほか『私の履歴書　文化人13』日本経済新聞社　一九八四年
谷崎潤一郎「活動写真の現在と将来」「新小説」一九一七年九月号（『谷崎潤一郎全集』第二〇巻　中央公論社　一九八二年）
玉井正夫「撮影の準備と方法」『現代映画講座第二巻技術編』創元社　一九五五年
――「成瀬巳喜男の思い出」『成瀬巳喜男監督の特集』フィルム・ライブラリー助成協議会　一九七〇年
――『季刊リュミエール』6　筑摩書房　一九八六年
千葉早智子「話」一九三七年一月号
千葉伸夫ほか『日本映画史』キネマ旬報社　一九八一年
――『映画と谷崎』青蛙房　一九八九年
――『チャプリンが日本を走った』青蛙房　一九九二年
――『原節子――伝説の女優』平凡社ライブラリー二〇〇一年
――『小津安二郎と20世紀』国書刊行会　二〇〇三年
――『映像史』映人社　二〇〇九年
中古智・蓮實重彦『成瀬巳喜男の設計』筑摩書房　一九九〇年
津村秀夫「朝日新聞」一九四五年七月五日
――「成瀬巳喜男の世界」「朝日新聞」一九六二年九月一五日
寺田寅彦「渋柿」一九三五年六月（『寺田寅彦随筆集』第五巻　岩波書店　一九八二年）
登川直樹「キネマ旬報」一九五三年二月下旬号
徳川夢声『夢声戦争日記』第三巻　中央公論社　一九六〇年
友田純一郎「キネマ旬報」一九三〇年九月一一日号
――「キネマ旬報」一九三一年二月二一日号
――・清水千代太「はたらく一家」合評「キネマ旬報」一九三九年三月一一日号
永井荷風『私家版　腕くらべ』一九一七年一二月（現代日本文学全集一六『永井荷風』筑摩書房　一九五六年）
――『断腸亭日乗』（『荷風全集』第一一巻　岩波書店一九九三年）

中北千枝子「常連女優が語る、成瀬巳喜男の演出術」
田中眞澄ほか編『映畫読本　成瀬巳喜男』フィルムアート社　一九九五年
成瀬巳喜男「キネマ旬報」一九三四年九月二一日号
——「トオキイのことなど」『映画藝術研究』第一〇輯　芸術社　一九三四年一〇月
——「日本映画」一九三九年四月号
——「映画ファン」一九四〇年八月号
——「日本映画」一九四〇年七月号
——「日本映画」一九四一年九月号
——・原節子・上原謙・島崎雪子・藤本真澄・玉井正夫（座談）「映画ファン」一九五一年五月号
——「映画ファン」一九五一年一二月号
——・岸松雄（対談）「キネマ旬報」一九五二年五月上旬号
——「キネマ旬報」一九五二年五月下旬号
——「映画ファン」一九五二年五月号
——「映画ファン」一九五二年一一月号
——「近代映画」一九五三年三月号
——・山本恭子（インタビュー）「映画の友」一九五三年三月号
——「自作を語る」「キネマ旬報」成瀬巳喜男監督特集　一九五三年七月下旬号
——「丸」一九五三年八月号
——「読売新聞」一九五三年一一月二四日
——「丸」一九五三年一一月号
——「シナリオ」一九五四年五月号
——・筈見恒夫（対談）「映画の友」一九五五年五月号
——「シナリオ」一九五五年一〇月号
——「キネマ旬報」一九五八年七月上旬号
——「サンデー毎日」一九六六年一月三〇日号
——「シナリオ＋演出」「映画文芸」（データ不詳）
——「東宝スタジオメール」No.26（データ不詳）
南部圭之助「映画の友」一九五四年一一月号
——「キネマ旬報」一九六七年一二月上旬号
野田高梧「キネマ旬報」一九三〇年七月一日号
筈見恒夫「新潮」一九三六年六月号
筈見恒夫刊行会編『筈見恒夫』筈見恒夫刊行会　一九五九年
原節子「日本経済新聞」一九五一年一月四日
——「近代映画」一九五一年七月号
——「映画ファン」一九五二年五月号

――「早春夜話」「東京新聞」一九五九年三月連載
ハラリ、ユヴァル・ノア『サピエンス全史』柴田裕之訳　河出書房新社　二〇一七年（原書二〇一一年）
ヒッチコック、アルフレッド／トリュフォー、フランソワ『映画術』山田宏一・蓮實重彦訳　晶文社　一九八二年（原書一九六六、一九六七年）
ピムロット、ジョン『第二次世界大戦』田川憲二郎訳　河出書房新社　二〇〇〇年（原書一九九五年）
藤本真澄「成瀬巳喜男氏の事ども」『成瀬巳喜男監督の特集』フィルム・ライブラリー助成協議会　一九七〇年
双葉十三郎「キネマ旬報」一九五一年五月下旬号
――「キネマ旬報」一九五二年七月上旬号
古川ロッパ『古川ロッパ昭和日記　戦中編』晶文社　一九八七年
ボムズボーム、エリック『20世紀の歴史』大井由紀訳　筑摩書房　二〇一八年（原書一九九四年）
水木洋子「思い出すこと」『成瀬巳喜男監督の特集』フィルム・ライブラリー助成協議会　一九七〇年
水町青磁「キネマ旬報」一九三七年七月一日号
――「キネマ旬報」一九四一年一月一日号
――「キネマ旬報」一九四一年八月一日号
村川英編『成瀬巳喜男演出術――役者が語る演技の現場』ワイズ出版　一九九七年
森岩雄『私の藝界遍歴』青蛙房　一九七五年
山田五十鈴『山田五十鈴』日本図書センター　二〇〇〇年
山田和夫「キネマ旬報」一九六二年一一月上旬号
山本恭子「映画の友」一九五三年七月号
――「キネマ旬報」一九六〇年一一月上旬号
山本薩夫『私の映画人生』新日本出版社　一九八四年
横山源之助『日本の下層社会』岩波文庫　一九八五年
吉村公三郎『キネマの時代』共同通信社　一九八五年
ランバート、ギャビン著／トラクテンバーグ、ロバート編『ジョージ・キューカー、映画を語る』宮本高晴訳　国書刊行会　二〇一六年（原書二〇〇〇年）
和田山滋「キネマ旬報」一九三一年一一月一日号
――「キネマ旬報」一九三三年一月一日号
――「キネマ旬報」一九三三年五月一日号
――「キネマ旬報」一九三三年一月一一日号
SADOUL GEORGES　DICTIONAIRE DES FILMS

MICROCOSME（『世界映画作品事典』未邦訳　千葉伸夫訳）1990
「朝日新聞」一九〇八年八月二四日
――一九四五年九月二三日
『映画年鑑』今村三四男執筆「総説」時事通信社　一九六〇年―一九七〇年
「近代映画」一九四九年一月号
『501映画監督』エリカ・シーリン執筆　アーネスト・ティス執筆　野坂史枝ほか訳　講談社　二〇〇九年（原書二〇〇七年）
『社会心理学用語辞典』中森正純執筆　南博文執筆　北大路書房　一九九五年
「週刊朝日」一九五三年二月二日号
『新潮世界文学小辞典』杉康夫執筆　新潮社　一九八〇年
『世界映画大辞典』日本図書センター　二〇〇八年
「ドルトムント新聞」一九三七年六月六日　奥村賢訳
「日本映画年表」千葉伸夫作（フィルムセンター展示コーナー）
『日本映画俳優全集』男優編・女優編　キネマ旬報社　一九七九・八〇年
『日本大百科全書（ニッポニカ）』千葉伸夫執筆「黒澤明」「溝口健二」小学館（電子版）
「毎日新聞」二〇一七年一〇月六日
The Oxford Companion to Film（『オックスフォード映画事典』未邦訳　千葉伸夫訳）Oxford University Press 1976

あとがき

二〇〇三年に『映像史』執筆のため、フランスへ行き、パリで世界最初に映画が公開された地を訪ね、翌日リヨンへ行くため、リヨン駅（終着地が駅名）そばのホテルに宿をとった。夕刻、寝酒にポーランド酒、ズブロッカが最適と、ちいさな丘の上にあるホテルから駅前に向かって降りていった。パリ暮色のなかから下町がパノラマ風に迫って、おもわず、「成瀬巳喜男の世界だ」という感が浮かび、「この世界も退いていく」との一瞬の残像を残して、消えた。

二〇〇八年に『映像史』の執筆が終わり、『展望　世界の日本映画』に何度目かの着手、二〇一五年に終え、大学の授業も終えて、成瀬に着手した。

『映像史』と『展望　世界の日本映画』（未刊）のなかに成瀬を据えて、大学で担当していた映画製作を、成瀬にしぼって書くこととした。成瀬巳喜男という監督の輪郭が歴史のなかから浮かびあがるはずとの読みからである。

そして二〇一九年五月に完成、森話社の大石良則さんにお願いし、快諾され、懇切丁寧なダメ出しによって、出版できた。多謝あるのみ。

「すっきりした立ち姿」が、大石さんの本のイメージだったと思う。応えきれたかどうか。

読者の応答を待ちたい。

二〇一九年一二月

千葉伸夫

千葉伸夫（ちば のぶお）
作家・映画評論家
1945年、中国生まれ
早稲田大学文学部文学研究科修士課程修了
飯島正（映画史）、郡司正勝（芸能史）、南博（社会・歴史心理学）に師事
東京国立近代美術館フィルムセンターで図書担当後、明治学院大学、上智大学などで映画、映像論担当
著書に、『映画と谷崎』『チャプリンが日本を走った』『評伝山中貞雄』『原節子』『小津安二郎と20世紀』『映像史』など

監督成瀬巳喜男——全作品と生涯

発行日……………………………2020年2月17日・初版第1刷発行

著者………………………………千葉伸夫
発行者……………………………大石良則
発行所……………………………株式会社森話社
〒101-0064 東京都千代田区神田猿楽町1-2-3
Tel 03-3292-2636
Fax 03-3292-2638
振替 00130-2-149068
印刷・製本………………………株式会社シナノ

ISBN 978-4-86405-146-0 C0074